国家社科基金年度项目（13BYY127）资助成果

汉语意识流语篇的语言学研究

⦿ 杨增宏 著

Hanyu Yishiliu Yupian De
Yuyanxue Yanjiu

北京师范大学出版集团
安徽大学出版社

图书在版编目(CIP)数据

汉语意识流语篇的语言学研究/杨增宏著.—合肥：安徽大学出版社，2021.6
ISBN 978-7-5664-2216-3

Ⅰ.①汉… Ⅱ.①杨… Ⅲ.①汉语－语言学－研究
Ⅳ.①H1

中国版本图书馆 CIP 数据核字(2021)第 053398 号

汉语意识流语篇的语言学研究
Hanyu Yishiliu Yupian De Yuyanxue Yanjiu

杨增宏　著

出版发行：	北京师范大学出版集团 安 徽 大 学 出 版 社 (安徽省合肥市肥西路3号 邮编230039) www.bnupg.com.cn www.ahupress.com.cn
印　　刷：	安徽新华印刷股份有限公司
经　　销：	全国新华书店
开　　本：	170 mm×240 mm
印　　张：	17.25
字　　数：	265 千字
版　　次：	2021年6月第1版
印　　次：	2021年6月第1次印刷
定　　价：	69.00元

ISBN 978-7-5664-2216-3

策划编辑：李加凯	装帧设计：李　军
责任编辑：李加凯	美术编辑：李　军
责任校对：宋执勇	责任印制：陈　如　孟献辉

版权所有　侵权必究

反盗版、侵权举报电话：0551－65106311
外埠邮购电话：0551－65107716
本书如有印装质量问题，请与印制管理部联系调换。
印制管理部电话：0551－65106311

序

杨增宏君发来信息,希望我为他的国家社科基金项目成果——《汉语意识流语篇的语言学研究》写一篇序言。增宏与我可谓老相识,也是年轻的"老朋友"了。记得2009年,他的业师——安徽大学中文系博士生导师曹德和教授邀我去主持博士生论文答辩,增宏的上述同题论文为其中的一篇。后来,由于增宏的论文题目与现当代小说关系密切,我又推荐他去福建师范大学做祝敏青教授的访问学者。敏青在现当代小说修辞领域深有造诣。我听说,增宏带此课题边进修,边修改,颇有收获。之后,在中国修辞学会年会上,我们又遇到过多次。其间,他还抽暇为陈光磊先生与我主编的《中国修辞史》写过书评。现今,他提此希望,尽管正值我参与编撰的一部书稿也处于杀青阶段,但盛情难却,只能尽力而为。在通读全书之后,我深感在当年博士论文的基础上,他又做了深入研究,创新性颇强。于是,我写出以下认识和体会,也借此机会推荐并求教于广大读者和方家。

一

"意识流"这一概念系美国心理学家威廉·詹姆斯首先提出,目的是强调思维的不间断性,意识始终在流动,内容也在不断变化,并且不受时间、空间限制。该概念后被文学借用、借鉴,导致意识流文学的产生。作为文学作品的意识流语篇,语言问题一直是核心问题之一,而学界的关注却聚焦于西方文学领域,语言学研究也主要关注西方意识流文本,这已成为研究的一种惯性。意识流语篇语言学的认定标准也因此是西方化的。在这种西方化的语言学标准面前,汉语意识流语篇研究往往出现失语现象,许多汉语意识流语篇成果被划在了标准之外。与此同时,以本土化意识流语篇为探索对象的语言学研究成果严重滞后,迄今还未看到有系统探索汉语意识流语篇的专著问世。本书的推出可以说弥补了上述缺憾。它不但确立了汉语意识流语篇的本土化标准,还力求从理论到实践的多个方面有所创新。我以为比较集中表现在以下四个方面:

(一)建立基本理论方面

正如本书《结语》指出的,多年来,从语言学视角探索意识流语篇的论文虽然出现了一些,但"没有人界定'意识流语篇'的概念,也没有人归纳其基本属性"。本书力图扭转这一局面,率先在意识流语篇概念界定上提出鲜明观点,为此专立章节阐释说明意识流语篇的专门属性。本书认为:"所谓'意识流语篇',指文学作品中使用内心独白方法描写人物非逻辑性意识活动且具有完整语义的言语片段。"这一定义比较符合客观实际。同时在原型范畴视角下归纳意识流语篇属性,认为意识流语篇具有"描写人的非逻辑性意识流动""使用内心独白的叙述策略"和"适度变异的语言特色"三种基本属性。还在此基础上推导出:意识流语篇存在着典型成员与非典型成员之分,并寻找出典型性意识流语篇,以王文兴《背海的人》、刘以鬯《酒徒》、陈洁《大河》等系列小说为代表;非典型性意识流小说以王蒙《春之声》、李陀《七奶奶》《余光》等系列小说为代表。与此同时,重视系统性比较思维探索。如通过非典型性意识流话语模式与典型意识流话语模式的比较,确立了两种不同话语模式在建构组合、过程、动因等方面的语言学价值。在概念界定上,通过意识流在心理与文学上的阐释比较,即在心理学上阐释意识流五个区别特性,在文学上比较意识流语篇技巧论、文体论与语体论,确立了对意识流概念的清晰认识。在修辞哲学探讨上,对中西方意识流小说非理性主义特征进行比较,确立了二者在认识主体、无意识、直觉综合等方面的差异性,为正确认识中西方意识流小说的内核提供了多元认知。

(二)探索意识流语篇内部衔接规律及语义特性方面

意识流语篇一直存在"意识流动非逻辑性跳跃"这一特点。本书揭示了其中存在的词汇衔接、指称衔接和结构衔接三种形式,能有效地把跳跃性内容衔接起来。同时探索出:词汇衔接除了能实现语篇近距离衔接外,还能实现远距离衔接。其中又可区分为四种类型:重复关系、序列关系、上下位关系和整体部分关系的词汇衔接。指称衔接主要以近距离衔接为主,可分为代词回指与零形回指两种类型。结构衔接主要指排比式和对偶式相同句型的结构衔接,它们既能够实现语篇的近距离衔接,也能够衔接跳跃幅度大的语篇。

本书还揭示了意识流语篇在语义生成过程中呈现的主观性、模糊性及偏离性三个特征。尤其是意识流语篇强烈的主观性,它以强烈的真实性冲击着阅读者的心理,用情感激起对方的共鸣,阐明了意识流语篇的魅力所在。方法是通过"不同句类""词语运用"和运用"能愿动词""语气副词"或"辞格"等手法来达到目的。模糊性主要表现为成分缺省或词语冗余。偏离性主要表现为词义的偏离和句义的偏离。

(三)注重多学科理论深度融合方面

多学科理论融合越来越成为一种发展趋势。本书以语言学理论为基础,融合了非理性主义哲学、文学、心理学、符号学、叙事学等理论,让这些学科理论围绕语言学研究,为语言学阐释提供佐证,或者取它们与语言学理论相同之处,或者从语言学角度对其作出新认知。例如部分章节以非理性主义哲学、文学、心理学、叙事学为佐证,为语言学阐释奠定了坚实基础。有时把非理性主义哲学所强调的感觉体验理论融入语言的主观性理论,或者把文学双声理论视为修辞功能来使用,打通学科间的壁垒,让多种学科理论与语言学相融合,为语言学所用,从而拓展了研究的深度和广度,同时为如何成功地融合多学科成果,提供了一个成功的范例。总之,本书将多学科理论深度融合的经验值得重视和推广。

(四)重视语言应用方面

重视语言应用,本书在三个方面做了努力。第一,揭示了意识流语篇的语用特征;第二,突出了意识流语篇的书写形趣;第三,汲取了广义修辞学观点,从多个层面对意识流语篇理论做了文本分析。

首先,本书揭示了意识流语篇具有私语化和投射性特征。书中指出私语化特征表现在语篇使用过程中偏离以交际为基础的合作原则,人物在自说自话的状态下没有其他交际对象,在这种情况下漠视语言规则的存在,只强调个性,从强烈的个人体验出发,从而形成对数量准则、关联准则、方式准则和质量准则的偏离;同时指出,由于强调自我个性,突显自我性情,把人物心理秩序尽可能投射到语言结构中,遵循以认知规律为基础的象似性原则,即遵循语音象似性和句法象似性。

其次,突显了意识流语篇的书写形趣。表现在:一是突出了意识流语篇中字体不同、字形变化和语码转换的形趣。二是突出了标点符号不同的使用方式,如混用、单一、重复、仿造等均可突显不同的能指功能。三是突出意识流语篇中文字图形化的形趣,如通过颠倒文字、重复文字、字间空白、无标点文字、蒙太奇式文字等方式来添加或补充某种情与意,以发掘文字的直观形象、隐喻、象征等功能。

再次,论述了意识流语篇的修辞应用。正如《结语》所说,"从广义修辞学中的修辞技巧、修辞诗学、修辞哲学三个层面,本书对汉语意识流语篇进行了具体的文本分析"。一是"在修辞技巧层面,分析了复叠辞格,强调了复叠的主观强化功能、语篇衔接功能和心理宣泄功能,在心理生成机制上,总结出象似性心理、联想心理和移情心理的作用"。二是"在修辞诗学层面,以王文兴的意识流小说《背海的人》为案例,分析了意识流文学语言建构的极端形式",即"强调能指的自指功能,创建'慢读'式情感体验;弱化语言的线性组合,彰显'断裂''碎片化'语象;探索符号的象似性,同构语言与精神、世界的关系"。三是在修辞哲学层面,通过对比分析王蒙的《春之声》和伍尔夫的《墙上的斑点》两篇意识流小说,找出在哲学根源上中西方认知的差异,即"处理认识主体出场的差异性、关照无意识生命冲动的差异性和操控直觉综合方式的差异性"。通过上述阐述,对读者进一步解读意识流小说,提供了帮助。

二

综上所述,此书经过十多年(从撰写博士论文到本书问世)的深入探索,为开拓汉语意识流语篇语言学研究的新境界作出了重要贡献,成绩显著,为但是掩卷深思,这些成绩的取得,似应与作者长期受陈望道修辞思想的熏陶与培育分不开。理由有二:一是增宏的几位导师曾受到陈望道修辞学基地的深刻影响。如他的硕士生导师安徽大学袁晖教授,20世纪80年代初即当过陈望道修辞学基地主持人胡裕树先生的访问学者,后来又与该基地的不同成员合作出版过专著。再如他的博士生导师曹德和教授曾在该基地读博,并撰文评析过意识流小说的语言,对增宏博士论文的选题起了重要指导作用。又如增宏当访问学者时的导师祝敏青教授,早年赴复旦大学中文系第一届助教进修班进修时,曾听过该系修辞学基地几位老师的修辞学课程,之后一直与该基地关系密切。再加上德和教授后来邀请我去主持增宏的博士论文答辩。二是本书广泛引述了中外160多位学者的上百条论点,体现在"参考文献"和注释中。其中,陈望道有关论著被引高达11次,在被引频率上位居第三,足见作者对望道先生的关注程度是很高的。在该书所引述的全国共19位修辞学学者中,陈望道所创建的复旦修辞学基地的成员和曾经受过陈望道修辞学基地培育或受影响较深的学者有11人。由此或可以推断出,作者自觉或不自觉地显示出了曾受到陈望道修辞学思想的影响,自觉或不自觉地展现了作者身上所具有的这方面基因。

再从陈望道修辞学思想所倡导的重要特色看,作者在写作本书过程中,也是自觉或不自觉地在努力践行的。如:

(一)努力发扬不断创新精神

我和陈光磊在《融通古今中外,致力学术创新》一文中指出,望道先生曾"反复提出修辞学研究必须立大志攻坚,追求创新。一九六一年到一九六六年,他在复旦大学语言研究室的学术讲话中,多次提到'立大志攻坚'问题。如说:'我们要立大志攻坚,不能人云亦云。''我们要有雄心壮志,人家说不明白的我们要说明白。'在《〈修辞学发凡〉的写作和修辞的研究》一文中谆谆叮嘱我们:'你们和学生不同,研究工作要有创造性。我们是创造财富的,不是专门继承的,还要创造,要对祖国文化遗产有所贡献。'……他把科学研究分为继承性研究和创造性研究两个阶段,即从实际出发,认清研究对象,搜求事实,探索规律。他把学术研究比喻为接力赛跑,主张'不是从别人的出发点起步,而是从别人的到达点起步,这样才会越跑越远,越往前走水平越高'"①。望道先生的上述观点,已成为激励众多修辞学研究者不断创新的动力,深深激励着几代修辞学人不断追求创新。本书在上述四个方面的创新令人瞩目,特别是在致力于汉语意识流语篇语言学研究体系的建立方面,用力更勤。

(二)致力追求树立执着打磨、精益求精的学风

望道先生做学问踏实严谨、精益求精的学风曾经给我留下了深刻印象。记得1961年我刚大学毕业被调入他创建的复旦大学语言研究室,跟随他学习修辞学时,他就一再嘱咐我们:要先打好基础,努力学习基本知识,不要急着投稿发文章。由于"修辞学是介乎语言学与文学之间的一门学科,要研究它,需要作许多准备"。除了要学语言学知识之外,还"要学马克思主义,要学毛主席的著作,这是一切工作的基础"。同时还要"学学美学""学学文艺理论""学学逻辑""学学修辞学方面的基础知识"②。遵照他的教导,我们在1961年到1966年间,就静下心来专心读书,即使写了几篇文章,也是作为练笔,不急于发表。回想起来,这对培养扎实的学风,非常重要。再就是望道先生写作《修辞学发凡》花了十几年时间,其间大的修改就有五次,最后一次修改更大,还增写了好几章,小的修改几乎数不清了。他发表文章也极其郑重,他20世纪五六十年代的一批学术讲演,一直没有发表,还是他逝世后,才由语言研究室集体整理成《陈望道修辞论集》刊发于世的。

对比增宏当年的博士论文与本书,深感在不少方面改动很大。例如:在原博士论文10万字基础上,经删除、修改和添加后,本书篇幅增加到20多万字,新增内容10多万字;理论视野从语篇语言学理论、认知语义学理论、认知语用学理论扩大到语言哲学理论、心理学理论、符号学理论、广义修辞学理论、叙事学理论、文学理论等;研究内容在语篇的内部衔接、语义特征和语用特征的基础上,增加了语篇的属性与辨别、话语模式的建构机制、书写形趣中

---

① 陈望道:《修辞学发凡·文法简论(附录)》,上海:复旦大学出版社,2015年,第458页。
② 陈望道:《陈望道修辞论集》,合肥:安徽教育出版社,1985年,第250～251页。

的文字图形化和语篇的修辞应用;在研究观点上,将原论文中对意识流语篇三个特征的归纳,改为原型范畴下对意识流语篇属性与辨别的论述,并把原论文中作为附录的意识流语篇的书写特点,改为意识流语篇的书写形趣一章,重新设计标题名称使其更符合文本实际,同时删除部分内容,以适应系统性要求。

我印象比较深的是:全书行文中引述了多个领域的专家学者的重要见解,经常用他们的话来阐述有关观点,这就比增宏自己站出来说显得:既尊重前人时贤的重要论述,引证规范,对观点的来源交代得很清楚;又能展示作者学识渊博,知识结构较为系统,因而概念明确,理论前提比较科学,引证的资料广泛而充实。这是学风扎实的表现。与此形成鲜明对照的是,全书一百多个注释中,未见作者引述自己的文章。可能是增宏多年来一直在不断修改自己的论文,没有急着先发表一部分,而是集中力量在写这本专著。作者致力于追求树立执着打磨、精益求精的学风,值得点赞!

(三)比较契合望道先生提倡的"古今中外法"

望道先生1964年在杭州大学所做的学术讲演中,提出了著名的"关于语言研究的建议",即"一、以马克思主义、毛泽东思想为理论基础,指导思想""二、以中国的语文事实为研究对象""三、批判地继承我国语言学遗产""四、批判地吸收外国语言学成果"[①]。这也就是他多次讲的研究文法,修辞要运用"古今中外法",即"我们研究语文,应该屁股坐在中国的今天,伸出一只手向古代要东西,伸出一只手向外国要东西。这也是说,立场要站稳,方法上要能网罗古今中外"[②]。望道先生的这些论述,既指出了语言研究创新的道路,也指出了创新的方法——"古今中外法"。这种方向性的指引,对研究工作至关重要,带有根本性,同时也切中了时弊。因为其中特别是关于"以中国语文事实为研究对象",往往被有些人忽视,照搬西方、削足适履的问题长期存在。

---

① 陈望道:《关于语言研究的建议》,见《陈望道修辞论集》,合肥:安徽教育出版社,1985年,第283~284页。
② 陈望道:《我对研究文法、修辞的意见》,见《陈望道修辞论集》,合肥:安徽教育出版社,1985年,第261页。

本书作者既重视以马克思主义为指导,不止一次地引述了《马克思恩格斯选集》中的名言,也重视引述外国的专家学者的观点,这当然与意识流概念本身是由西方传入有关。据统计,本书引述英文资料9篇,引述了美、德、英、法、爱尔兰、瑞士、奥地利等国20多位学者论著中的观点,并且引述了多位研究外国语言学、外国文学、外国哲学学者的有关论点。其中,如沈家煊的有关论点被引述18次,次数最多,胡壮麟《新编语篇的衔接和连贯》被引述13次。同时,本书非常重视探索汉语意识流语篇这一课题,不但从本书书名上即可体现,行文中也大量吸取了现当代研究汉语文字学、词汇学、语法学、语义学(含认知语义学)、语用学(含认知语用学)、语言哲学、语篇语言学、语言符号学、文学语言学、模糊语言学、幽默语言学等众多分支学科学者的有关论点。目的只有一个,为研究现当代汉语意识流语篇的语言学服务。由于课题范围是现当代内容,基本上未涉及中国古代学者的论点,这一点可以理解。作者另一突出贡献是扩大了语料收集范围,开拓了汉语意识流语篇的研究空间。本书《前言》指出:"由于历史原因,前人收集资料多集中于内地(大陆),对港澳台地区意识流文学的关注不够。本书通过努力把语料收集范围扩大到港澳台地区","从对收集的全部资料研判来看,内地(大陆)的意识流文学作品多为非典型意识流语篇……语言变异较小……收集到的香港和台湾意识流文学作品多为典型意识流语篇,意识流话语较多,语言变异也较大"。语料的丰富有助于汉语意识流语篇语言学研究趋向全面而深入。

三

本书《结语》的最后,作者有一段体会很深的话:"总体来看,意识流语篇的语言学研究是一项探索性补阙工作,可以借鉴的成果有限,加之语料分散及语料特点差异较大等,这些都给研究工作带来不少困难。探索的工作是不完善的,也不能停止,还需要继续推进。"

作为本书最早的读者,除了先睹为快,深深体会到作者写作过程中付出的众多艰辛,能取得这么多成绩极为不易之外,还留下了一个遗憾。全书共七章,作者用了三章篇幅论析意识流语篇的语用或修辞应用问题,引用陈望道及陈望道培养的第一代及第二代学生的修辞学论著中的论点也有一定比例。但论述的课题重点是偏重于与意识流语篇探索有关的原理、原则、特性、方法等，可能由于时间、精力等原因，尚未系统、深入地探索汉语意识流语篇呈现的多种动人的魅力。在梳理语言表达和接受效果方面的努力仍显不足。望道先生在《修辞学发凡》中曾把修辞分为消极修辞与积极修辞两类，积极修辞可分为辞格和辞趣。它们的共同特点是"要使人感受"，"必须使看读者经过了语言文字而有种种的感触"，"而要使人感受，却必须积极地利用中介上一切所有的感性因素，如语言的声音、语言的形体等等，同时又使语言的意义，带有体验性、具体性。每个说及的事物，都像写说者经历过似地，带有写说者的体验性，而能在读者的心里唤起了一定的具体的影像"①。同时还指出，积极修辞运用后，能产生"动人的魅力"。望道先生在研究修辞学之前，还努力研究过美学，写有《美学概论》一书，对美的内容、形式、分类等均提出过一系列新见解。我和陈光磊为了继承、发扬先师陈望道修辞学思想和美学思想，主编了《中国辞格审美史》五卷本于2019年推出。该书对辞格的定义是"利用语言的音、形、义的各种因素，造成新异的表达而呈现出美感魅力的话语模式"，并指出辞格具有"特定的表达性能"，即"具象性、体验性、情感性"②。同时对对偶、排比、复辞等11个辞格数千年的审美发展进行了比较系统的梳理。此书只是对部分常用辞格的审美特性及其演变做了探索，目的是通过尝试对修辞与审美的交融探究，为后来者的进一步研究做一些铺垫性工作。增宏在本书中论及非典型性话语模式和典型性话语模式建制时，虽也分析了"'双声'属性的审美修辞"和"'关联'主导下的审美修辞"，但主要是原理、原则、方法等方面的分析，未专门探索它们各自有哪些特殊的美质。这可能与作者未将美学与语言学、修辞学作为交融对象有关。正因为留下了遗憾，也为下一步专门探索提供了深入的机会。多种不同的汉语意识流语篇，它们各自呈现出哪些动人心弦的美感魅力？作者又是运用哪些特定的修辞手法获得成功的？这些奥秘，均需等待探索者去研究和揭示！以上浅见仅供参考。

---

① 陈望道：《修辞学发凡·文法简论》，上海：复旦大学出版社，2015年，第66页。
② 宗廷虎，陈光磊主编：《中国辞格审美史》，长春：吉林教育出版社，2019年，第18～19页。

望道先生为学术研究如何创新留下名言:"只要能够提出新例证,指出新条理,能够开拓新境界。"[①]为我们指明了探索的方向。只要潜下心来持之以恒,经过艰苦奋战,必能不断结出新硕果!

复旦大学中国语言文学系　宗廷虎
2021 年 1 月 11 日

---

① 陈望道:《修辞学发凡·后记》,见《修辞学发凡·文法简论》,上海:复旦大学出版社,2015年,第221页。

前　言

中国自20世纪70年代末以来,意识流语言研究始终偏重于西方意识流语篇,这已成为此类学术研究的一种惯性。以本土化意识流语篇为对象的语言学研究大大滞后,其内在规律性和鲜明特征急需发掘。汉语意识流语篇的语言学研究,是学术视野由"向外看"到"向内看"的转型,是对此前学术研究的反向而动,是意识流语篇研究的本土化回归,当然也是一种互补性的有益工作。

"意识流"概念的最早提出者美国心理学家威廉·詹姆斯(1884年)认为,意识具有个人性、变化性、持续性、独立性、选择性等五个方面特性。本书内容以对标这五方面特性为基础,结合不同类型的意识流话语,梳理出意识流语篇的话语建构机制、衔接机制、语义和语用特征、书写形趣和修辞应用。意识流语篇的话语模式的机制集中对标意识的个人性,不论是话语模式中的自由直接引语中的内心独白,还是自由间接引语中的人物指示中心,总体上是指向个人性。意识流语篇的内部衔接集中对标意识流的变化性和持续性,变化性体现了语篇的内在逻辑规律,持续性隐喻了语篇逻辑关系的推进条件。意识流语篇的内部衔接研究,不论是词汇衔接、指称衔接,还是结构衔接,都反映了上述两个特性。意识具有独立性,指它与其关注的对象是相互独立的,二者的关系为其语言适度变异提供了条件,满足了意识流语篇语义和语用研究的需要,二者的研究内容都强调文学语言变异的特征,如意识流语篇语义特性中的偏离性。语用特征中对合作原则的违反与遵循,都是在语言变异过程中完成的。同时,意识的独立性为意识流语篇书写形趣的多样性提供了自由空间;意识的选择性促成了意识流语篇语义主观性、模糊性和语用特征中的象似性研究,也启发了意识流语篇修辞应用的研究。

  本书在前人研究成果的基础上,坚持以语言视角和学科融合理念,做到了如下几点:一是提出原型范畴下确定意识流语篇的属性,以属性为基准划分典型意识流语篇和非典型意识流语篇,从而能够清晰界定意识流语篇类型,比如,王蒙《春之声》、李陀《七奶奶》《余光》系列意识流小说一般为非典型意识流语篇,王文兴《背海的人》、刘以鬯《酒徒》、陈洁《大河》等系列小说则为典型意识流小说。二是提出从语言学角度解析意识流话语编码模式,认为自由直接引语和自由间接引语的内心独白是意识流语篇的两种主要话语模式,从而创造性地把构词和造句的整合方式运用到语篇。站在更高层次上使用"糅合"与"截搭"这两种语句生成类型,打通叙事学视点理论和语用学指示中心理论的共同原理,从语言视角提出意识流语篇复杂的建构组合、建构过程和修辞审美。三是在研究阐释过程中把非理性主义哲学所强调的感觉体验理论融入语言的主观性理论,把文学双声理论视为修辞功能来使用,以阐释意识流语篇语言"价值"。综合来看,本书坚持学科融合理念,打通学科理论壁垒,把非理性主义哲学、心理学、叙事学、符号学、修辞学、文学等理论,更好地与语言学理论融会贯通,为我所用,拓展了研究成果的广度和深度。

  在研究过程中,扩大资料收集范围并对资料进行甄别分类。从汉语意识流语篇资料查找区域来看,由于历史原因,前人收集资料多集中于内地(大陆),对港澳台地区意识流文学的关注不够。本书通过努力把语料收集范围扩大到港澳台地区,找到了香港和台湾地区部分意识流文学作品。由于受条件限制,能够收集到的意识流文学作品数量不多,为几个名篇。从对收集的全部资料研判来看,内地(大陆)的意识流文学作品多为非典型意识流语篇,典型意识流话语在作品中所占比例较小,多为夹杂在其他话语中或混合使用,语言变异较小,查找甄别意识流语料花费较多时间。收集到的香港和台湾意识流文学作品多为典型意识流语篇,意识流话语较多,语言变异也较大,可惜收集到的意识流文学作品不多。在资料整理过程中,考虑到内地(大陆)与港澳台的地域文化差异,以及汉语意识流语篇产生的社会制度和时代背景不同,甄别出三种不同类型的意识流语篇。这三种意识流语篇在语言上具有代表性,它们在语言变异上存在认知难度的连续统[①]。第一种以内地作品《春之声》《七奶奶》为典型代表,以自由间接引语话语模式为主,语言变异较小,认知难度系数小;第二种以香港作品《酒徒》和内地作品《大河》为典型代表,自由直接引语和自由间接引语两种话语模式交叉使用,语言有一定程度的变异,认知难度系数较高;第三种以台湾作品《背海的人》为典型代表,以自由直接引语话语模式为主,语言变异较大,尤其是文字变异过大,认知难度系数最高。扩大资料搜集范围和甄别分类都能开拓汉语意识流语篇的研究空间,影响意识流语篇的研究方法,为汉语意识流语篇的语言学研究创造积极条件。

在研究过程中,注重纵横结合的研究方法。在纵的维度上主要强调以意识特性这条主线来贯穿语言研究,也是一种"历时"研究;在横的维度上主要突显以不同语料为基础的意识流话语分析,也是一种"共时"研究。"历时"与"共时"研究相结合,确保了研究内容清晰的发展脉络和丰富的语料案例。另外,根据研究对象和目的不同,还使用了描写与解释、抓点与顾面、归纳法、分析法、比较法等,如在第七章《意识流语篇的修辞应用》的《修辞技巧:意识流语篇的复叠现象》一节使用了归纳法,《修辞诗学:拒绝消费至上的文学语言建构》一节使用了分析法,《修辞哲学:中西方意识流小说非理性主义特征之比较》一节使用了比较法。这三种方法的使用是基于对汉语意识流不同类型语篇有一个清晰的具体感知,从而在不同层面深度认识意识流语篇,也是一种案例式剖析研究。

总体来看,自哲学研究转向语言本体论以来,语言的地位得到了提升,如海德格尔认为,语言是人类存在的家园;维特根斯坦认为,"我的语言的界限就是我的世界的界限"。在这种哲学认识转向的思潮影响下,作为意识流语篇重要内容的语言研究也得重新认识。在语言本体论背景下审视汉语意识流语篇,实现了以下目的:

[①] 连续统,吕叔湘认为:"我们在对有些对象分类时并不能都做到二分,二分仅能得到两个端点,两个离散的点,却忽视了很多中介(中间)状态,或者说过渡状态。……总起来看,(这些对象)可以形成一个连续的分类,即连续统。"吕叔湘:《汉语语法论文集》,北京:科学出版社,1999年,第487页。

第一，建构汉语意识流语篇的语言学系统。汉语意识流语篇作为一种特殊的"话语类型"，具有语言学方面的显著特征和独特的内在规律。建构汉语意识流语篇的语言学系统，从语言层面全面认识意识流文学中国化的过程。

第二，推进中西方意识流文学的语言比较研究。从国内研究看，意识流语篇的语言学研究多年来主要集中在英语意识流文学上，成果丰硕，而汉语意识流文学的语言研究相当薄弱。发掘汉语意识流文学的语言学研究，推进中西方意识流文学的语言比较研究，缩小二者的差距，这是语言学工作者应该努力的方向。

第三，推动文学作品中意识流话语的传播。当下意识流话语以碎片化的方式嫁接在文学创作中，继续肩负着表现非理性主义本真生命等重任，但意识流话语传播也比较困难，研究成果能够为意识流话语的表达和接受提供一些观点、原则和方法，为意识流话语传播修桥铺路。

本书系 2013 年国家社科基金年度项目"汉语意识流语篇的语言学研究"的结项成果。

杨增宏

2020 年 12 月 1 日

目 录

第一章 绪 论 ………………………………………………………… 1
第一节 多维视域下的意识流语篇界定 ……………………………… 2
一、"意识流"的阐释 ……………………………………………… 2
二、"意识流语篇"的界定 ………………………………………… 9
第二节 原型范畴下的意识流语篇属性和辨别 ……………………… 10
一、原型范畴下的意识流语篇属性 ………………………………… 11
二、原型范畴下的意识流语篇辨别 ………………………………… 14
第三节 语言学视域下意识流语篇研究概况 ………………………… 17
一、意识流语篇的语言学研究成就 ………………………………… 17
二、意识流语篇的语言学研究空间 ………………………………… 20
第四节 意识流语篇的理论、语料和基本思路 ……………………… 21
一、理论支撑 ………………………………………………………… 22
二、语料来源 ………………………………………………………… 25
三、基本思路 ………………………………………………………… 26

第二章 意识流语篇话语模式的建构机制 ………………………… 28
第一节 意识流语篇非典型话语模式的建构机制 …………………… 28
一、话语模式建构组合:双指示中心的语言成分"截搭" ……… 29

二、话语模式建构过程：主客观认知"视点"的融合 …………… 33
　　三、话语模式建构动因："双声"属性的审美修辞 ………………… 35
第二节　意识流语篇典型话语模式的建构机制 …………………………… 38
　　一、话语模式建构组合：单指示中心下的时空"糅合" …………… 39
　　二、话语模式建构过程：语言"顺应"下的意识突显度选择 ……… 41
　　三、话语模式建构动因："关联"主导下的审美修辞 ……………… 43

第三章　意识流语篇的内部衔接 ……………………………………… 48
第一节　意识流语篇的词汇衔接 ……………………………………………… 49
　　一、意识流语篇词汇衔接的特点 ……………………………………… 49
　　二、意识流语篇词汇衔接的类型 ……………………………………… 51
　　三、意识流语篇词汇衔接的机制 ……………………………………… 62
第二节　意识流语篇的指称衔接 ……………………………………………… 68
　　一、意识流语篇指称衔接的特点 ……………………………………… 69
　　二、意识流语篇指称衔接的类型 ……………………………………… 70
　　三、意识流语篇指称衔接的机制 ……………………………………… 87
第三节　意识流语篇的结构衔接 ……………………………………………… 93
　　一、意识流语篇结构衔接的特点 ……………………………………… 94
　　二、意识流语篇结构衔接的类型 ……………………………………… 96
　　三、意识流语篇结构衔接的机制 ……………………………………… 103

第四章　意识流语篇的语义特性 ……………………………………… 107
第一节　意识流语篇语义的主观性 …………………………………………… 108
　　一、意识流语篇语义主观性的特点 …………………………………… 108
　　二、意识流语篇语义主观性的表现 …………………………………… 111
　　三、意识流语篇语义主观性的功能 …………………………………… 124
第二节　意识流语篇语义的模糊性 …………………………………………… 125
　　一、意识流语篇语义模糊性的特点 …………………………………… 126
　　二、意识流语篇语义模糊性的表现 …………………………………… 129
　　三、意识流语篇语义模糊性的功能 …………………………………… 137

第三节　意识流语篇语义的偏离性 …………………………… 138
　　　一、意识流语篇语义偏离性的特点 ……………………………… 140
　　　二、意识流语篇语义偏离性的表现 ……………………………… 142
　　　三、意识流语篇语义偏离性的功能 ……………………………… 149

第五章　意识流语篇的语用特征 ……………………………………… 151
　　第一节　私语化：偏离合作原则 ……………………………… 152
　　　一、意识流语篇私语化的实质 …………………………………… 152
　　　二、意识流语篇私语化的体现 …………………………………… 153
　　第二节　投射性：遵循象似性原则 …………………………… 162
　　　一、意识流语篇投射性的实质 …………………………………… 163
　　　二、意识流语篇投射性的体现 …………………………………… 164

第六章　意识流语篇的书写形趣 ……………………………………… 177
　　第一节　意识流语篇形趣中的字体字形 ……………………… 179
　　　一、字体不同的形趣 ……………………………………………… 180
　　　二、字形变化的形趣 ……………………………………………… 182
　　　三、语码转换的形趣 ……………………………………………… 189
　　第二节　意识流语篇形趣中的标点符号 ……………………… 192
　　　一、混用标点符号 ………………………………………………… 193
　　　二、使用单一标点符号 …………………………………………… 194
　　　三、重复标点符号 ………………………………………………… 196
　　　四、自造标点符号 ………………………………………………… 198
　　第三节　意识流语篇形趣中的文字图形化 …………………… 200
　　　一、颠倒文字的图形化 …………………………………………… 201
　　　二、重复文字的图形化 …………………………………………… 202
　　　三、字间空白的图形化 …………………………………………… 204
　　　四、无标点文字的图形化 ………………………………………… 205
　　　五、蒙太奇式文字的图形化 ……………………………………… 206

第七章 意识流语篇的广义修辞应用 …………………………… 209
第一节 修辞技巧:意识流语篇的复叠现象 ………………… 210
一、复叠的范围界定 …………………………………… 210
二、复叠的类型 ………………………………………… 210
三、复叠的修辞功能 …………………………………… 213
四、复叠的生成机制 …………………………………… 217

第二节 修辞诗学:拒绝消费至上的文学语言建构 ………… 222
一、强调能指的自指功能,创建慢读式情感体验 …… 223
二、弱化语言的线性组合,彰显"断裂""碎片化"语象 … 226
三、探索符号的象似性,同构语言与精神、世界的关系 … 229

第三节 修辞哲学:中西方意识流小说非理性主义特征之比较 …… 232
一、处理认识主体出场的差异性 ……………………… 233
二、关照无意识生命冲动的差异性 …………………… 235
三、操控直觉综合方式的差异性 ……………………… 238

第八章 结 语 ……………………………………………………… 242

参考文献 …………………………………………………………… 247

第一章 绪 论

　　自哲学研究转向语言本体论以来,语言的地位得到了前所未有的提升,这一转向也给语言学研究以启示。维特根斯坦认为,"字词的用法就是他们的意义"①,"词在实践中的使用就是它的意义"②,"把句子当作一个工具来看,把它的意思当作它的使用来看"③。这一"意义即使用"④语言哲学理论启示我们,把语言放在具体使用中研究也许更能发现其真正"意义"。纵观意识流语篇的发展历程,西方意识流语篇在 20 世纪初被推到了历史前台,它以全新语篇样式深深影响着"五四"以来尤其是新时期的中国文学界,包括王蒙、莫言、残雪、李陀、陈洁、戴厚英等许多作家,这种颠覆传统的现代派语篇样式,在哲学的语言学转向认知下,其实就是一种全新的"语言游戏",这种语言游戏有着自己的规则,而且"规则不是我们预先习得的,而是在游戏中显示出来的"⑤。鉴于这一语言哲学理念,本书将在汉语意识流语篇中探索其语言使用"规则",发现其真正"意义"。

---

① [奥]维特根斯坦:《哲学研究》,陈嘉映译,上海:上海人民出版社,2001 年,第 33 页。
② [奥]维特根斯坦:《哲学研究》,陈嘉映译,上海:上海人民出版社,2001 年,第 168 页。
③ [奥]维特根斯坦:《哲学研究》,陈嘉映译,上海:上海人民出版社,2001 年,第 167 页。
④ 陈嘉映:《语言哲学》,北京:北京大学出版社,2003 年,第 185 页。
⑤ 韩秋红、王艳华、庞立生:《现代西方哲学概论》,北京:北京大学出版社,2010 年,第 211 页。

第一节　多维视域下的意识流语篇界定

作为"舶来品"的意识流语篇,在中国内地(大陆)和港澳台地区生根发芽。受西方文化、时代环境等诸因素影响,意识流语篇的语言变异程度也各不相同,加之有心理学、文学、叙事学、语言学等多维研究视域参与,学界对意识流及其语篇的界定出现了一些分歧。因此,我们应先对"意识流"和"语篇"有个全面了解。由于"意识流"这一概念更早来自心理学领域,并被广泛应用到文学创作中,引发文学批评和叙事剖析,"意识流语篇"概念界定也将始于心理学、文学、叙事学等,落脚于语言学。

一、"意识流"的阐释

"意识流"(stream of consciousness)最早属于心理学概念,自这一概念被借用到文学领域后,就引发了诸多关于"意识流"的争论。有人仍然把"意识流"作为心理学的概念,有人认为"意识流"是一种文学创作方法或技巧,也有人认为"意识流"是一种小说语体形式,等等。这些从不同角度对"意识流"所做的阐述都有一定的合理性,为我们界定"意识流语篇"提供了广阔视域。

(一)心理学意义上的"意识流"

"意识流"这个概念最早由美国心理学家威廉·詹姆斯(1884年)提出。詹姆斯是美国实用主义哲学先驱,他并不是心理学科班出身,早年主要学习绘画、化学、医学、哲学等,对心理学也是出于学习医学的需要而投身其中,并作为主攻方向。其心理学集大成之作《心理学原理》出版后,詹姆斯又认为心理学只是一个形而下的小技,自己已经对心理学没有更多的话要说,于是又转向哲学研究并终其一生。因此,他对心理学概念的界定,不像同期欧洲实验心理学院派的冯特那样学术化,更多是描述,其中不乏使用修辞方法,所以实验心理学院派评价詹姆斯的代表作《心理学原理》更像文学作品。詹姆斯对心理学概念"意识流"一词进行了比喻描述,浅显易懂,把喻体设为"河"或"流"。随着《心理学原理》这本著作的广泛传播,"意识流"这一概念被普遍接受。之后凡涉及心理学意义的"意识流"大多均以此概念为基础。1945年这一概念经中国心理学家唐钺翻译并在中国开始使用。詹姆斯认为:"意识,在它自己看,并不像切成碎片的。像'锁链'(chain),或是'贯串'(train)这些名词,在意识才现的当儿,并不能够形容得适当。因为意识并不是衔接的东西,它是流的。形容意识的最自然的比喻是'河'(river)或是'流'(stream)。此后我们说到意识的时候,让我们把它叫做思想流(the stream of thought),或是意识流,或是主观生活之流。"①从此概念的界定中可以发现,在心理学意义上,"意识"至少有以下五个方面特性,这些特性直接影响着意识流语篇的建构。

第一,个人性。意识只是个人意识,个人意识是独立的,甚至是绝缘的,它不会与另一个人的意识有见面机会,正如你有一种思想,我有一种思想,两人交换以后就有两种思想。这句话从正面鼓励人与人之间要多交流、多学习,也无意间预设了作为私人意识一部分的每种思想都是孤立的。意识的个人性或私有性特点使意识成为一座开采不尽的文学金矿。在意识流文学出现以前,传统文学更多关注人意识之外的社会、历史、环境等内容,人的心理描写刻画也服从于外部现实语境的需要,是叙述者思想与人物思想的混合体。现代哲学意义上的非理性主义思潮出现,尤其是心理学这一学科兴起,引导文学开始关注个人意识。这一意识属于独特的私人订制,更多是形而下的微观层面的具体操作,这与传统文学表现形而上内容的宏大叙事构成有力互补,是文学发展过程的必然规律,也是意识流语篇言语个性化的基础。

第二,变化性。人的意识是不断变化的,意识之流不可能永远停留在一个点上,正像希腊哲学家赫拉克利特曾把万物比作河流,断言我们不可能两次踏进同一条河里。詹姆斯认为,意识的不断变化来自人脑髓的变化,脑髓的变化是由诸多因素影响的结果,因素包括脑髓局部营养或者血液供给的偶然情形。从时间因素来看,脑髓时刻都在发生变化,时间越长久则变化越明显,年轻时感兴趣的刺激物,年老时却感觉索然无味,而在短时间内,刚刚受高度刺激的脑髓部分,保存着一种"创痕",这种"创痕"会作为一个条件,从而

---

① [美]威廉·詹姆斯:《心理学原理》,唐钺译,北京:北京大学出版社,2013年,第55页。

影响下一秒脑髓的价值,正如索绪尔所说词的价值是在与它相对立词的比较中确立,脑髓的新变化得益于原有的"创痕"。脑髓紧张或松弛,会由一个平衡状态转向另一个不平衡,再转向平衡,脑髓的这种万花筒般的或快或慢旋转变化影响着人的心理变化,意识就这样不断地变化着,正如每一时刻世界上都难以有两片相同的树叶一样,这种千变万化也反映了意识流的复杂性,是探索意识流语篇逻辑的基础。

第三,持续性。一个人无时无刻不存在着这样一股意识之流,它是永不间断的、绵延的,连睡梦中也不例外。詹姆斯认为,在意识流速度慢的时候,人在比较安闲稳定的情境下能够觉察到思想的对象,在速度快的时候,只能觉察到一个对象与另一个对象中间的过渡,因此他"把意识流的静止的地方叫做'实体部分',它的飞翔的地方叫做'过渡部分'"①。意识的主要目的始终是达到下一个实体部分,在过渡阶段的主要目的就在于引导由这个实体的终结到那个实体的终结。所以一个对象的思想与另一个对象的思想之间的转换,在思想中不是一种中断,就像竹子上的竹节并没有使竹子产生中断一样,竹节是竹子的一部分,转换也是意识的一部分。因为在过渡状态,我们的意识之流是如此之快,在我们弄明白它之前,就已经到达另一个实体状态,一旦我们停下来想要看个清楚,我们就不再处于过渡状态。詹姆斯把它比喻为打开燃气灯观察黑暗的样子,意识流的持续性预设了意识流语篇的内在衔接关系。

第四,独立性。意识与其关注的对象是相互独立的,意识又离不开对象,意识依托对象而流动,对象依托意识而存在,正像索绪尔所认为语言符号包括能指与所指,是一张纸的正面与反面一样,谁也离不开谁。意识关注对象以整体方式进行认知,人们在开口说话之前,就已经有每句话的整个意识,说出每句话的末一个字后,又会想到它的整个内容。在这一过程中,每句话中的对象是意识关注的内容,尤其是宾语位置的名词引起的关注度较高,因为"思想流在末了比在开头高些,因为最后感到这内容的方式是比最初方式完

---

① [美]威廉·詹姆斯:《心理学原理》,唐钺译,北京:北京大学出版社,2013年,第57页。

备些,丰富些"①。意识关注度不同则表现为语言结构的差异性,是言语方式的多样性表现,意识的独立性为语篇表达方式异化奠定了基础,为语义偏离性和违反语用合作原则研究提供了支撑,也为意识流语篇书写形趣多样性提供了自由表达空间。

第五,选择性。意识的选择性源于客观世界与主观兴趣的结合。客观世界的物体就自身来说是同质的,最初都是无差别地呈现给人的感官,但人的感官所感觉到的物体却不同,这是因为人的注意不同,物体一部分受到注意,就会突显,其余部分不受到注意,就会被抑制,犹如心理学上著名的"人脸"与"花瓶"图形,两种只能择其一。人的最初选择往往是低端的本能选择,因为物体的质符合了人的感官功能,二者产生共振,高端选择往往决定于人的注意习惯,这种注意习惯多源于后天经验参与的结果,参与的感官越多则越复杂。在从低端选择到高端选择之间存在着一个连续统,选择结果千差万别,正如一千个读者有一千个哈姆雷特。因为人注意习惯的不同决定其后天经验构成不同,所以每个人只注意合于他私人兴趣的东西,并把这些东西构成他的经验,具有明显的个人选择性。意识的选择性促成了对意识流语篇语义主观性、模糊性、象似性等特征的研究,也启发了对意识流语篇修辞运用的不同层次研究。

(二)文学意义上的"意识流"

19世纪后半期以来,现代西方哲学中非理性主义盛行,出现了叔本华、尼采、柏格森等一批有影响的哲学家,他们强调人的感官本能,揭示心理意识,研究成果丰硕。在这种强大的哲学思潮裹挟下,具有思辨色彩的"意识流"把当时以客观现实为主流内容的文学创作引向了新领域,从而强调研究人的意识流动,突出人的感觉体验,隐匿文本的叙述者,等等。西方意识流文学被引入中国文学的时间,严格意义上讲,应该是20世纪80年代前后。历史总是惊人地相似,在此之前一段时期,表现客观世界的现实主义文学一统天下,表现人情、人性和人道主义的文学销声匿迹,在关于实践是检验真理的唯一标准大讨论后,文学开始转向强调大写的人,表现人真实情感体验的心

---

① [美]威廉·詹姆斯:《心理学原理》,唐钺译,北京:北京大学出版社,2013年,第79页。

理意识流动备受关注。对文学意义上"意识流"概念内涵的探讨,基本上有三种意见:

第一种意见认为,意识流是一种文学表现技巧。表现技巧属于叙事学范畴,可以从叙述视角、叙述者、叙述时序、话语模式等予以阐释。从叙述视角看,意识流文学属于内聚焦型视角,叙述事件时严格按照人物的感受和意识来呈现,完全凭借人物的感官去看、去听,无论表达与接受都只能局限于人物视角下的所思所想。从叙述者看,意识流文学中的叙述者隐藏起来了,只有人物在叙述,主要是人物内心世界的叙述,这是一种复制式的客观叙述者。从叙述时序看,意识流文学主要属于非时序类型,它打破了时间线性序列,是一种自由的时间连接,主要依靠故事的结构特点、事件的相似性等来建构作品,包括块状、点射等类型,单就人物意识流动而言,依靠人物的联想与想象的时序展开叙述。从话语模式看,自由直接引语属于典型模式,它是不加提示的人物内心独白,以第一人称讲述,不出现叙述者的声音,由人物自身说话,在时间、空间、语气等方面均与人物保持一致;自由间接引语属于非典型的话语模式,是一种以第三人称从人物的视角叙述人物的语言、感受、思想的话语模式,虽然看似叙述者的客观叙述,但在接受者看来是人物的声音。中国文学评论界大多把意识流作为一种文学表现方法,当作一种技巧。"意识流主要是西方现代主义文学在二十年代发展起来的一种文学表现方法"[①]。"意识流是一种心理描写的技巧。和象征一样,也为现代派文艺(首先是意识流小说)所广泛采用。它的主要特点是打乱时间的逻辑顺序,以时间的错乱和颠倒来表达人的思想意识不受拘束的自由流动"[②]。

我国文学界被冠以意识流文学的作品大多是把意识流作为一种方法技巧来用,但这种使用的深度和广度也十分有限,多是在作品中小范围使用意识流技巧而已,就算是意识流文学鼎盛的中国新时期文学,也未能出现西方意识流大家那样的经典作品,绝大多数只是部分章节使用了意识流技巧。宋耀良选编了《中国意识流小说选(1980—1987)》,吴亮等选编了《意识流小

---

① 陈焜:《西方现代派文学研究》,北京:北京大学出版社,1981年,第167页。
② 赵乐甡、车成安、王林:《现代派文学与艺术》,长春:时代文艺出版社,1986年,第37页。

说》,这两部小说集共收录了 46 部意识流小说,而这些所谓"意识流小说"其实就是部分章节使用了意识流表现技巧而已,由于一些意识流章节比重过低,这些小说能否称为真正意义上的意识流小说,遭到了不少人的怀疑。瞿世镜说:"有人认为,在我国出现了不少意识流小说和意识流小说家,并且为此创造了'东方意识流'这样一个专门术语。我不同意这种见解。……在中国显然只有借鉴了一部分意识流形式技巧的小说,而没有真正的意识流小说。"①赵毅衡也认为:"在我国曾经成了大话题的'意识流小说'究竟有多少意识流呢?……王蒙在相当长的一段时间被批评家硬安作中国意识流的代表人。但是,在他的几篇据说是意识流的代表作里,没有很多真正意识流的段落。《风筝飘带》只有一段……《春之声》中可能稍多一些。"②

第二种意见认为,意识流是一种文体。文体是相对领域化、体系化和封闭化的,文体确认往往需要有支撑其成立的核心要素。意识流作为一种文体,其要素包括本体审美、意象真实和话语模式,它们相互间具有内在的逻辑依存关系。本体审美强调人的创造性,突出人的主观性,人作为万物的尺度,为自然立法,所有客观物只不过是人的主观化而已,如叔本华所宣称的"世界是我的表象","一切一切,凡已属于和能属于这世界的一切,都无可避免带有以主体为条件的性质,并且也仅仅只是为主体而存在"③。意识流文学强调审美的主观性,实际上是放大对人内在心理意识的关注。就文学而言,审美主观性的实现至少需要意象真实、情感真实等条件,调动人的感官体验是表现文学真实的有效途径,这符合非理性主义哲学认识世界的策略,"不认识什么太阳、什么地球,而永远只是眼睛,是眼睛看见太阳,永远只是手,是手感触地球"④。作为一种文体,意识流把感官体验这一主观性呈现出来,使用了自由直接引语和自由间接引语,因为这两种话语模式拉近了读者与人物的心理

---

① 瞿世镜:《音乐·美术·文学——意识流小说比较研究》,上海:学林出版社,1991年,第172页。
② 赵毅衡:《当说者被说的时候——比较叙述学导论》,北京:中国人民大学出版社,1998年,第169~170页。
③ [德]叔本华:《作为意志和表象的世界》,石冲白译,北京:商务印书馆,1982年,第26页。
④ [德]叔本华:《作为意志和表象的世界》,石冲白译,北京:商务印书馆,1982年,第28页。

距离,通过人物眼睛与感官去体验人物的喜怒哀乐和爱恨情仇。因此,意识流作为一种文体,主要依托于自由直接引语和自由间接引语这两种话语模式,合成心理真实的意象与情感。这种主观性正是意识流语篇审美品质的重点所在,这种区别只是文学同一范畴内审美强调方向的不同而已,所以"'意识流'是小说的一种形式,正如'颂歌'或'十四行诗'是指诗的某种形式。'颂歌'和'十四行诗'虽然运用某种互不相同的诗的技巧,但是它们仍然属于同一类别范畴。在叙述体小说和意识流小说之间也可能作出类似的区别"[①]。

第三种意见认为,意识流是一种语体。语体是由语言运用特点所形成的体系,一般从语言的角度来观察分析,它属于语言学的范畴。把意识流作为一种语体从语言变异角度来确定,它有两种语言变异形式。第一种指意识流动形成的象似性语言。意识流语篇中的象似性,一般指语言能指与所指组合的相近、相同,典型的跳跃式意识流语言是意识流动过程的真实写照,意识流动过程也是自由联想和自由想象的过程,仅联想就有相似联想、邻近联想、类比联想等,从一个点到另一个点的联想通过媒体物就可实现,象似性把这些意识活动复制到文本中,原本清晰的意识流动转换成文字后则呈现出跳跃式语言,缺少语境支持的跳跃式语言表现出语义上的断裂,阅读理解自然较为困难。第二种指体现感觉真实的超常搭配语言。通过超常搭配来体现感觉真实的变异语言,它不是意识流作为语体的专利,而是文学作为语言艺术的一个通用特征,这种变异倾向同样在部分意识流语篇中使用罢了。从原型范畴化理论来判断,它是意识流语体的一个属性而已,同时也可能是其他语体共用的边缘属性。从语体的角度来认识意识流,为我们研究意识流语篇开阔了思路,因为不同语体的语篇具有不同的语言表达形式。在意识流语篇中,表现意识流动时,其语言表达形式尽可能以模仿意识顺序为主;表现人感官认识时,其语言表达形式尽可能采用超常搭配,前者主要聚焦于句子之间,后者则聚焦于句子之中。因此,李维屏强调:"意识流作家似乎认为,小说家不仅应该具有运用语言的能力,而且应该懂得如何在作品中正确地使用适当的

---

① [美]弗里德曼·梅:《意识流文学手法研究》,申丽平译,上海:华东师范大学出版社,1992年,第3页。

语体来实现自己的创作意图,以充分体现文学语言的表意功能。"①

二、"意识流语篇"的界定

这里讨论语篇,着重点不是语篇概念本身,而是语篇所涉及的单位大小,语篇的单位大小决定了意识流语篇所使用语料的单位大小。目前,对"语篇"这一概念界定影响较大的学者是胡壮麟,他认为:"语篇指任何不完全受句子语法约束的在一定语境下表示完整语义的自然语言。"②而对于语篇的单位大小问题,胡氏认为,语篇最小可以是一个词,最大可以是一部作品。胡氏的观点得到了张德禄、黄国文等学者的认同。胡氏对语篇最小单位的认定并没有得到大多数人的赞同,正像胡氏所言,"更多的人把语篇看成是大于句子的单位"③。杨自俭等就曾指出,语篇的"下限比较明确,是大于句子的语言单位"④。胡壮麟、张德禄、黄国文等学者对语篇单位大小的界定主要沿袭了韩礼德的观点,认为:"语篇这个词在语言学中用来指称任何确能构成一个统一整体的语言段落,无论是口语还是书面语,也无论其长短。"⑤对语篇单位的大小,韩氏等人主要是从语义的角度来界定的,一些学者认为,语篇不是一个超级句子,而是一个意义单位,所以语篇的单位可大可小;而其他学者主要是从语法的角度来界定的,普遍认为语法原来是以孤立的句子为研究对象,现在扩大到以语篇为研究对象,因此语篇应该是大于一个句子的单位。这两种观点对我们确定意识流语篇单位的大小都予以极大启发,即角度影响着语篇单位大小的界定。部分学者也指出,根据系统功能语法的观点,语篇是一个语言使用单位,是一个语义单位,它不是一个比句子大的语法单位。事实上,它不是与句子同属于一个类型的单位。严格地说,语篇和句子之间没有大小高低之分,而是"体现"关系,即句子或小句体现语篇,或者说属于语义单位的语篇由属于语法单位的句子或小句体现。我们认为,研究内容不同则语篇单

---

① 李维屏:《英美意识流小说》,上海:上海外语教育出版社,1996年,第255页。
② 胡壮麟:《语篇的衔接与连贯》,上海:上海外语教育出版社,1994年,第1页。
③ 胡壮麟:《语篇的衔接与连贯》,上海:上海外语教育出版社,1994年,第2页。
④ 杨自俭、刘学云:《翻译新论》,武汉:湖北教育出版社,1994年,第491页。
⑤ 王云桥:《语篇概念的定义及其相对性》,载《西安外国语学院学报》,2001年第3期。

位的大小也不同。如当研究语篇的内部衔接时,研究单位肯定要大于小句,因为小句内的结构关系主要受语法制约,而衔接主要是讲句际或跨句际之间的关系;当研究词的语义偏离时,研究单位起码应该是句子,因为词的语义偏离要受到语境的制约,孤立的词本身无所谓语境,它的语境最小可以存在句子中。因此,我们认为确定语篇单位的大小应该视其研究内容而定,本书所使用的语料单位,理论上讲最小可以是由多个小句组合的句子,但主要还是由多个句子及其以上语言单位构成。

关于"意识流语篇",目前国内直接使用这一名称的研究不多,笔者通过中国知网,在1980年至2020年时间段内,通过输入标题搜索,共找到十余篇使用这一名称的论文。这十余篇论文大多基于英语视角讨论意识流语篇,而不是在汉语范围内讨论意识流语篇。实际上,对意识流文学的语言学研究虽然没有直接使用"意识流语篇"这一名称,但绝大多数研究也都是在语篇范围内进行的。所以明确界定"意识流语篇"这一概念具有现实的意义。

对"意识流"和"语篇"的分析为本书界定"意识流语篇"提供了理论依据,但界定"意识流语篇"还需要注意以下几个方面:其一,本书是在汉语文学作品范围内研究意识流语篇,更确切地说是在小说范围内研究意识流语篇。其二,意识流语篇中的"意识流"是心理学意义上的,具有个人性、变化性、持续性、独立性、选择性等特性。其三,以内心独白的方式描写意识流动的规律,内心独白有直接内心独白和间接内心独白两种方式。其四,意识流语篇中的"语篇"不是指整个作品,而是指作品中的言语片段。以上述四个方面为立足点,我们认为,所谓"意识流语篇",指文学作品中使用内心独白方法描写人物非逻辑性意识活动且具有完整语义的言语片段。

第二节 原型范畴下的意识流语篇属性和辨别

在人类对世界万物进行分类的认知过程中,范畴化有着独特的地位和作用,认知科学原型范畴化理论对研究意识流语篇的界定带来一定启示。原型范畴化理论是在经典范畴化理论的基础上产生的,经典范畴化理论认为:范畴是根据一组充分必要特征来下定义的;特征是两分的,某一范畴具有或不具有某一特征时泾渭分明;范畴之间有明确的边界;同一范畴内的所有成员地位相同。从经典范畴化理论来看,范畴更像一个容器,具备定义特征的个体就在里边,不具备的就在外边,是"非此即彼"的事物分类。原型范畴化理论则认为:范畴不一定能用一组充分必要特征来下定义,它是建立在好的、清楚的样本基础之上的;范畴成员之间具有互相重叠的属性组合,即所有成员只享有部分共有属性,形成家族相似性;范畴的边界是模糊的、不固定的,相邻范畴互相重叠、渗透;同一范畴内的成员地位并不相等,有典型成员和非典型成员。①②③ 可见,事物分类远不是"非此即彼"那样简单,由于分类具有认知的心理表征,具有主观性、模糊性等因素,往往是"亦此亦彼"。

一、原型范畴下的意识流语篇属性

从原型范畴化理论来看,范畴由众多"属性"构成,"原型"成员即好的样本拥有最多的与这一范畴的其他成员共有的属性,而拥有最少的与相邻范畴成员共有的属性。边缘成员,或者说差样本跟范畴中的其他成员只共有很少量的属性,却又同时拥有也属于别的范畴的属性,这就有可能使它既是此类范畴的成员又是彼类范畴的成员。成员拥有"属性"的多少决定了它到底是"好样本"还是"差样本",推断意识流语篇的"好"和"差",可以从它拥有"属性"的多少来决定。典型意识流语篇拥有最多的与同类语篇共有的"属性",非典型意识流语篇则拥有较少的"属性"。意识流语篇的"属性"有显性的和隐性的,就显性而言以下三项最为重要:

(一)意识流语篇描写人的非逻辑性意识流动

关于意识流语篇描写的对象,罗伯特·汉弗莱曾在《意识流小说》中写道:"凡是写作的基本重点,是在于探索小说人物意识中的'前语言'各心理层面,并以记录他们的精神活动的情况为目的。"④英国意识流小说作家伍尔夫

---

① 胡习之:《辞格分类的"原型范畴化"思考》,载《修辞学习》,2004年第5期。
② 张敏:《认知语言学与汉语名词短语》,北京:中国社会科学出版社,1998年,第50~60页。
③ 赵艳芳:《认知语言学概论》,上海:上海外语教育出版社,2001年,第61页。
④ [美]罗伯特·汉弗莱:《意识流小说》,徐言之译,载《中外文学》,1977年第3期。

也认为:"生活是一圈光晕,一个始终包围我们意识的半透明层。传达这变化万端的、这尚欠认识尚欠探讨的根本精神,不管它的表现多么脱离常轨,错综复杂。"①很清楚,汉弗莱所说的"前语言",伍尔夫所说的"半透明层"及"变化万端的、这尚欠认识尚欠探讨的根本精神",就是威廉·詹姆斯所说"意识流"的一种存在形态,主要指非逻辑性意识流。假设传统小说也重视心理描写,那么它所关心的是人物意识中清楚透明的部分,可以用语言明确表达的逻辑部分,意识流语篇则努力想要表现的是人物意识中朦胧的、不甚透明的非逻辑部分。其实人的意识正如弗洛伊德所说,非逻辑性的前意识和潜意识是水下的冰山,占意识活动的绝大部分,透明的、可以用语言明确表达的意识只是浮出海面的冰山一角而已,意识流语篇的目标正是力图探寻那隐藏于海面下的广大深厚的部分。这里需要进一步指出的是,意识流的"非逻辑性"存在着程度上的连续统,有的意识活动非逻辑性程度大些,有的意识活动非逻辑性程度小些,表现在语篇中,就形成语篇跳跃幅度大小的不同。陈洁创作于1985年的短篇意识流小说《大河》,是获"上海40年优秀小说奖"的9部作品中唯一的意识流小说,主要描写几个人物的内心意识活动,非逻辑性程度非常高,其语篇跳跃幅度非常大,以致很多人"实在没能参与进去,因而始终也没弄得很明白"②,而新时期较有影响的意识流语篇即王蒙的《春之声》有几段是人物岳之峰的意识流动,非逻辑性程度较低,整体来看语篇跳跃幅度不大。

(二)意识流语篇使用内心独白的叙述策略

意识流语篇描写人的非逻辑性意识流动,如果说这属于"内容",那么内心独白的叙述策略则是表现内容的"方式"。这种表现方式"如实传达,尽可能不掺入它本身之外的,非其固有的东西"③,是一种接近意识流原样的叙述策略,更适宜表现非逻辑性的意识流动。内心独白的叙述策略不是意识流语篇的专利,如果"内心独白"是用完整、清晰、有逻辑的语言表现意识中理性的、透明的部分,这种"内心独白"的叙述策略在传统文学,如小说、戏剧、诗歌

---

① 吴亮、章平、宗仁发:《意识流小说》,长春:时代文艺出版社,1988年,第3页。
② 吴亮、章平、宗仁发:《意识流小说》,长春:时代文艺出版社,1988年,第11页。
③ 吴亮、章平、宗仁发:《意识流小说》,长春:时代文艺出版社,1988年,第3页。

中也经常用到。在意识流语篇中,我们提到的"内心独白"往往是指用来表现非逻辑性意识流的。这里还需要指出,概念中的"内心独白"可以分为"直接内心独白"和"间接内心独白"。这里所谓"直接""间接"主要牵涉到叙述者是人物"直接"出面说出自己的想法,还是叙述者代他说出心里的想法。如果是人物"直接"表达,则叙述者隐藏在人物背后,读者感觉不到叙述者的声音,用这种完全泯灭叙述者存在痕迹的方式,带领读者于不知不觉中走进人物的内心,走进人物的精神世界,能够感觉到人物意识的流动。这种感觉的产生正是因为没有叙述者干扰,更加贴近意识流动的真实状态。如果是"间接"表达,则叙述者站出来替人物说话,处处留下叙述者的话语痕迹,如使用引导词"他想"之类,则人物意识流动的真实性受到不同程度的破坏。因此,"直接内心独白"更能真实体现人物的意识活动,也更能体现意识流语篇的典型性,"间接内心独白"则由于作者参与太多而在表现意识活动真实性上略差一些。比如陈洁的《大河》,该小说内容完全由几个人物的直接内心独白构成,可称得上新时期最为典型的意识流语篇。在《大河》中,这种叙述策略从人物外部行为写到人物内在意识,中间完全没有任何过渡句、引导词,忽外忽内,忽内忽外,完全要靠读者自己去体会、去琢磨。李陀的《七奶奶》是使用间接内心独白的意识流短篇,它虽然把人物的内心独白巧妙地融合到作者的叙述中,但第三人称"她想"之类词语及过渡句的使用,让人清楚地知道叙述者在表达,因此其只能是非典型的意识流语篇。意识流语篇的叙述策略是不是一定要使用"内心独白",尤其是"直接内心独白",从理论上看,不能说"一定",因为表达意识的方法在理论上也应当有多种,其间的差别只是哪种更好、更有真实感而已。

(三)意识流语篇具有适度变异的语言特色

罗伯特·汉弗莱认为:"意识中有两个层次可以非常容易地被区别开来:即'(已形成)语言层次'和'未形成语言层次'。……未形成语言层次不象语言层次那样具有交际基础,这是它区别于语言层次的显著特征。……我所说的'意识'……尤其包括那些未形成语言的意识层次。"[①]未形成语言的意识

---

① [美]罗伯特·汉弗莱:《现代小说中的意识流》,程爱民译,长沙:湖南人民出版社,1987年,第4页。

层次就是大量的非理性的无逻辑的前意识与潜意识。由于这种前意识与潜意识是"未形成语言的",所以表达这些意识的语言应该是一种特殊形式,即叙述者"试图以破碎的句子,有头无尾的句子即往往只有一个主词或一个词组的句子,不连贯的句子,无逻辑的句子,莫名其妙的句子,有时还兼用暗示、象征、自由联想等办法来表现意识的流动感、飘忽感,以及意识活动的朦胧性,非理性"[①]。一般来讲,典型性意识流语篇语言应该具有变异的特点,但从我们接触到的语料来看,国内意识流语篇的语言变异存在很大差别,内地典型的短篇意识流语篇,如王蒙的《春之声》、陈洁的《大河》语言变异有限,仅有复叠现象等。香港刘以鬯意识流语篇存在较大程度变异,如被学界称为中国第一部长篇意识流语篇的《酒徒》,其语言诗化倾向明显。台湾王文兴的意识流长篇小说《背海的人》,被叶维廉誉为"世界最长的意识流的内心独白"[②],其语言变异实在太大,尤其是书写形式的变异影响了阅读。表现意识流动的表达语言需要变异,但只能是适度的,因为"哪怕是对潜意识的追踪,也还得纳入语法结构允许的框架内,否则便丧失语感,适得其反。我们可以突破通常的句法规范,出其不意,但不能打破某一种语言的语法结构"[③]。

二、原型范畴下的意识流语篇辨别

典型性和非典型性是原型范畴化理论评判成员的标准,且通过拥有属性的多寡来界定。如果拥有最多的与这一范畴的其他成员共有的属性,则是典型成员,相反则是非典型成员,并以距离原型的远近决定成员的典型性程度。基于意识流语篇是个原型范畴的认知模式,对意识流语篇界定提出以下几点看法:

(一)意识流语篇存在着典型成员与非典型成员之别

在原型范畴中,典型成员就是好的样本,非典型成员往往是中等或差的样本,通过对意识流语篇拥有上述"属性"的多少来判断典型成员与非典型成

[①] 唐翼明:《论意识流及其对中国现当代小说的影响》,载《长江学术》,2007年第1期。
[②] [美]叶维廉:《中国诗学》,北京:人民文学出版社,2006年,第7页。
[③] 高行健:《没有主义》,香港:天地图书公司,2003年,第49页。

员的差别。比如陈洁的短篇小说《大河》,拥有非逻辑性和直接内心独白等属性,其贴近意识流语篇原型,应该是较为典型的意识流语篇。除此之外,王文兴的《背海的人》也符合意识流语篇原型,其语言变异的力度特别大,是典型的意识流语篇。王蒙的《春之声》稍微疏远意识流语篇原型,其表现非逻辑意识流动较少,且语言变异程度较小,所以只能算作非典型的意识流语篇,也就是改造过的所谓"东方意识流"。正如赵毅衡所说:"王蒙在相当长的一段时间被批评家硬安作中国意识流的代表人。但是,在他的几篇据说是意识流的代表作里,没有很多真正意识流的段落。《风筝飘带》只有一段……《春之声》中可能稍多一些。"①

(二)意识流语篇和非意识流语篇之间存在着中介现象

原型范畴化理论告诉我们,范畴与范畴之间的界线是模糊的,离范畴的原型越远则越可能属于其他范畴。在20世纪70年代末和80年代初,王蒙的"集束手榴弹"——中篇小说《布礼》《蝴蝶》,短篇小说《夜的眼》《春之声》《海的梦》以及《风筝飘带》,引发了关于"意识流"问题的争论。有的评论家认为王蒙的"集束手榴弹"是"意识流"之作,可称为"东方意识流"。实际上,王蒙的《布礼》《蝴蝶》《夜的眼》《海的梦》《风筝飘带》等只有"内心独白"的叙述策略,而且多是"间接内心独白",这些语篇因偏离原型较远而成了其他范畴的成员。如它们几乎没有表现"非逻辑"的意识流动,因为王蒙笔下这些人物的内心世界实在太理性了,太井井有条了,显然王蒙对人物的意识活动做了太多的裁剪与加工,从而损害了它们的真实性与可信度。王蒙的这些小说都不能视为意识流语篇,顶多与意识流语篇在边缘地带存在交叉,被看作一般心理小说也许更合适。正如赵毅衡所说:"许多人认为最具'意识流'性的《夜的眼》,我从头到尾仔细找了,我也觉得奇怪,但我的确没有找出哪怕一段意识流。"②除了王蒙的作品,戴厚英的《人啊,人!》虽然吸收了意识流的某些表现方法,如写人物的感觉、幻觉、联想和梦境,但作者由于"不是非理性的崇拜

---

① 赵毅衡:《当说者被说的时候——比较叙述学导论》,北京:中国人民大学出版社,1998年,第169页。

② 赵毅衡:《当说者被说的时候——比较叙述学导论》,北京:中国人民大学出版社,1998年,第170页。

者","努力在看来跳跃无常的心理活动中体现出内在的逻辑来"①,所以《人啊,人!》偏离意识流语篇原型也较远,即使整部小说完全是几个人物的直接内心独白,顶多也只是有些意识流语篇属性,同样被看作一般的心理小说可能更好。

(三)意识流语篇辨别需要"非此即彼"的观念,也需要"亦此亦彼"的观念

意识流语篇是个原型范畴,这就决定了意识流语篇与非意识流语篇之间、意识流语篇内部典型成员和非典型成员之间的区别,而非典型成员是通过家族相似而产生内在联系的。对待意识流语篇,对典型成员采用"非此即彼"观,对非典型成员或说边缘成员采用"亦此亦彼"观,即采用辩证的思维方法。这一点,恩格斯在《自然辩证法》中有过论证,他认为"严格的界线是和进化论不相容的","一切差异都在中间阶段融合,一切对立都经过中间环节而互相转移,对自然观的这样的发展阶段来说,旧的形而上学的思维方式不再够用了。辩证的思维方法同样不知道什么严格的界线,不知道什么普遍绝对有效的'非此即彼!',它使固定的形而上学的差异互相转移,除了'非此即彼!',又在恰当的地方承认'亦此亦彼!',并使对立通过中介相联系:这样的辩证思维方法是唯一在最高程度上适合于自然观的这一阶段的思维方法"②。研究意识流语篇应重视对典型成员的研究,也应该重视对非典型成员的研究,二者相结合也许会更加合理、科学、圆满。

基于认知上的原型范畴化考虑,意识流语篇的界定必先找出其核心属性,以拥有属性的多寡来判别意识流语篇的典型性和非典型性,即找出好的样本和差的样本,凭借不同范畴间边界模糊的特点采取"亦此亦彼"的评判态度,用"家族相似性"推导出非典型意识流语篇与原型的关系。就意识流语篇而言,原型范畴化研究观或许能减少争辩,更有实际意义,以此作为本书语料案例的选择标准,从而可以清楚区分不同层次,找出典型语料与非典型语料,从这些不同语料类型中归纳出意识流语篇的主要特征及其个性化差异。

---

① 戴厚英:《人啊,人!》,合肥:安徽文艺出版社,1999年,第337页。
② 恩格斯:《马克思恩格斯选集》,北京:人民出版社,1995年,第318页。

第三节　语言学视域下意识流语篇研究概况

一、意识流语篇的语言学研究成就

一般认为,学界对意识流语篇的语言学研究肇始于20世纪70年代末,前期以研究外国意识流作品语言居多,近几年随着研究的深入,研究内容逐渐多样化,有语篇修辞研究、语篇语体研究、语篇衔接连贯研究、语篇叙述学语言研究等。为了对意识流语篇语言研究有一个清晰的认识,加之意识流语篇的语言学研究成果数量不多,本节内容将涉及对国外作品的研究成果。从国内外意识流语篇的语言学研究来看,其成就主要表现为以下几个方面:

(一)变异专题研究成就

对意识流语篇从变异修辞角度进行研究的论文主要有:《风格是常规的变异——介绍文艺文体学的一个理论兼析弥尔顿和意识流语篇的语言》(刘玉麟,1983年)、《意识流语体的变异与表意功能》(李维屏,1994年)、《意识流语体的修辞形式》(李维屏,1995年)、《传统文学的变异——意识流文学》(邓福田,1995年)、《〈尤利西斯〉语言艺术初探》(陈凯,1996年)、《英美意识流小说的语言特征》(赖招仁,1997年)、《浅析意识流小说的语言特色》(胡玮,2004年)、《〈尤利西斯〉的语音修辞及其语言诗化倾向》(吴显友,2006年)、《伍尔夫意识流小说〈达罗卫夫人〉中的语法变异》(庞宝坤,2007年)、《论〈尤利西斯〉的意识流语言变异》(陈思思,2010年)、《王蒙意识流小说的语言变异与英译》(张义,2013年)、《语言变异在意识流小说中的作用——以〈尤利西斯〉为例》(高晓航,2015年)。从以上论文的研究成果来看,对意识流语篇修辞研究的成就主要集中在语言变异方面,其中李维屏的研究成果具有代表性。语言变异不是意识流语篇的专利,但意识流语篇的语言变异概率要比其他传统小说多一些,主要表现为:一是词汇变异。词汇变异主要是创造新词,根据需要临时创造新的词汇,当然在意识流语篇中这种创造新词有时并不是根据词生成的基本规律,而是有很大的自由度,但创造的新词能在特殊的语境中产生特殊的表达效果。二是语法变异。主要表现为语序颠倒、句法错乱、句子残缺、句子成分重叠等几种形式。这些语法变异通过句子的表层结构,真实地反映了人物意识活动的基本规律。三是语义变异。意识流语体的语义变异分为两种,一种是由潜意识层面上的联想所引起的语义变异,另一种是由人物的感情转移所造成的语义混淆。李维屏对意识流语篇语言变异的研究是站在英语的角度。对于汉语意识流语篇语言变异的研究成就,台湾的郑恒雄(1986年)对王文兴意识流语篇《背海的人》的论析可略窥一二。郑氏认为《背海的人》的语言变异手法相当繁多,包括语法、语气、标点符号(引号、字旁加线、字旁加点、逗号、分号、冒号、顿号、句号、惊叹号等)、黑体字、异体字、新创字、新组合词、同词异字、注音符号、同声母字、英文字母及音标等。可见,中外意识流语篇的语言变异大多体现在语音、字形、标点符号、词汇、语法、语义等方面,不同语言的变异既有共同之处,也有独特之处,这些语言变异的研究成果主要针对外国意识流文学作品,零散而不成系统。

(二)连贯专题研究成就

多年来对意识流语篇研究渐趋深化,研究范围也在不断扩大,关于研究意识流语篇衔接与连贯的论文,虽然数量不多,但也反映了意识流语篇研究的新方向,所以我们着意在这里专列一些予以强调。主要论文有《有标记连贯与小说翻译中的连贯重构——以意识流小说 *Ulysses* 的翻译为例》(王东风,2006年)、《意识流小说主位推进模式的连贯——以王蒙小说〈春之声〉为例》(刘鸽,2007年)、《人称代词和意识流空间连贯》(贾巍、王义娜,2007年)、《从功能文体学角度分析意识流文学翻译的连贯问题——析〈达洛维夫人〉译本》(陈静,2009年)、《从图式理论的角度解读弗吉尼亚·伍尔夫意识流作品中的隐性连贯》(王惠,2009年)、《作为时间指示语的时态在意识流小说〈尤利西斯〉中的连贯作用》(冯志慧,2010年)、《伍尔夫意识流小说〈海浪〉中的衔接机制研究——系统功能视角》(罗尉,2011年)、《从语篇连贯的角度解读意识流小说的写作特色——以伍尔夫小说〈墙上的斑点〉为例》(王珊珊、时真妹,2013年)、《意识流语篇中搭桥回指的语篇功能:向心理论视角》(赵卫,2013年)、《心理扫描认知观下的意识流小说的隐性语篇连贯新解——以伍尔夫小说〈达洛维太太〉为例》(肖惜、郭晶晶,2015年)、《关联理论视角下意识流小说语篇连贯研究——以〈被遗弃的韦瑟罗尔奶奶〉为例》(刘王娟,2017年)。这些论文主要通过具体小说来阐释衔接与连贯理论,立足点多为语言学某一理论,其中王东风通过萧乾、文洁若翻译的一段《尤利西斯》指出,连贯分为无标记连贯和有标记连贯,在意识流作品中,有些表层联系断裂的表达方式往往并不是作者的表达不妥,而是一种积极性的诗学体现,是一种有标记连贯。这种具有诗学价值的断裂一旦在翻译过程中被连贯,将有标记连贯改写成无标记连贯,那么原文诗学价值就必定会受到影响。刘鸽在论文中指出,意识流动的自由性影响了意识流语篇衔接连贯的非直线性,主位推进模式的应用可以充分证明这一点,同时主位推进模式也把分散的意识流语篇连贯起来,并可通过深层语义的推理来把握语篇的连贯。贾巍和王义娜对人称代词在意识流空间的连贯作用进行的分析富有新意,他们以兰盖克(Langacker)的认知语法理论为基础,从空间构建和意识流动等方面分析了意识流语篇《伊芙琳》中的人称代词,发现人称代词的大量使用与代词所具有的高可及性和视角重合特点有关,人称代词兼具直接语篇和间接语篇的双重特征,可以作为连贯的语篇话题帮助作者自由进行视角转换或调整,引导读者实现或保持意识和空间连贯,在意识流描写中发挥重要作用。

(三)其他专题研究成就

对意识流语篇的语言学研究也涉及其他一些专题领域,如《无标点文字运用的条件、范围和量度》(曹德和,1994年)、《语言的模糊性与意识流小说》(徐秀琴,1999年)、《现代汉语的个体私语奇观——从精神史角度看王文兴小说语言实验的意义》(朱立立,2003年)、《意识流小说心理象似修辞之探索》(凤群,2005年)、《图式理论和意识流小说教学模式的构建》(刘宝岩,2008年)、《有张有弛的言语组织——弗吉尼亚·伍尔夫的长篇意识流小说话语方式》(唐扣兰,2009年)、《西方意识流小说"前景化"分析》(孙建光,2010年)、《试论意识流小说展现的时空体形式》(樊文岑,2011年)、《基于语料库的意识流小说〈达罗卫夫人〉文体学分析》(凤群,2014年)、《基于心理空间和概念合成理论对意识流小说〈到灯塔去〉的认知研究》(史兴,2016年)、《意识流小说句法特征研究》(吴俊敏,2016年)等。以上研究的部分成果对意识流语篇的系统探讨具有启发作用,例如,曹德和先生归纳出无标点文字的三大功能,其中之一就是可以表现思绪的绵延不绝,由功能与用场之间存在对应关系,可以推导出无标点文字所适用的场合,即无标点文字用来表现线性意识流。凤群对于象似性的考察着眼于英语的语音、词汇、语法和语篇四个方面,认为通过语言形式的成分及成分之间的关系表现内心世界的真实性。刘宝岩从语篇语言应用角度描绘出意识流语篇的图式,并把这图式引进意识流语篇的教学模式之中。朱立立对台湾作家王文兴的意识流作品比较关注,在分析了王文兴的《家变》和《背海的人》语言的个体私语特征之后,从精神史角度肯定了王文兴意识流语篇的语言实验。

就专题研究而言,研究王蒙意识流语篇的语言学成果最多。对王蒙意识流作品的研究主要集中在《春之声》上,相关研究论文主要有《语体的新手段——王蒙意识流小说的语言特色》(刘云泉,1986年)、《从"来劲"到"失态"——王蒙小说语言侧论》(王成君,1998年)、《〈春之声〉的语言解读》(祝克懿,2000年)、《〈春之声〉语言情韵浅谈》(马中伟,2001年)、《〈春之声〉的词组独句初探》(周东向,2006年)、《王蒙意识流小说的修辞建构》(段红,2008年)、《从〈春之声〉看王蒙的意识流和西方意识流的差异》(柳高峰,2010年)等。除论文之外,也有几部专著曾提及王蒙意识流语篇的语言特点。

二、意识流语篇的语言学研究空间

当前,研究意识流语篇仍然主要集中于文学方面,语言学方面的研究尚待提升,其表现为专著和论文数量稀少。从专著来看,20世纪70年代末以来,意识流语篇的语言学研究在国内目前还没有完全意义上的一部专著。相关专著多是讲外国文学作品中的意识流语言,以汉语意识流文学作品为对象阐释意识流语言的论述少之又少。这些专著有《王蒙小说语言研究》(于根元、刘一玲,1989年)、《英美意识流小说》(李维屏,1996年)、《文学语言学》(李荣启,2005年)、《王蒙小说文体研究》(郭宝亮,2006年)、《融通与变异:意识流在中国新时期小说中的流变》(金红,2013年)、《认知叙事视域下小说指称研究——以意识流小说为例》(赵宇霞,2016年)等。李维屏的《英美意识流语篇》在第八章"意识流语体的特点与功能"中单独列出两节讲外国文学中的意识流语言,一节是"意识流语体的变异",一节是"意识流语体的修辞形式",这两节直接论述了意识流语言。从论文来看,笔者通过中国知网以篇名"意识流"检索,检索时间为1979年1月1日到2020年10月31日,共找到1500余篇学术论文,绝大多数是文学评论文章,其中又以研究国外意识流文学批评的居多,主要集中在技巧、叙述模式、翻译等方面。在该查询结果基础上,再次以篇名"语言"在结果中检索,共找到30余篇文章,其中又有近20篇是研究外国意识流作品的。笔者后来又进行了穷尽式收集,但称得上研究中外意识流语篇的语言学论文也不过40来篇,而有关汉语意识流语篇的语言学研究文章也不过10余篇,可见汉语意识流语篇的语言学研究还需做很大的补阙工作。

总体来看,意识流语篇的语言学研究专著及论文表现出三个特点:一是研究成果总量偏少。相对于文学研究的丰硕成果而言,意识流语篇的语言学研究成果偏少,而在这偏少的成果中,研究外国意识流语篇的语言学成果占大部分,研究汉语意识流语篇的语言学成果只占小部分。这种偏少的原因是多方面的,其中之一是意识流语篇的"东方化"削弱了意识流语篇的显著特征。二是研究成果系统性不强。意识流语篇语言学研究大致可以分为两个阶段,即2000年以前和2000年及以后。2000年以前,研究成果偏向文学性语言,主要集中在变异、陌生化等方面;2000年及以后,研究成果出现多元化,有语篇的衔接连贯研究、象似性研究、图式研究、前景化研究等,但从整体来看,两个阶段语言研究的系统性都不强,关系较为松散。三是研究成果的质量有待提高。目前,研究意识流语篇的语言学范围虽有一些扩大,不少研究也富有开拓性,但从整体上看,研究还处于尝试阶段,因此许多研究成果的质量还有待进一步提高。

第四节 意识流语篇的理论、语料和基本思路

本书主要运用了语言哲学理论、语篇语言学理论、认知语义学理论、认知语用学理论、广义修辞学理论、心理学理论、文学理论、符号学理论、叙事学理论等。具体而言,语篇衔接理论、原型理论和象似性理论是全书的主导理论。

一、理论支撑

(一) 语篇衔接理论

对语篇语言学理论作出贡献较大的有韩礼德(Halliday)、德·波格然德(de Beaugrande)、谢福林(Schiffrin)、吉(Gee)等,其中,韩礼德和德·波格然德影响最大。德·波格然德和德雷斯勒(Dressler)在《语篇语言学导论》中提出了语篇的七个标准:衔接、连贯、目的性、可接受性、信息性、情景性和篇际性。在这七个标准中,衔接和连贯尤为重要,是实现其他标准的基本手段,衔接体现了语篇的表层结构,是语篇的有形网络。韩礼德和哈桑(Hasan)认为,当话语中某个成分的解释取决于话语中另一个成分的解释时就出现了衔接。[①②③]

对语篇衔接研究具有重要意义的是衔接关系。衔接关系可分为功能成分实现的衔接关系、功能结构实现的衔接关系、连接机制实现的衔接关系和语篇结构实现的衔接关系四个类型。功能成分实现的衔接关系是指小句的功能成分之间的衔接,包括指称关系、词汇衔接、省略和替代等。这种衔接是指结构中某个项目与另一结构中的某个项目之间形成意义联系,使两个结构联系起来。功能结构实现的衔接关系,从衔接的方式上看,是结构与结构之间的衔接,是一种平面衔接方式。[④] 本书主要研究功能成分实现的衔接关系和功能结构实现的衔接关系,具体表现为词汇衔接、指称衔接和相同句型结构衔接。

对意识流语篇的研究发现,意识流语篇能够实现跳跃主要还是借助于衔接形式。意识流语篇具有跳跃性特征,但这种跳跃不是毫无理据的"乱跳",它主要通过一定的衔接形式来实现,也就是说,凭借衔接形式,意识流语篇才能够从一个语篇内容跳跃到另一个语篇内容。研究意识流语篇跳跃的实现

[①] 唐青叶:《语篇语言学》,上海:上海大学出版社,2009年,第3~5页。
[②] 刘金明:《语篇语言学流派与语篇交际的构成原则》,载《天津外国语学院学报》,2005年第3期。
[③] 黄国文:《语篇分析概要》,长沙:湖南教育出版社,1988年,第10~11页。
[④] 张德禄、刘汝山:《语篇连贯与衔接理论的发展及应用》,上海:上海外语教育出版社,2003年,第97~107页。

途径主要还是研究它的衔接形式,研究意识流语篇离不开衔接理论。

(二)原型理论

本书运用传统的语义学理论,如语义场、句义和附加义等,而主要运用了认知语义学中的原型理论。

我们把意识流语篇看作一个原型范畴,在这个原型范畴的内部,意识流语篇成员具有典型成员和非典型成员的区别,即典型的意识流语篇和非典型的意识流语篇,而典型的和非典型的意识流语篇通常会具有不同的语言特征。因此,通过原型理论来确定典型的意识流语篇,也才能够从典型的意识流语篇中科学界定相关的概念、特征等。更主要的是,"原型理论是认知语义学中的一个重要理论"①。比如,词的"意义组成了一个网络,但网络的节点之间是一种特殊的链接关系。这完全符合维特根斯坦(Wittgenstein)提出的所谓'家族相似性'理论"②。意识流语篇具有跳跃性的基本特征,这种语篇的跳跃性是建立在一定意义联系的基础之上的,从原型理论来看,跳跃性的不同语篇在意义上可以通过某种共同特征(义位)建立联系,也可以通过家族相似性取得联系,即"范畴的成员不必共有一个特征而可以彼此联系在一起"③。家族成员相似性是用语义链或语义网络来表示,语义链是根据各个语义核心之间的亲疏关系所连接起来的一条链,它是以家族成员相似范畴的一个意义核心或典型为出发点,通过语义扩展而形成的。链上相邻的两个核心有一个是由另一个扩展而来的,但链上各个核心并不一定有共同的意义特征。④⑤

同时,"词语有原型的意义,是词语活用的基础……词语在哪种条件下突出哪一方面,其中的差异很大"⑥。词语意义的偏离也是相对原型意义而言的。另外,"决定范畴内涵的属性及其数目是不确定的,相对于人的认知需要而有所变化"⑦。因此,词语的原型意义也具有人的主观性,不完全是客观

---

① 李福印:《语义学概念》,北京:北京大学出版社,2006年,第227页。
② 束定芳:《认知语义学》,上海:上海外语教育出版社,2008年,第72页。
③ 徐志民:《欧美语义学导论》,上海:复旦大学出版社,2008年,第209页。
④ 廖秋忠:《廖秋忠文集》,北京:北京语言学院出版社,1992年,第439页。
⑤ 李晋霞:《现代汉语动词直接做定语研究》,北京:商务印书馆,2008年,第68页。
⑥ 束定芳:《认知语义学》,上海:上海外语教育出版社,2008年,第73页。
⑦ 赵艳芳:《认知语言学概论》,上海:上海外语教育出版社,2001年,第61页。

的。原型范畴与其他范畴的边界是模糊的,不同词语的原型意义之间存在模糊的交叉地带,不同原型意义的词语组合可能表现出某种模糊意义。

(三)象似性理论

象似性是认知语言学研究中的重要内容,是与任意性相对的一个概念。任意性理论认为,语言与现实是互相独立的,两者之间不存在象似性问题,如果语言不是任意性的话,就不能被使用,即使承认语言中有象似性,也仅限于单词的拟音现象。相反,象似性理论认为,如果我们想用语言表达现实的话,语言就必须在某种程度上与现实存在相似性,语言符号和语言行为的许多方面在本质上具有自然联系的烙印。

语言中的象似性主要表现为句法的象似性。海曼(Haiman)对句法中所存在的象似性进行了较为详尽的分析和研究,提出了"意义相近,形式相似"的原则,该原则反过来也成立,即"形式相似,则所表达的意义也相近"。海曼根据皮尔斯对象似符号的划分,将语言中的象似符分为映象符(imagic icons)和拟象符(diagram icons)。语言中的映象符包括听觉上拟声象似的拟声词,以及视觉上形象象似的字、词形等。拟象象似的特征在语言中主要表现为句法象似性,句法象似性又分为成分象似和关系象似。成分象似强调在语符和意义两个层面的成分之间的一一对应关系,是指句法成分与经验结构的成分(大大小小的概念)相对应,也就是语言"一个形式对应于一个意义"的原则。关系相似强调的是语符间的关系和意义结构间的关系所存在的象似现象,语言结构在某一方面可以直接反映现实或概念结构。关系象似性原则主要包括距离象似性原则、顺序象似性原则和数量象似性原则。距离象似性原则主要指认知或概念上相接近的实体,其语言形式在时间和空间上也相接近,即概念之间的距离跟语言成分之间的距离相对应。顺序象似性原则主要指句法成分的排列顺序映照它们所表达的实际状态或事件发生的先后顺序。数量象似性原则主要指量大的信息、说话人觉得重要的信息和对于听话人而言很难预测的信息,表达它们的句法成分也较大,形式较复杂。①②

---

① 沈家煊:《句法的象似性问题》,载《外语教学与研究》,1993年第1期。
② 王寅:《认知语言学探索》,重庆:重庆出版社,2005年,第299~311页。

意识流语篇是一种内心独白式的"话语类型",它不受双方交际等诸多外在语言因素的制约,它只是个人意识活动的映现结果,是人物对周围世界的真实体验。因此,意识流语篇与其映现的意识活动之间存在某种象似性关系,当人物意识活动具有非逻辑性时,意识流语篇也就有非逻辑性,即表现为语篇的跳跃性。这种跳跃性特征就是对意识活动的真实投射,是语篇与意识活动存在着象似性的结果。

二、语料来源

本书是以汉语小说作为语料来源,由于意识流语篇是一种特殊的文体,所以其语料来源就显得特别重要。需要说明的是,虽然严格来说意识流语篇未必都出现在意识流小说中,但意识流小说中意识流语篇的数量是其他传统小说所望尘莫及的,意识流小说是语料的主要来源。本书的语料主要来自以下小说,其中大部分是意识流小说:

(一)开拓性文学作品——具有意识流片段的系列短篇小说

现代文学作品中具有意识流片段的短篇小说有:鲁迅的《狂人日记》,刘呐鸥的《残留》,穆时英的《上海狐步舞》《街景》《白金的女体塑像》《丑角》《五月》,施蛰存的《巴黎大戏院》《春阳》《梅雨之夕》,等等。

当代有两部意识流短篇小说选编比较重要,一是宋耀良1988年选编的《中国意识流小说选(1980—1987)》,共有33篇,约34万字。同年,吴亮等选编的《意识流小说》,共有13篇,约25万字。在这些意识流小说中影响较大的有王蒙的《春之声》、陈洁的《大河》、李陀的《七奶奶》等。王蒙的《春之声》对中国新时期文坛影响最大,具有开拓性意义,具有"东方意识流"的特点,其语篇的跳跃幅度整体不是太大。陈洁的短篇意识流小说《大河》创作于1985年,是获"上海40年优秀小说奖"的9部作品中唯一的意识流小说。该小说内容完全由几个人物的内心独白构成,可称得上新时期最为典型的意识流小说。其语篇跳跃幅度非常大,使很多人"实在没能参与进去,因而始终也没弄得很明白"[①]。李陀的《七奶奶》《余光》是两篇较为典型的使用间接内心独白

---

① 吴亮、章平、宗仁发:《意识流小说·序》,长春:时代文艺出版社,1988年,第11页。

的意识流短篇,它把人物的内心独白巧妙地融合到作者的叙述中,从整体来看语篇跳跃幅度不大。

(二)"中国第一部长篇意识流小说"——刘以鬯的《酒徒》

香港作家刘以鬯于1963年出版了《酒徒》,该小说是一部有意识地借鉴西方意识流手法写中国题材的成功试验作品。作为意识流长篇小说的开山之作,《酒徒》被称为"中国第一部长篇意识流小说"。刘以鬯把现代诗引进了《酒徒》之中,赋予意识流以诗意,该小说语言诗化倾向明显。

(三)"台北的《尤利西斯》"——王文兴的长篇小说《背海的人》

王文兴的《背海的人》共分上下两册,完成这部作品前后共花费了24年,上册于1981年出版,下册于1999年出版。王德威(1998年)曾经将《背海的人》与乔伊斯的《尤利西斯》相类比,可见此书在意识流语篇中的历史地位。这部小说写人物两个晚上的内心独白,所以叶维廉(2006年作序)说"世界最长的意识流的内心独白是王文兴的《背海的人》"[①]。作者在语言形式上花费了大量的心血,创造了缺乏连续性、完整性的奇特语言文字世界,通过变异的语言文字来映现内心世界的真实。

三、基本思路

意识流语篇的语言学研究涉及方方面面,重点研究了以下六个方面的内容:

第一,意识流语篇的语言建构机制。在阅读意识流语篇时,我们往往难以把握它的结构,因为人的意识流动方向受人物自身语境和外部客观语境的双重影响,任何一个细小刺激的突显都会引导意识中的联想与想象。其实,意识的流向有其内在规律。意识的流向在通过叙事者的文字表现出来时,受文学语体的影响,又遵循着文学叙事的内在规律。因此,意识流语篇的语言建构受双重制约,既尊重人的意识流动规律,又兼顾文学自身的特征。

第二,意识流语篇的内部衔接。意识流语篇在衔接过程中,由于语境在上下文中且间隔距离较远或过渡铺垫的缺省,形成语篇跳跃,因而研究如何

---

① [美]叶维廉:《中国诗学》,北京:人民文学出版社,2006年,第7页。

通过一定形式把跳跃性意识流语篇衔接起来具有重要意义。这样可以从形式上把握意识流语篇跳跃性的规律,即了解意识流语篇是通过怎样的衔接途径实现语篇跳跃的。经研究发现,词汇衔接、指称衔接和结构衔接是完成跳跃性意识流语篇衔接的三种重要方式,而且每类衔接方式都具有各自的特点、类型和衔接机制。

第三,意识流语篇的语义特性。意识流语篇的语义在生成过程中,还包含了人物自我的体验成分,这种体验成分无疑增添了意识流语篇的真实性表达效果,使语篇"更接近人的真实的心理状态"[①]。在意识流语篇中,人物自我的体验成分表现为语义的主观性、模糊性和偏离性三种特性,而且每种语义特性都具有各自不同的功能、特点和形成途径。

第四,意识流语篇的语用特征。在运用过程中,由于意识流语篇映现的人物内心独白具有自我交际的基础,意识流语篇具有私语化的语用特征,具体表现为偏离以交际为基础的合作原则。同时,作为一种特殊的话语类型,意识流语篇与其特定目的之间存在较高的对应性,因此,它具有投射性特征,具体表现为遵循以认知规律为基础的象似性原则。

第五,意识流语篇的书写形趣。我国意识流语篇作家在书写形趣上的不断实验,是对中国文学书写形式的丰富。在意识流语篇形趣中研究了字体字形的变异、标点符号的变异和文字图形化,这些形趣主要强调了文字及标点对人视觉感知的刺激,加大符号能指在语篇生成中的作用,从不同侧面感受语言文字的魅力,也为语篇表达与接受拓展了空间。

第六,意识流语篇的修辞应用。学界从广义修辞视角对具体意识流语篇进行了应用分析,在不同层面对意识流语篇有一个全面认识。在修辞技巧方面,剖析了意识流语篇中的复叠现象及其心理生成机制等;在修辞诗学方面,分析了王文兴的意识流小说《背海的人》的文学语言建构;在修辞哲学方面,对比了王蒙的《春之声》和伍尔夫的《墙上的斑点》非理性主义特征。

---

① 戴厚英:《人啊,人!》,合肥:安徽文艺出版社,1999年,第337页。

第二章 意识流语篇话语模式的建构机制

在当代哲学的语言学转向大背景下,文学形式越来越受到关注,俄国形式主义、英美新批评、结构主义、解构主义对文学形式进行了深度解读和理论建构,这些西方现代主义文学批评推进了文学形式的繁荣进步。20世纪80年代以来,以莫言为代表的小说家在文学形式上大胆革新,诺贝尔文学奖颁奖词中称"莫言是个诗人",是对莫言作品文学语言这一形式成就的充分肯定;颁奖词中称"他比拉伯雷和斯威夫特以及当代的加西亚·马尔克斯以来多数作家更滑稽和震撼人心",则某种程度上肯定了他对西方文学表现形式的汲取、突破。当下的文学形式进入了"互文"的新时期,作为现代主义发展典范的意识流文学,以关注人的潜意识流动及时空断裂而受到青睐。其中,意识流语篇话语模式始终保持着时代活力,为广大创作者所接受。鉴于现实应用的广泛基础,对意识流语篇话语模式建构机制的语言学解释和探讨则颇具意义。

第一节 意识流语篇非典型话语模式的建构机制

按照英国文化理论家雷蒙·威廉著名的"情感"理论,一定社会的文化历史演进过程与一定社会历史阶段人们的精神、情感和心理呈现出某种趋同性

第二章 意识流语篇话语模式的建构机制

的张力,并往往表现为理论上、美学上的审美表达机制。意识流语篇非典型话语模式是一种外在的表现形式,其建构机制与人物的指示中心、观察视点、审美修辞具有内在的一致性。

一、话语模式建构组合:双指示中心的语言成分"截搭"

在人物话语转述中,自由间接引语以第三人称从人物视点叙述人物思想情感活动,强调在时间和位置上接受人物的视点。所以从话语指示来看,自由间接引语是第三人称指示成分与时空指示成分的组合,二者分别以叙述者和人物为指示中心,从而第三人称、时间和空间"构成主体的在场方式"[①],三者组合成反映主体思想情感的言语表达系统,第三人称是整个系统的坐标原点,时间和空间则是这一系统横坐标上的关键参数。从指示理论分析,由三个指示成分构成的完整言语表达系统中,第三人称构成了指示主体,它是言语表达系统的核心和基点,它的出场决定了指示场景中的时间与空间。如果指示场景中的时间与空间均以指示主体为指示中心,则言语是无标记表达;相反,时间与空间只要有一种不以指示主体为指示中心,则言语是有标记表达。无标记言语表达是自由直接引语话语模式,有标记言语表达是自由间接引语话语模式。因此,自由间接引语组合是以双指示中心为基础,即第三人称指示成分以叙述者为指示中心,时空指示成分以人物为指示中心,是一种有标记的话语模式。

(一)"时空"在场方式下的组合

时间和空间具有主观体验性得到了许多哲学家的认可。康德的《纯粹理性批判》认为,"空间和时间是我们的心灵用于设定和整理经验材料的方式,它们是先验的和主观的,空间是心之外观,时间是心之内感。一切经验材料都为我们的心之外观和心之内感所设定和整理"[②]。这说明在话语建构过程中,涉及的时间指示成分和空间指示成分均以说话人为指示中心,从而保证说话人声音与其所在时空一致,即说话人始终以自己为话语的中心来作出判

---

① 张新华:《汉语语篇句的指示结构研究》,上海:学林出版社,2007年,第20页。
② 姚双云:《"主观视点"理论与汉语语法研究》,载《汉语学报》,2012年第2期。

断,或者说是"人为自然立法"。每一具体话语一般只有一个指示中心,即以一个"特定时空语境中的说话者"①为参照点,或以叙述者为中心,或以人物为中心,但意识流语篇非典型话语模式可以同时拥有两个指示中心,一是以第三人称指示成分为表现形式的叙述者指示中心,二是以时空指示成分为表现形式的人物指示中心。在这种双指示中心条件下,出现"截搭"②式话语组合,即以叙述者为指示中心的第三人称指示成分,与以人物为指示中心的时空指示成分"截搭"。这种"截搭"式组合是有标记的话语形式,是我们判断意识流语篇非典型话语模式的主要依据。

在意识流语篇非典型话语模式中,第三人称指示成分与时空指示成分的组合,指同一话语既有人物语言,又有叙述者语言。这种话语组合方式具体表现为:以一个意义完整的语句为单元,叙述者语言与人物语言"截搭",即第三人称与时空指示成分组合。第三人称以叙述者为指示中心,而同一语句内的时空指示成分却以人物为指示中心,从人物参照点来组合话语。因此,在"时空"在场方式下,话语具有双指示中心,这种以叙述者和人物为指示中心的话语组合,证明了话语的"双声"属性。两种不同指示中心的语言"截搭"是一种拼接,好比将两根绳子各截取一段重新接成一根,如果两根绳子颜色质地不同,则截搭后的这根绳子就会出现不统一,给人一种怪怪的感觉,实际上出现了外在标记,这种标记是心理转喻的现实反映。可见,语言成分间的"截搭"形成一种不自然的语言,在生活中,它可能是口误的结果,而在小说中这种语言更多是人工改造的结果,源于某种文体现实动力的需要,是一种妥协的产物。自由间接引语是一种"截搭"式话语模式,在意识流语篇中,它是逻辑与情感相互妥协下的最优组合。这是自由间接引语的第一种表现形式。如:

(1)a 她要是耳朵不象现在这么半聋就好了。b 那她凭着小厨房的响动,也能听出儿媳妇的所作所为,还准八九不离十。c 可现

---

① 辛斌:《间接引语指示中心的统一和分离:认知符号学的视点》,载《外语研究》,2011年第3期。
② 沈家煊:《"糅合"与"截搭"》,载《世界汉语教学》,2006年第3期。

第二章　意识流语篇话语模式的建构机制

在玉华到底捅没捅炉子,她怎么也弄不清。(李陀《七奶奶》,载《中国意识流小说选(1980—1987)》第 202 页)[①]

意识流语篇《七奶奶》是使用间接内心独白的佳作,时间与空间参与建构了其话语模式。在句群(1)的第一个句子 a 中,人称指示成分"她"是以叙述者为指示中心,叙述者是实际说话者,以"她"来称谓人物。而时间名词"现在"是以人物为指示中心,是人物的说话时间,时间截止点是人物的说话时间,而不是叙述者的说话时间,因为认知语言学认为状态变化其实都是空间位移的隐喻,"这么半聋"意味着是从"未聋"转变过来的,这样一个空间的转变必须以人物为落脚点。在时空指示成分以人物为中心时,第三人称指示成分与时空指示成分构成"截搭"式组合。b、c 句中都有人称指示成分"她",均以叙述者为指示中心,地点名词"小厨房"和时间名词"现在",是以人物为指示中心,即人物当下所在的空间和时间,因为把句中代词"她"省略后并不影响句子作为自由直接引语,而自由直接引语是转述人物话语的典型模式,其话语指示成分全部以人物为指示中心。

(二)"价值"在场方式下的组合

话语指示认为,自由间接引语中的主体与时间、空间建构一个三位一体的主观定位系统,即"我""现在"和"这里"。认知语言学认为,人总是在一定的认知立场上进行实践活动,主体从这个认知立场出发评述、判断自己的活动对象。"这个认知立场称为'价值'原点。这样,'现在''这里''价值'三位一体地构成主体的在场方式"[②]。在语言事实上,价值定位与时空指示也确实完全平行。赵秀凤从自由间接引语的认知操作维度解析,认为话语场景是一个四维参照空间,包括人称主体、时间、地点、认知立场。其中,认知立场是"价值"的概念,"包含情感、评价、认知水平、交际意图等心理因素,主要决定话语的语气、指称、评价性等成分"[③]。以上阐释说明通常言语交际过程中话语都具有认

[①] 宋耀良选编:《中国意识流小说选(1980—1987)》,上海:上海社会科学院出版社,1988 年。后文凡引该书均与此为同一版本,不再加脚注。引文中的数字序号和字母序号为引者所加。类似情况不再说明。
[②] 张新华:《汉语语篇句的指示结构研究》,上海:学林出版社,2007 年,第 20、30 页。
[③] 赵秀凤:《自由间接话语的认知操作》,载《四川外语学院学报》,2004 年第 4 期。

知立场,即"价值"始终以在场的方式存在,这里的"价值"则更多属于主体的感知体验,表现为语言的主观性,是"言者主语"的"情感"和"认识"①。

话语"价值"是建立在指称、时间和空间的基础之上,是人物对活动对象的认知判断,其中最明显的是情感倾向性,而"语言中的韵律变化、语气词、词缀、代词、副词、时体标记、情态动词、词序、重复等等手段都可以用来表达情感"②。意识流语篇非典型话语模式中价值指示成分的运用,是以人物为指示中心,体现说话者"我"的主观感知体验,但也有可能是以叙述者为指示中心对人物话语的模拟,通过句子主语"他"之口开展命题内容的评论。因此,价值指示成分往往是人物话语范畴和叙述者话语范畴的交集,其语言成分属于"两可型"或"混合型",因为"对一段话而言,很难将它的表述命题内容的部分跟它表述情感的部分明确区分开来"③。这是自由间接引语第二种表现形式。如:

(2)a 他已经有二十多年没有回过家乡了。b 谁让他错投了胎? c 地主,地主! 一九五六年他回过一次家,一次就够用了——回家呆了四天,却检讨了二十二年! d 而伟人的一句话,也够人们学习贯彻一百年。e 使他惶惑的是,难道人生一世就是为了作检讨? f 难道他生在中华,就是为了作一辈子检讨的么? g 好在这一切都过去了。(王蒙《春之声》,载《中国意识流小说选(1980—1987)》第 2 页)

在经典意识流语篇《春之声》中,这段话既像叙述者的评论,也像人物的内心独白。"他"是叙述者指示中心的无标记形式,显然从 b 句到 g 句是非典型话语,可以看作叙述者话语,也可以看作人物话语。因为从代词"他"判断是以叙述者为指示中心,而如果仅仅从疑问、感叹等"语气"的价值指示成分来看,这种评论更倾向于人物主观性情感,因为把这些句子中的"他"更换成第一人称代词"我"后,可以顺利完成叙述者指示中心向人物指示中心的转换,"够""难道""就是""都"等话语标记则强化了人物指示中心。从"价值"在场

---

① 沈家煊:《语言的"主观性"和"主观化"》,载《外语教学与研究》,2001 年第 4 期。
② 沈家煊:《语言的"主观性"和"主观化"》,载《外语教学与研究》,2001 年第 4 期。
③ 沈家煊:《语言的"主观性"和"主观化"》,载《外语教学与研究》,2001 年第 4 期。

方式看,意识流非典型话语模式具有双指示中心,既倾向于对叙述者命题内容的评论,又倾向于人物的主观性情感,因为这一形式常常保留体现人物的语言成分,如感叹句式、口语词等主观性语言成分,实际上这些语言特征为二者所共有。

二、话语模式建构过程:主客观认知"视点"的融合

认知语法学认为,主观视点指叙述中以人物为指示中心,再现经验感知过程的观察角度;客观视点指叙述中以叙述者为指示中心,以实现交流为目的,对经验感知进行过滤的观察角度。在话语建构过程中,话语生产者的主客观视点不同则话语场景不同。认知语法学认为,"话语场景实质上是一个参照中心,供话语生产者对所概念化实体进行定位和编码"[①],其基本构成要素包括人称主体、时间、空间和认知立场。通常情况下,话语交际双方都以当下话语场景的时空坐标为定位参照点进行话语交流,这种交际双方的话语场景被称为默认场景,但随着交流的进行,话语生产者有时会放弃当下的默认场景,想象进入另一个话语主体所占据的场景,并在心理上以该场景的时空坐标为定位参照点进行话语生产,这就是人们常说的话语"移情",这类移情场景又叫"代理场景"。叙述者在以默认场景为认知参照中心时,构成与受述者的对话关系。考虑到受述者对话语的理解,叙述者在转述人物话语时,进行了过滤或总结概括,形成客观报告式叙述话语,逻辑规范是其强调的重心。叙述者在进入代理场景进行交际时,由于代理场景是人物所在场景,以代理场景的时空坐标为定位参照点,构成与受述者的对话关系。叙述者从人物视点直接引用人物原话,人物的主观性得以发挥,最大可能地、逼真地再现感知体验过程。因此,默认场景是客观视点的话语场景,代理场景是主观视点的话语场景。

在意识流语篇中,就自由间接引语话语模式所建构的话语来说,叙述者所在的场景为默认场景,人物所在的场景为代理场景,这两个场景分别属于不同视点的层次。在客观视点层次,由于叙述者是主体,话语被叙述者控制,

---

① 赵秀凤:《自由间接话语的认知操作》,载《四川外语学院学报》,2004年第4期。

为实现交流畅通,在转述人物话语时,叙述者言语表达一般较为"规范",其无标记语言特征是第三人称的使用,从而具有轨迹可循的逻辑性。在主观视点层次,由于以人物为主体,叙述者隐藏或消失,人物与受述对象交流,于是人物话语被直接引用。因主观视点是个人的观察角度,其言语表达更多强调个人的主观体验,相对来说具有"个性化"感知,并主要通过时间、空间、价值等语言成分来体现。实际上,自由间接引语这种话语模式是主观视点与客观视点融合的产物。在语用压力下,自由间接引语具有双重话语功能,客观视点强调话语显性逻辑,主观视点强调主体真实性感知体验。若强调话语显性逻辑,则以第三人称的无标记性进行逻辑识别,因为默认场景锁定的第三人称"在读者和人物的话语之间拉开了一段距离","具有疏远的效果"①;若强调主体真实性感知体验,则以时间、空间、价值等语言成分来表现,因为代理场景拉近了叙述者与人物的距离,能够加深对主体的感知体验。比如:

(3)a 外面真亮。b 黑小抱着冰凉的铜壶从家里走出来,一脚踩进白花花的月光里,发出冰霜一样沙沙的响声。c 屯子外那群狗还在叫,咬得一阵比一阵紧,发出一圈一圈的白光,象雾一样在半空里流动。(郑万隆《白房子》,载《中国意识流小说选(1980—1987)》第288页)

这段话表现了男孩意识瞬间流动的"感觉印象"。b 句中称谓名词"黑小"作为第三人称,是叙述者客观视点下的称谓,是默认场景的认知参数,便于话语逻辑识别,便于语篇的衔接连贯和线性展开,且句中"冰凉"和"冰霜一样的沙沙的响声"更符合人物的感觉体验,二者构成主客观视点融合。a 句和 c 句可看作叙述者想象性地进入了人物所占据的场景,通过"移情"进入人物主体所在的代理场景,以代理场景的时空和认知立场为坐标参照系,如"外面""屯子外""在半空里""在叫""真亮""白光""象雾"等,即叙述者从人物视点进行话语表达,体现人物的主观性,突显了话语的感知体验功能。实际上,a 句和 c 句也是"两可型"或"混合型"话语,是主客观视点融合的结果。

---

① 申丹:《有关小说中人物话语表达形式的几点思考》,载《外语与外语教学》,1999年第1期。

第二章 意识流语篇话语模式的建构机制

第三人称指示词组合下的意识流话语受"叙述者的编排"等外力影响,话语与人物意识流动象似性变弱,任意性增强,虽然话语还留有"人物的感觉",但第三人称指示词弱化了这种真实感觉。从文本真实性表达效果来看,第三人称指示词完全可以省去而不影响句义的表达,略去第三人称指示词的语句完全符合人物视角,且便于保持话语与意识流动的象似性,拉近叙述者与接受者的情感距离,接受者能够完全置身于人物所营造的文本语境中。第三人称指示词的介入,把接受者拉出文本之外,似乎以旁观者的身份审视人物的意识流动,拉开了与人物思想情感交流的距离,这正像布莱希特所言"间离方法"的戏剧理论,演员既是演员本人又是剧中人物的"双重形象"。如:

(4)他真是去看那堆水果的。那是一堆南方来的鲜果,有香蕉,有荔枝。但是在他看水果的时候,眼睛的余光里却出现了那姑娘的胸。其实这本来也没什么。谁也不能看什么东西的时候眼睛里只有那件东西,其他什么也不看。谁也不能控制自己的眼睛的余光。他过去买东西的时候,眼睛的余光里也出现过女售货员的脖子、胳膊和胸什么的。可是这次不一样。那姑娘没有穿售货员通常穿的白上衣。她穿了一件短袖的腈纶一类的紧身上衣。那上衣是玫瑰红色的,还有几条粗细不均的白色横线,非常醒目。(李陀《余光》第27页)①

例中第三人称指示词"他"具有标记性,除了便于叙述视角转换和让阅读者与人物保持距离外,还撮合了"叙述者的编排"与"人物的感觉"这两个原本属于两个不同时空要素的共存。由于话语这些功利性都是外在的制约因素,天生崇尚"自由流动"的意识受到干扰,不得不让步于这些语用目的而牺牲自己的"自由流动"。

三、话语模式建构动因:"双声"属性的审美修辞

话语模式主要研究叙述者与人物话语之间的关系,即叙事文中表达人物

---

① 李陀:《余光》,载《上海文学》,1982年第11期。

话语的方式。这里人物话语不仅指叙事文中人物自身的言语,也包括叙事者转述人物的言语。意识流语篇表现了人物的"思维流、意识流或主观生活之流"①,转述人物话语的自由间接引语,以第三人称从人物视点叙述人物的思想情感活动的话语模式,是意识流语篇非典型的话语模式。这种转述语是人物话语和叙述者话语的融合,叙述者通过人物视点进行叙述,生成人物话语,同时在语句中又保留了第三人称。自由间接引语综合了直接引语与间接引语,直接引语使其具有人物视点下的语言特征,保留了人物个性化的情感、词汇、句式、语态等,间接引语使其在叙述者视点下使用第三人称,有时还夹杂着一些叙述者语言。因此,自由间接引语既有人物的声音,也有叙述者的声音,具有一种"双声"属性。

自由间接引语的"双声"属性源于自由间接引语的命名,索绪尔的学生查理·巴利(Charles Bally)提出:"叙述者尽管整体上保留了叙述者的语气,不采用戏剧性的讲话方式,但是在表达某个人物的话语和思想时,却将自己置于人物的经历之中,在时间和位置上接受了人物的视点。"②一般认为,人物话语和叙述者话语源于两个完全不同的视点,人物话语来自人物视点,叙述者话语来自叙述者视点,而巴利指出自由间接引语的时空话语来自人物视点,叙述者从人物视点进行时空话语转述,形成叙述者话语与其视点的分离。这一看似矛盾的命题实际上指出了自由间接引语的本质属性:其第三人称来自叙述者视点,时间、空间等话语来自人物视点。同一话语在两种视点下出现"复调"的现象,是一种对话性质的"双声",形成"自由间接引语的'双重性':人物话语加作者(或叙述者)的叙述干预"③。自由间接引语有两种表现形式:一种是同一话语中既有人物语言,也有叙述者语言,是两种不同语言特征的融合;另一种是分不清这一话语是出自人物之口,还是出自叙述者之口,是同一语言特征在两个范畴的交集。如:

---

① [美]威廉·詹姆斯:《意识流》,象愚译,见《文艺理论译丛(1)》,北京:中国文艺联合出版公司,1983年,第236页。
② 胡亚敏:《叙事学》,武汉:华中师范大学出版社,2004年,第97页。
③ 申丹:《对自由间接引语功能的重新评价》,载《外语教学与研究》,1991年第3期。

(5)a 他决定回一趟阔别二十多年的故乡。b 这是不是个错误呢？c 他怎么也没想到要坐两小时零四十七分钟的闷罐子车呀。（王蒙《春之声》，载《中国意识流小说选(1980—1987)》第 2 页）

例中 c 句开头第三人称"他"具有叙述者语言特征，因为"人称代词几乎总是以实际说话者为指示中心"①，人物不会以"他"来自称。而除"他"之外的短语中，疑问代词"怎么"、语气词"呀"和感叹句的使用，表明情感性十分强烈。同时，"两小时零四十七分钟的闷罐子车"的表述，从语言的数量象似性来看，体现了心理时间的漫长，强化了这种情感性。因此，仅仅从情感性来推断，c 句的"主观性"语言特征更倾向人物，c 句更接近人物的话语。因此，c 句是两种不同"声音"的融合。b 句"这是不是个错误呢？"，则不容易辨别是叙述者话语，还是人物话语，因为受上下文语境控制，其语言特征难以归入叙述者话语或者人物话语，实际上这类句子是"两可型"或"混合型"②，其语言特征属于叙述者话语范畴和人物话语范畴的交集。

意识流语篇中的第三人称指示代词的使用具有明显的话语标记。这一标记词的使用是为了生成话语双声效果，而第三人称指示代词在句子组合中的不协调，导致这一话语组合模式与接受者思维上的日常认知图式出现偏差，接受者需打破常规思维，重组认知图式，以适应双声效果。这一过程需要一系列的认知努力，修辞审美价值就在这一系列认知努力中得以实现。如：

(6)她只听说煤气有股子特殊的味儿，可她闻不出来。还是人老了，鼻子不如年轻时候灵了。不成，她不能这么干坐着。她得想法子把厨房里的情形再看清楚点儿，不行就赶快叫人。（李陀《七奶奶》，载《中国意识流小说选(1980—1987)》第 211 页）

例中指示代词"她"完全可以不出现而不影响句义的表达，由此判断此信息似乎冗余。另从话语主观性方面观测，"她"在句中与句子其他成分搭配也显得比较生硬，不符合日常语感，因为第三人称代词应属于叙述者的客观陈

---

① 辛斌：《间接引语指示中心的统一和分离：认知符号学的视点》，载《外语研究》，2011 年第 3 期。
② 申丹：《对自由间接引语功能的重新评价》，载《外语教学与研究》，1991 年第 3 期。

述,句中却恰恰相反地表现了人物的主观性。这种超常话语组合模式与常规认知图式的适度错位,产生双声效果的语境差,从而加大了认知疑惑系数,修辞审美价值便在这种认知徘徊中伴随而生。

  语言是人类的家园。自当代哲学转向语言本体论以来,现代主义认为,文学形式不再是依附于内容的工具,其自身的表达范式也具有意义。这种意义是独立于内容的意义,而且是与整体的社会文化形态相关的意义,反映着社会文化和时代精神的变迁,文学形式成为其自身意义的"诗意栖居之地"。在当下,作为现代主义文学先驱的意识流语篇话语模式表达范式的意义,在于揭示了社会文化从关注人的外部世界向人内心世界的回归,让个人从人海中突出,却又无法将个人纳入现存价值规范体系,蕴涵了价值的多元性和复杂性。汉语意识流语篇非典型话语模式的双声现象可以被视为东方社会文化中个人主义与集体理性的和谐统一。因为在自由间接引语话语模式中,以人物为指示中心的时空指示成分与价值指示成分拉近了受述者与人物的时空距离,这也是意识流文体所要突显的重要内容,但小说不能因此迷失于时空与情感之中,这有悖于"乐而不淫,哀而不伤"的东方审美要求,于是在自由间接引语话语模式中第三人称以能指不变的形式出现,从而维持着小说话语逻辑的清晰性。意识流语篇非典型话语模式符合"尚中、中道、中庸"[①]的文化传统,其话语被冠以"东方意识流"[②]自然合于理据,话语模式建构机制的语言学探究也为这一理解提供了佐证。

第二节 意识流语篇典型话语模式的建构机制

  意识流语篇非典型话语模式使用自由间接引语,而意识流语篇典型话语模式则主要使用自由直接引语中的内心独白。"自由直接引语指不加提示的人物对话和内心独白,其语法特征是去掉引导词和引号,以第一人称讲述,叙

[①] 袁玉立:《尚中、中道、中庸:自古就有的普遍观念》,载《学术界》,2014年第12期。
[②] 李春林:《东方意识流文学》,沈阳:辽宁大学出版社,1987年,第28页。

述特征为抹去叙述者声音,由人物自身说话,在时间、位置、语气、意识等方面均与人物一致。"①一般认为,汉语意识流文学中的典型话语模式不能成为主流,尤其是中国大陆意识流文学的典型话语模式少之又少,1988年出版的两本意识流小说文集《中国意识流小说选(19870—1987)》和《意识流小说》中,只有陈洁的《大河》全篇属于意识流语篇典型话语模式,其他均以非典型话语模式为主。在《意识流小说·序》中,《大河》这种典型话语模式因为读不懂还遭到质疑:"但还应指出一点,阅读意识流小说,要有读者自己参与意识。假如作品中的描述与你个人经验毫无相通之处,就不好办。本卷所选作品中就有一篇因我实在没能参与进去,因而始终也没弄得很明白。我想其他读者大概也如我一样,不一定对这些作品都欣然接受。"②

一、话语模式建构组合:单指示中心下的时空"糅合"

从语用指示角度看,无论是时间指示,还是空间指示,"指示系统,一般地说,是以说话人为中心的方式组织下来的"③。说话人以自我为中心,无论是立足当下,还是联想过去或想象未来,其话语只能以某一时空为参照,具有某一时空参照下的鲜明语言特征,一般从用词造句上就能加以判断,因为有些词语打上了某一时空印迹,有些语法组合标明了某一时空定位,如话语表达中的第三人称指示词"他"一般表明叙述者在话语时空,读者借助于语气助词"着、了、过"则通常能够简单判断出是现在还是过去所在的时空。在以说话人为指示中心进行表达或接受的过程中,话语以单一时空为参照是语言交际最基本的保障,话语都是特定时空语境下的话语,特定时空语境是话语表达或接受的木之本和水之源,离开特定时空语境的话语表达或接受将不能进行想象。可见,保证话语与其所在时空保持一致是话语准确传情达意的交际基础。在文学文本的生成过程中,或是叙述者话语,或是人物话语,而且他们依托某一时空为参照来组织话语,如果话语要进行时空转换,则一般会做好转

---

① 胡亚敏:《叙事学》,武汉:华中师范大学出版社,2004年,第94页。
② 吴亮、章平、宗仁发:《意识流小说·序》,长春:时代文艺出版社,1988年,第11页。
③ 索振羽:《语用学教程》,北京:北京大学出版社,2014年,第37页。

换的背景铺垫,这也是无标记话语的一种通用形式。话语视角明确清晰,有规律可循,保证了表达与接受的顺利完成。意识流语篇也许过多关注人的非理性生命真实的冲击效果,过于强调意识流动的客观性,漠视了交际过程中话语时空转换的逻辑清晰度,造成话语与时空背景的误读与错配,这既是意识流语篇的核心特征,也是意识流语篇接受困难的所在。

意识流语篇典型话语模式是人物的内心独白,确认其时空须从人物视角来着手,主要是以人物为中心的内聚焦型视角,而从人物视角确认的时空有现实时空和心理时空,现实时空是人物当下所处的时空,心理时空则是心理上的回忆或畅想呈现的时空。人物处于现实时空时,由于受话语、事件、物体等刺激触发联想或想象,从而产生心理时空。因受人物视角限制,这时的话语虽然从现实时空转移到了心理时空,但是心理时空所呈现的话语没有提供相配套的语境铺垫,不能像全知全能的非聚焦型视角那样展现详尽的语境。对于人物来说,这时话语的语境是清楚明白的,因为他知道话语背后的来龙去脉,他知道为什么会这样。现实时空语境下的话语与心理时空语境下的话语组合,"好比是将两根绳子各抽取一股重新拧成一根"的"糅合"[①]。因此,从局部表达与接受系统来看,其语义的连贯性都显得相当突兀,让人摸不着头脑,这是"信息缺值即传递信息的编码缺失"[②]产生的文本的语境差。如:

(1)a 她垂下眼皮不再吭气。她衬衣第二粒钮扣的颜色是白的。不是那种透明的白色,而是日光灯管一样的乳白色。b 你要喝咖啡吗小何?不,我宁愿喝牛奶。玻璃杯里盛满了浓浓的赏心悦目的乳白色。c 这钮扣看着怪不舒服的。(陈洁《大河》,载《中国意识流小说选(1980—1987)》第 121 页)

例中 a 句和 c 句是人物视角观察认知的现实时空,b 句是人物心理时空,人物由眼前"日光灯管一样的乳白色",联想到年轻时男友给她倒牛奶喝时的情形,接着又回到眼前现实时空。局限于人物叙述视角,b 句与 a 句、c 句就局部范围来说缺乏连贯的语境支撑,只有阅读全部文本后才能清楚人物意识

---

① 沈家煊:《"糅合"与"截搭"》,载《世界汉语教学》,2006 年第 3 期。
② 祝敏青:《文学言语的修辞审美建构》,北京:人民出版社,2014 年,第 167 页。

流动的内在逻辑性。于是,在一定文本范围内,造成现实时空与心理时空二者语境衔接的"脱节",形成二者之间极易误读的语境差。

意识流语篇典型话语模式由不同时空下的"糅合"组成。"糅合"式话语间的线性组合遵循了最能反映意识流语篇特质的结构,这一结构符合人意识流动的真实状态,也反映了人所认识的世界结构。这种象似性结构形式的运用最大限度地还原了心理及其映射世界的真实,弱化了线性叙事对心理真实的遮蔽,因为"叙事的时间是一种线性时间,而故事发生的时间是立体的。在故事中,几个事件可以同时发生,但是话语必须把它们一件一件地叙述出来,使一个复杂的形象被投射到一条直线上"①。叙事的线性把心理及其映射的世界镶嵌于人工制造的规范模槽。为改变这种线性化叙事,意识流语篇打破了单一时空线性组合,时空运动不再固守线性轨迹,现在、过去和未来可以排列组合,形成非时序叙述方式。这一线性组合使两种语境下符号的悖论共存,这是一种超常的语言组合。这一悖论式符号系统是人为干预的结果,是按照人的审美需要设计的修辞,是体现能指与所指任意性的一种最好注脚,其目的是解构语言生成的熟知化,强调能指的自指功能,使审美停留在语言这一"诗意栖居之地",使来自两个完全不同时空共同建构了一种全新的合成时空,形成整体大于部分之和的修辞效果。

二、话语模式建构过程:语言"顺应"下的意识突显度选择

意识流语篇话语模式建构过程也是语言顺应性的选择过程,"语言的顺应性指能够让语言使用者从可供选择的选项中作出灵活的变通,从而满足交际需要"②。语言顺应性选择发生在语言结构的任何层面,包括语音、词汇、语法、修辞、语篇等诸多选择。在语言生成过程中,使用者一般只选择心目中最合适的、最需要的对象,具有一定的倾向性,存在被选对象的优选机会。选择过程也是一种意识的行为过程,也就是说,在语言选择时,存在不同程度的

---

① [法]兹维坦·托多罗夫:《叙事作为话语》,见《西方文艺理论名著选编(下卷)》,北京:北京大学出版社,1987年,第506页。
② 何自然、冉永平:《新编语用学概论》,北京:北京大学出版社,2009年,第292页。

意识突显度。意识突显度高说明话语主要受理性判断的影响，具有现实性考量，因受交际对象等外部因素制约，一般具有话语标记和特殊话语含义；相反，意识突显度低说明话语主要受非理性判断的影响，具有非现实性考量，因多受个人心理等因素制约，一般为无标记性话语。从理论上讲，意识流语篇的典型话语是以人物意识流动为基础而形成的内心独白，由于较少考虑外部制约因素，话由心生，因此意识突显度较低，是一种无标记话语形式。

意识突显度属于人的认知心理问题，包括"感知与表述、策划、记忆"[①]。当人物通过眼、耳、鼻、口等感觉器官感受外部世界时，会产生一定的意识思维活动，包括推测、回忆以及对人对事的态度和看法，这些意识思维活动最终转化为语言，通过语言形式表述出来。意识思维活动在转化为语言的过程中往往坚持优选原则。优选原则除了考虑语言经济因素外，主要依据意识突显度，突显度越高则其语言要素及其组合优选的可能性越大，相反则越小。话语目的性越强，则对应的意识突显度越高，从一般交际来看，则话语的逻辑性越强、清晰度越高。这部分话语主要属于"意识"[②]层次，按弗洛伊德的观点，这部分意识活动源于人的理性判断，是现实场景的需要。话语目的性越弱，则对应的意识突显度越低，在一定情况下话语存在某种无序状态，甚至颠倒状态，其逻辑性越弱、清晰度越低。这部分话语主要属于"潜意识"层次，弗洛伊德认为这部分意识活动更多源于人非理性的本能，是"一锅沸腾的粥"。意识活动或"向前看"，或"向后看"，这说明立足当下的人类意识活动不仅要思考当下、未来，还要记忆过去，通过激活识别私语化的过去确立对当下或未来事件的判断与态度。

突显度的高低则主要受人心理诸要素影响，并决定了语言要素及其组合的优选结果。人物视角下的意识流话语，往往意识突显度低，即人物意识流动更多重视非理性的感知，它的现实功利性弱化，更多保持话语与意识流动的内在象似性，而不是为获取更多话语含义或审美去改变语言象似性的真实

---

① 黄成夫：《语言顺应过程的意识突显程度特性及语用研究》，载《西南民族大学学报》，2008年，第8页。
② ［奥］弗洛伊德：《精神分析引论》，高觉敷译，北京：商务印书馆，1984年，第6页。

状态,更不会对话语进行精雕细琢。对于人物来说,在现实空间转为心理空间的意识流后,大跨度的回忆识别在语句中没有相关语境铺垫,由于人物意识突显度较低,任凭意识的大幅度跳跃流动,保持话语对意识流动的真实还原,所以人物话语有些"前言不搭后语",但放在全篇大语境中是系统的。这种意识突显度低的意识流话语符合斯坦尼斯拉夫斯基所谓"成为形象"的体验派戏剧理论,即演员融入剧中人物之中。如:

(2)"我们大家还没发表意见,怎么就可以结束呢?"这真奇怪。我觉得这真奇怪。他对她的态度怎么这么好呢?王秀芝你竟干出这种蠢事!这简直太可耻了!他变得这么凶,眼睛瞪得这么大,恨不得把我一口吞下。那条猪腿很沉,吃了好几天还没吃完。食堂里黑得要命。(陈洁《大河》,载《中国意识流小说选(1980—1987)》第129页)

例中的人物在现实空间产生疑问,于是联想自己以前到食堂偷猪腿后受到的批判,至少有四种过去的场景浮现,包括由疑问产生的批评、同类事件的比较、沉甸甸的猪腿及偷猪腿时黑黢黢的食堂。此段话语没有去关注字斟句酌及其前后衔接,它主要受主体认知心理因素支配,不会刻意去照顾话语外在逻辑这一现实功利性。

三、话语模式建构动因:"关联"主导下的审美修辞

意识流语篇典型话语模式建构是文学审美价值实现路径之一。语用关联理论认为,话语交际是一种明示—推理过程,明示过程与表达者有关,明示不仅提供字面意义,还传递字面意义下的隐含意义;推理过程与接受者有关,推理需要把话语置于一定语境假设条件下,产生语境效果后说明该话语具有关联性。可见,交际的成功必须依靠关联性,依靠表达者的明示与接受者的推理。意识流语篇典型话语模式建构的审美价值,依照关联理论有两个着力点,一是交际双方,二是语境效果。交际双方,即表达者与接受者,文本修辞审美价值离不开交际双方的"互明",否则文本审美价值难以实现,意识流语篇尤其如此;语境效果指文本被置于一定语境下产生的语义,语境效果可以

置于广义修辞学层面进行观察,文本在不同层面下获得不同的修辞语义。从修辞诗学层面考察,主要关注叙述、衔接连贯等原则变异,这里修辞叙述、衔接连贯主要着眼于语篇的视角;从修辞哲学层面考察,强调人是语言的动物,更是修辞的动物,人以修辞的方式进入这个世界进行表达与接受,修辞影响人的认知与行为。

修辞诗学层面下的意识流语篇典型话语模式也是一个连续统,有显性衔接和隐性衔接。显性衔接构成了语篇叙述压力,若要摆脱这种叙述压力,修辞处理则需要为语篇叙述注入新的能量。语篇显性衔接一般有衔接标志,能够通过词语、句子等推导出话语逻辑,这类意识流语篇表现了意识的有序流动,跳跃幅度不大,话语间关联度较大,不需要太大的推理努力。这些表征带来了文学叙述压力,但有序意识流动频繁转场所形成的众声喧哗的语境差,为语篇叙述注入了修辞能量。其修辞审美价值,一方面体现了物质世界的丰富性和潜意识的无穷大,展示了在意识思维方式上文本开放的修辞审美价值;另一方面体现了现实语境与心理语境在人物内心碰撞对话的修辞审美价值,因为"现时的强烈经验唤起了作家对早年经验的记忆,现在,从这个记忆中产生了一个愿望,这个愿望又在作品中得到实现。作品本身展示出两种成分:最近的诱发场合和旧时的记忆"①。如:

(3)那愈来愈响的声音是下起了冰雹吗?是铁锤砸在铁砧上?在黄土高原的乡下,到处还靠人打铁,我们祖国的胳膊有多么发达的肌肉!呵,当然,那只是车轮撞击铁轨的噪音,来自这一节铁轨与那一节铁轨之间的缝隙。目前不是正在流行一支轻柔的歌曲吗,叫作什么来着——《泉水叮咚响》。(王蒙《春之声》,载《中国意识流小说选(1980—1987)》第1页)

文中通过车轮撞击铁轨的声音展开联想,有"下冰雹""打铁""发达的肌肉""轻柔的歌曲"等四个语境场景,虽然通过"声音"类属语义场能够把相关语句衔接、连贯起来,但语境频繁转场形成了众声喧哗的语境差,刺激了想象

---

① [奥]弗洛伊德:《弗洛伊德论美文选》,张唤民、陈伟奇译,上海:知识出版社,1987年,第36页。

第二章 意识流语篇话语模式的建构机制

空间扩容带来文本开放的修辞审美价值,也是当下嘈杂环境下的现实与美好回忆在潜意识中的碰撞对话。隐性衔接一般没有衔接标记,语境跳跃跨度大,事件往往并置,犹如辞格中的"列锦",留下足够的空白张力,具备足够的修辞能量。如:

(4)所有这一切——献花、祝贺、一百分、检阅、热泪、抡起皮带嗡嗡响、"最高指示"倒背如流、特大喜讯、火车、汽车、雪青马和栗色马、队长的脸色……都是为了通向三两一盘的炒疙瘩么?(王蒙《风筝飘带》,载《意识流小说》第3页)[①]

该语篇提供的语境需要有特定历史知识才能很好解读,否则不知所云。由于话语存在较大语境差,话语关联度较弱,话语空白需要更多想象去填充,因此也需要更多的推理努力。这一努力过程也是话语语境差的修辞价值所在。

修辞哲学层面主要强调"变异的语义通过改变认知而影响人的生存"[②],意识流语篇是现代西学非理性主义哲学盛行下的产物,非理性主义哲学开辟了现代西方哲学的先河,出现了叔本华、尼采、柏格森、弗洛伊德等哲学家,人们通过意识流语篇形象地认识了非理性主义。非理性主义强调本能,摆脱约束,打破常规,其语言形式和叙述方式自然顺应并遵守了这一策略,并改变着人的认知与生存方式,表现为人通过本能感知来把握生命和体验世界,而不再是单一的理性分析。意识流语篇比较关注人的非理性意识,这些非理性意识是人长期被忽视、被压抑在常态语境下难以启齿的潜意识,也是人生命本质的"表象"。就文学来说,揭示生命本质最好的渠道是感知这一"表象",感知包括人的感觉和认知。感觉是人通过眼、耳、鼻、舌等得以实现的,也是最容易使人获得真实的体验的,所以小说家常常"要努力地写出感觉,营造出有生命感觉的世界"[③];认知是人通过推测、回忆生成对人对事的态度和看法,

---

[①] 吴亮、章平、宗仁发编:《意识流小说》,长春:时代文艺出版社,1988年,第3页。
[②] 谭学纯:《问题驱动的广义修辞论》,北京:人民出版社,2016年,第127~128页。
[③] 莫言:《小说的气味——在巴黎法国国家图书馆演讲》,沈阳:春风文艺出版社,2003年,第5页。

它在意识流语篇中更多表现为人潜意识的流动。非理性主义哲学家叔本华认为,"一切的一切,凡已属于和能属于这世界一切,都无可避免地带有以主体为条件的性质,并且也仅仅只是为主体而存在","不认识什么太阳,什么地球,而永远只是眼睛,是眼睛看见太阳;永远只是手,是手感触地球"①。在修辞哲学中,把握反映生命本质的"表象"通过人的感觉和认知得以实现,这种非理性主义方法论是人认识事物方式的变化,是理性主义方法论之外另一条有效路径,因此除了理性分析外,强调非理性的感觉体验成了人的存在方式。如:

(5)欢乐呵、欢乐!我再也不要看你这遍披着绿脓血和绿粪便的绿躯体、生满了绿锈和绿蛆虫的灵魂,我欢乐的眼!再也不要嗅你这个扑鼻的绿尸臭、阴凉的绿铜臭,我欢乐的鼻!再也不听你绿色的海誓山盟,你绿色嘴巴里喷出的绿色谎言,我欢乐的耳!永远逃避了绿色,我欢乐的灵魂!(莫言《欢乐》,载《意识流小说》第197~198页)

例中人物作为20世纪80年代农村高考落榜生,面对世俗白眼和冷落以结束生命来应对,在生命火花熄灭前一刻,人物内心长期受压抑的愤懑尽情宣泄,并把这些抽象的愤懑以人能够感觉和认知的形象表现出来。这种形象化的"表象"是人物生命的超常体验,与人物生命产生强烈共振。这种另类语言方式隐喻了人认识和存在的变化,在哲学意义上实现了"语言是存在之居所"的修辞审美价值。

意识流语篇典型话语模式是潜意识本真生命与其叙述方式互相选择的结果,它凝结了现代主义文学修辞审美价值的基因,它以令人诧异的面目引发人们对现代修辞审美价值的认同。这种修辞审美价值来自语言陌生化,来自文学留白,来自对生命深处的聆听、思考与践行。相同的审美体验也有不同的表达形式,意在突出人物指示中心话语的地位,拉近表达与接受的心理距离,营造感同身受的语境时空,话语主观性的真情实感便一览无余。在表

---

① [德]叔本华:《作为意志和表象的世界》,石冲白译,杨一之校,北京:商务印书馆,1982年,第28页。

达过程中,"在同一交际界域,语境因素间呈现颠覆状态,却具有审美价值的修辞现象"[①]。意识突显度影响着语境与话语间的"剪刀差"幅度,并呈现出一定的连续统,意识突显度越弱,则语境与话语间的"剪刀差"越大,即语境差较大,无标记话语与意识流动的象似性加强,话语脉络的逻辑架构隐匿,关联度变小,在此种语境效果下,话语外在逻辑隐匿模糊;而意识突显度越强,则"剪刀差"越小,即语境差较小,话语标记使话语脉络清晰,关联度大,在此种语境效果下,话语外在逻辑清晰明白。在接受过程中,语境与话语"剪刀差"大,人物作为单一指示中心,语境局限于人物话语,话语视角属于内聚焦型,因此不利于话语理解,还拖慢了阅读速度,如小说《大河》《背海的人》等;而语境与话语"剪刀差"小,主要基于指示中心变换便捷等外部诸因素的考量,通过加强文本逻辑性以保证接受的顺畅,如小说《春之声》《七奶奶》《余光》等。在汉语意识流语篇中,全篇使用典型话语模式的极少,更多以非典型话语模式主导下典型话语模式的片段式参与,这也许是传统中庸文化优化后的集体无意识倾向,反映了传统文化的历史传承惯性和同化融合能力。

---

① 祝敏青:《当代小说修辞性语境差阐释》,北京:商务印书馆,2017年,第9页。

第三章　意识流语篇的内部衔接

韩礼德和哈桑认为:"衔接这个概念是个语义概念;它指的是存在篇章内部的能界定其篇章地位的意义关系。当语篇中的某个元素的解读依赖于另一个元素的解读时,就产生衔接。所谓一个元素预设另一个元素,是指不借助后者,就不能有效地解码前者。发生这种情况时,衔接关系就建立起来了。预设者和被预设者这两个元素至少因此而被潜在地整合成一个篇章。"[①]在韩礼德和哈桑看来,衔接是一种语义关系,主要研究语篇语义如何通过某种关系建立起来,这种关系被置于语义系统之中。意识流语篇严格意义上说是由人物内心独白形成的,这种内心独白属于心理的前意识与潜意识,是非逻辑性意识流动,虽然在语篇形式上看似有些松散甚至断裂,但是在语义关系上是连贯的,是一个完整意义的表达与接受,符合语言的系统性。因此,内部衔接研究则为如何通过一定外在语言形式把看似碎片化的语篇语义连贯起来,这样可以从形式上把握意识流语篇的语义内在关联,从而把握意识流语篇的非逻辑性意识流动。意识流语篇内部衔接主要有词汇衔接、指称衔接和结构衔接。

---

① Halliday, M. A. K. and Hasan. *Cohesion in Eanglish*. London: Longman. Ruqaiya, 1976:4.

第一节　意识流语篇的词汇衔接

词汇衔接"指语篇中出现的一部分词汇相互之间存在语义上的联系,或重复,或由其他词语替代,或共同出现"①。词汇衔接是衔接中最突出、最重要的形式。在韩礼德和哈桑的英语文本分析中,词汇衔接占了所有衔接的42%,侯易也认为衔接在很大程度上是词汇关系而非语法关系的产物②。因为衔接是一种语义关系,衔接把不同语句关联起来,主要依托词汇来实现,因为词在语言中是语义的主要承担者,语义可以通过词进行组合与聚合,词作为语言符号通过索绪尔所界定的所指完成作为语言单位的功能。研究语篇衔接在多数情况下主要是研究词汇衔接。虽然没有人统计汉语语篇中词汇衔接所占的比重,但根据语言类型学理论,汉语语篇词汇衔接也应是一种重要衔接类型,意识流语篇词汇衔接研究也证明了这一点。

一、意识流语篇词汇衔接的特点

(一)能够实现语篇的远距离衔接

远距离衔接在这里指词语的远程纽带关系,近距离衔接在这里指词语的直接纽带关系和中程纽带关系。张德禄在衔接研究中曾根据间隔距离的远近把两个词或短语所形成的纽带关系,称为"直接纽带""中程纽带"和"远程纽带"③。张氏认为,如果衔接纽带的两个端点分布在相邻的两个小句或句子之间,则属于长度最短、两个端点最近的衔接纽带,这种衔接纽带称为"直接纽带";如果衔接纽带的两个端点分布在相隔一个及以上句子之间,则衔接纽带出现跨越句子的联系,但还不足以远得使听话者几乎忘记前一个纽带端点存在,这种衔接纽带称为"中程纽带";衔接纽带的两个端点如果相距甚远,

---

① 胡壮麟:《语篇的衔接与连贯》,上海:上海外语教育出版社,1994年,第112页。
② Hoey Michael. *Patterns of Lexis in Text*. Oxford:Oxford University Press,1991.
③ 张德禄、刘汝山:《语篇连贯与衔接理论的发展及应用》,上海:上海外语教育出版社,2003年,第148页。

如在十个句子或其以上,或者相隔两个及以上的自然段落,那么它们就形成"远程衔接纽带"。直接纽带关系和中程纽带关系由于其衔接点相互之间的距离较近,本书统称它们为近距离衔接,同时相对地把远程纽带关系称为远距离衔接。由于意识流语篇是人物的内心独白,人物意识流动主要依据联想与想象,这种建立在联想与想象基础上的语篇具有较大的时空跨越,因此语篇词汇衔接往往出现远距离衔接。虽然语篇衔接的跨度较大,但词汇衔接是建立在词语语义的基础上,能够通过语义关系实现语篇衔接。词语语义通常有理性义和附加义,"只要是实词,一般都具有与概念相关的核心意义——理性意义,此外还有一系列附加意义"[①]。词汇衔接主要使用词语理性义,这里的理性意义显然就是概念意义,落实到义素则成为一组共同特征与区别特征的集合,常见于词典中词语的定义。除了理性意义之外,英国语言学家杰弗里·N.利奇在《语义学》中把意义分为七种不同的类型,还包括"内涵意义、社会意义、情感意义、反映意义、搭配意义和主题意义"[②]。因此作为一种语义间关系的词汇衔接,完全可以使用其他六种意义类型,虽然这六种意义的活跃度可能远远不及理性意义。理性义属于显性意义,具有相对稳定性。词汇衔接能够实现远距离衔接是建立在词语理性义的基础上,当具有相互关系的词语在语篇中属于远程纽带时,它们就会处于不同的语篇中,其理性义不会变化,这样就保证了衔接成功。另外,不是所有词语凭借其理性义就能够实现远距离衔接,只有那些语义上有某种显著关系的词语才能够担此重任,而且往往又以短语居多,如重复短语、表示序列关系的短语等可以实现远距离衔接,下文将结合词汇衔接类型分别予以论述。

(二)近距离衔接的语篇语义跳跃幅度大

语义内容的跳跃性是意识流语篇的一个显著特点,而且这种跳跃性也是一个连续统,语义间跳跃幅度越大的语篇,其表现的内容之间显性连贯性越弱,往往不容易被理解;相反,语义间跳跃幅度越小的语篇,其表现的内容之

---

① 张斌主编:《新编现代汉语》,上海:复旦大学出版社,2002年,第194页。
② [英]杰弗里·N.利奇:《语义学》,李瑞华等译,上海:上海外语教育出版社,1987年,第13页。

间显性连贯性越强,常常容易被接受。在意识流语篇中,近距离词汇衔接,其衔接的语篇语义不仅跳跃,而且跳跃幅度非常大。跳跃性的形成主要由于语境存在上下文语境或情境语境,相互关联的语篇语义间隔距离较远且缺少一定的过渡铺垫。语篇跳跃幅度越大则语篇前后语境吻合度越小,这是因为缺少一定的过渡铺垫。如:

(1)马拉多纳,马拉多纳,带球过人,射门!射谁的门?现在场上的比分是二比二,第一次出现了平局,和平鸽飞到了场内,现在离终场还有十七分钟,十七分钟可以做一个梦,人说作梦只需要一瞬间,梦也可以压缩,压缩饼干,你吃过压缩饼干吗?我吃过鱼干,装在塑料口袋里的鱼干,没有鳞,没有眼睛,也没有划破人手指的坚硬的尾巴。(高行健《给我老爷买鱼竿》第257页)①

例中使用了重复词语衔接,它们衔接的语篇跳跃幅度都非常大,如"十七分钟""梦""压缩""鱼干"等词语。在"十七分钟"的语句中,衔接的前句是"现在离终场还有十七分钟",衔接的后句是"十七分钟可以做一个梦",这两句内容没有明显的联系,后句与前面语篇语境显然已经不吻合,它们不是同一语境下的话语,两句虽有短语"十七分钟"衔接,但在表层意义上它们并不相互连贯。动词"压缩",衔接的前句是"梦也可以压缩",衔接的后句是"压缩饼干",这两句的内容显然也是风马牛不相及,表层意义也不连贯。可见,近距离词汇衔接的语篇跳跃幅度较大,其内容的表层意义连贯性较差。

二、意识流语篇词汇衔接的类型

韩礼德和哈桑在《英语衔接》中将词汇衔接分为重述(reiteration)与搭配(collocation),重述包括重复关系衔接、同义关系衔接、上下义关系衔接、整体局部关系衔接、反义关系衔接和搭配衔接。胡壮麟师承韩礼德,并结合汉语实际,把词汇衔接方式分成重复、泛指词、相似性、分类关系和组合搭配五大类。其中,相似性包括同义性与近同义性以及反义性,分类关系包括下义关

---

① 高行键:《给我老爷买鱼竿》,台北:联合文学出版社,1978年。

系、局部整体关系、集合关系、一致关系。从理论上讲,意识流语篇词汇衔接囊括韩氏和胡氏所列出的类型,因限于篇幅,本书不再面面俱到地进行罗列,仅结合意识流语篇词汇衔接特点,突出与意识流语篇关系密切的几种重要衔接类型。

(一)重复关系的词汇衔接

重复关系的词汇衔接是指同形同义词语在语篇中出现两次或两次以上而构成的衔接,重复关系的词汇衔接既有远距离衔接,也有近距离衔接。关于重复关系的词汇衔接语言单位大小,胡壮麟认为"词汇重复则是一个单词或词组的重复"[①],朱永生等认为"重复出现的成分可以是一个单词……可以是一个短语……或者是一个小句"[②]。我们认为,重复关系的词汇衔接语言单位应该有狭义与广义之分,狭义仅指词或短语,广义则指词、短语、小句和句子。按照传统语言学对词汇概念的界定,词与短语更适宜语篇词汇研究,本节将采用词汇重复的狭义。重复关系的词汇衔接可分为连续重复和间隔重复两种类型。词汇衔接的连续重复指语言成分不间断地出现两次或多次,即同一词语或短语,紧紧相接,连续出现。这种连续重复关系的衔接一般出现在语句较少的篇幅中,类似语篇修辞中的排比修辞方式。间隔重复则指重复出现语言单位之间有其他成分存在,彼此相隔一段距离,这段距离可能很短,也可能很长。由于连续重复是词或短语的互相紧密连接,彼此间隔距离极小,其语篇衔接作用不明显,不适宜表现具有时空跨越较大的意识流语篇,因此其在意识流语篇中应用不多且其研究价值也不大。由于间隔重复中间可以夹杂其他成分,重复词语间的语篇距离可长可短,语篇距离越大,则重复词语的语篇功能越突显,其语言张力则越大;相反,虽然重复词语间的语篇距离较小,但由于其衔接的语篇语义内容的时空跨越较远,其语篇功能同样突显,语言张力同样较大。间隔重复词语作为词汇衔接的一种形式,尤其适合表现意识流语篇,因为在时空跨越度

[①] 胡壮麟:《语篇的衔接与连贯》,上海:上海外语教育出版社,1994年,第115页。
[②] 朱永生、郑立信、苗兴伟:《英汉语篇衔接手段对比研究》,上海:上海外语教育出版社,2001年,第107页。

较大的意识流语篇中,尽管语篇语义内容可能关联性不强,但可以通过相同词语的重复把它们衔接起来。重复关系的词汇衔接通常有重复关系的远距离词汇衔接和重复关系的近距离词汇衔接。

1. 重复关系的远距离词汇衔接。词语理性义是实现远距离词汇衔接的主要条件,相同词语的重复也就是词语理性义再次出现,即通过前后相同理性义来实现语篇衔接与连贯。除理性义外,利奇所划分的其他六种意义类型在词汇衔接时也参与其中。远距离词汇衔接的词汇多为短语,而短语相对词来说语言成分多,语言成分越多越容易辨别。远距离词汇衔接功能主要是使间断的语篇得以继续。如:

(2)我真想告诉你韩铁,我要把所有的灯都砸得粉粉碎,让黑夜包裹着我们吧。它包裹着一个真实的你和一个真实的我。我想追上去告诉你。但是我丢失了我的那双白皮鞋,我就没有法子追上你。满街的白皮鞋亮闪闪地往前奔。……(省略35行,引者注)满街的白皮鞋飞一样地跑,除了栽一个大跟头之外不会有任何好处。这个跟头摔得她鼻青脸肿半死不活,够她老老实实地趴一阵啦!(陈洁《大河》,载《中国意识流小说选(1980—1987)》第124~125页)

例中短语"满街的白皮鞋"在相隔35行后再次重复出现,显然是远程衔接纽带,于是,人物意识活动又重新回到同一内容,从而使前后间断的内容得以接续,保证了语篇顺利推进。短语"满街的白皮鞋",稳定理性义是其衔接的基础,色彩义"满""白"使短语更为突显,强化了衔接功能,但也应该看到,人物回忆中的"白皮鞋"与现实中的"白皮鞋",随着物是人非,显然其内涵意义、情感意义等也并非完全一样。

2. 重复关系的近距离词汇衔接。近距离词汇衔接是重复关系的词汇衔接的主要形式。在意识流语篇中,重复词语衔接的语篇语义内容往往跳跃幅度较大,即通过重复词语可以实现语篇从一个时空跳跃到另一个时空。近距离词汇衔接主要表现为直接纽带关系或中程纽带关系。直接纽带关系的近距离词汇衔接,虽然语篇距离较短,但其表现的语篇语义内容距离跨度较大。如:

(3)我真的不在乎,阿娴。倒不在于我是否有资格在乎。也许我没资格在乎,但我压根儿就没想在乎$_1$。只有小翠的丈夫才在乎$_2$呢,这个该死的乡巴佬!剧场大厅乱哄哄。地板上全是话梅盒子和冰淇淋纸。(陈洁《大河》,载《中国意识流小说选(1980—1987)》第133页,引文中数字下标为引者所加)

例中的间隔重复"在乎"体现直接纽带关系,从"在乎$_1$"到"在乎$_2$",语篇语义内容实现跳跃,这时语篇从当前时空跳跃到过去时空,"在乎"所在两句已经属于不同时空语境的话语。通过"在乎"重复,人物意识从当前事件流动到过去相似事件上,这也就是相似联想的功能所致,即"由一种事物的经验联想到另一种在性质上和它相似的事物,它是由于当前感知到的事物与记忆中的事物在性质上有共同性、相似性,在大脑中形成了特定的联系,因而通过类比、类推,引起回忆、联想"[①]。

中程纽带关系的近距离词汇衔接,重复词语间相隔距离也不是较远,但这种类型关系衔接的语篇语义内容跳跃幅度也相当大。如:

(4)目前不是正在流行一支轻柔的歌曲吗,叫作什么来着——《泉水叮咚响》。如果火车也叮咚叮咚地响起来呢?广州人可真会生活,不象这西北高原上,人的脸上和房屋的窗玻璃上到处都蒙着一层厚厚的黄土。广州人的凉棚下面,垂挂着许许多多三角形的瓷板,它们伴随着清风,发出叮咚叮咚的清音,愉悦着心灵。(王蒙《春之声》,载《中国意识流小说选(1980—1987)》第1~2页)

例中的重复词语为"叮咚",由那个时代的流行歌曲中的"泉水叮咚响",联想到"火车也叮咚叮咚地响起来呢",再联想到"三角形瓷板""发出叮咚叮咚的清音",这三个"叮咚"词语在语篇中相隔一定距离,显然属于中程纽带衔接,即这种衔接的词语相隔数句后才重复出现,其衔接的语篇语义内容却跳跃了三个不同的时空,前后跳跃幅度较大。通过拟声词"叮咚"间隔重复,人物意识从当前事件流动到相关事件上,这也就是接近联想,即由一种事物的经验联想到另一种在空间或时间上与它相接近的事物,这是由于当前刺激物同记忆中的

[①] 吴礼权:《修辞心理学》,昆明:云南人民出版社,2002年,第49页。

第三章　意识流语篇的内部衔接

事物之间在空间或时间上相互接近,使人在经验上将它联系起来。

(二)序列关系的词汇衔接

"序列关系的每一词项都与同组内其他词项对立,但这些词项却又存在一定的序列关系"①。序列关系也就是"顺序关系",即"表现数目、季度、月份、军衔、学位、度量衡单位、考核或比赛的名次等的义位,都属于顺序义场,这种语义场内各义位间有一种顺序关系"②。从对比关系的角度,胡壮麟把序列关系词汇衔接列入反义衔接,而朱永生等则从时间顺序观察,将序列关系收入上下义关系衔接中③。从语义场的角度看,表示序列关系的词汇属于"顺序义场",即"各成员按照某种固定的顺序排列"④,它们之间的语义关系属于"同一平面上的语义关系"⑤。因此,本书单独将其列为一种衔接类型。在意识流语篇中,表示序列关系的词汇衔接功能尤其显著,跳跃幅度大的意识流语篇往往显得杂乱无章,由于表示序列关系词语本身具有内在的逻辑关系和搭配关系,一般通过前面存在的序列能够推导出后面将要出现的序列,从而通过序列关系的词汇衔接使杂乱的相关内容更加有序化。序列关系的词汇衔接既有远距离衔接,也有近距离衔接。

1.序列关系的远距离词汇衔接。在意识流语篇中,序列关系的远距离词汇衔接属于远程纽带关系,由于语篇内容相隔距离大,这种大跨度的语篇内容能够产生语义上的关联,可以通过表示序列关系的词语进行衔接,实际上为意识的自由流动或思维的自由联想与想象找到焊接点,从而使不同时空中的叙述产生关联,即当表示序列关系的词语出现在跨越幅度较大的数个语篇中时,序列关系的词语就具有"穿针引线"的衔接功能,能够把语义相关联的跳跃性语篇连贯起来,使语篇在中断后能够再次继续。当然从语篇接受角度看,表示序列关系词语的出现能够使接受者更容易理清语篇的前后和内在的

---

① 胡壮麟:《语篇的衔接与连贯》,上海:上海外语教育出版社,1994年,第115页。
② 贾彦德:《汉语语义学》,北京:北京大学出版社,1999年,第156页。
③ 朱永生、郑立信、苗兴伟:《英汉语篇衔接手段对比研究》,上海:上海外语教育出版社,2001年,第175页。
④ 黄伯荣、廖序东:《现代汉语》,北京:高等教育出版社,2017年,第225页。
⑤ 周国光:《现代汉语词汇学导论》,广州:广东高等教育出版社,2015年,第153页。

逻辑关系,更便于把握语篇的叙述脉络。例如:

(5)第一粒扣子没有扣。脖子也太细太长。你说什么我听不清。唔。笔会上认识的。就是那次大西南笔会吗?好。这样事情就比较容易搞清楚了。

……(省略6行,引者注,下同)

她衬衣第二粒钮扣的颜色是白的。不是那种透明的白色,而是日光灯管一样的乳白色。你要喝咖啡吗小何?不,我宁愿喝牛奶。玻璃杯里盛满了浓浓的赏心悦目的乳白色。这钮扣看着怪不舒服的。

……(省略32行)

她的第三粒钮扣。真讨厌那也是白色的。哈哈哈干得不错嘛小何!再过三个月就可以转为正式党员了吧?不错不错!为什么爱穿白裙子呢?还有白皮鞋?哈哈哈哈。

……(省略29行)

她的第四粒钮扣上好象有泥迹。它紧紧地扣着。怎么,你不知道?火苗猛地蹿起来。它烧了一个晚上。它烧得这样猛烈,火光照亮了大半个天空。

……(省略10行)

她的最后一粒钮扣真扎眼。它居然一动不动地扣在那儿,仿佛两层衣片从来也不曾分离过似的,这真气人!事情是明摆着的,但她就是不肯承认!我倒要试试看。(陈洁《大河》,载《中国意识流小说选(1980-1987)》第121~124页,着重号为引者所加,类似情况不再说明)

从所引文字前后相隔距离来看,语篇前后跨度相当大,属于远距离衔接。人物意识的每次展开总是从钮扣开始,每一粒钮扣都有一个不同的故事,数量短语"第一粒""第二粒""第三粒""第四粒",每粒钮扣都把意识流动引向深入,然后又把人物观察视线拉回到钮扣上,基本做到了放得开而又收得拢,"意识散而形式不散"。可见,表示序列关系的词汇衔接把内容相联系的跳跃语篇连贯起来,使中断的语篇再次接续,推动情节内容不断发展。这种语篇

第三章 意识流语篇的内部衔接

表现的意识流动多是"放射形",即"由一个固定的中心持续地向四周放射,象一个放射的星状"①。

2. 序列关系的近距离词汇衔接。在意识流语篇中,序列关系的近距离词汇衔接至少属于中程纽带关系,一般不会是直接纽带关系。从前面对中程纽带关系的定义来看,这种类型衔接所使用的序列词语在语篇中相隔距离不会过远,一般也就控制在十个句子以内。此类衔接如果放在普通语篇中,则序列词语存在的价值十分有限,甚至把这些表示序列的词语省略掉也不会影响语篇语义的表达与接受,因为普通语篇通过语义内容的内在逻辑在有限的空间距离内进行自我衔接,从而保证语义内容的关联性。表示序列关系的词语放在意识流语篇中,则其存在的价值大大增强,因为其衔接的语篇内容跳跃幅度相当大,没有序列关系词语的出现。这些意识流动所产生的语义内容距离较远的语篇就像堆积在一起而不易辨认,表示序列关系的词语就会成为这些不同语义内容语篇间的分界线,从而使之易于被把握。可见,序列关系的词汇衔接能够使跳跃性意识流语篇条理有序。如:

(6) 第一杯酒。

(有人说:曹雪芹是曹颙的遗腹子。有人说:曹雪芹是曹俯的儿子。有人说:曹俯是曹寅的义子。有人说:曹雪芹原籍辽阳。有人说:曹雪芹原籍丰润。有人说:曹雪芹辛于乾隆二十七年壬午除夕。有人说:……)

第二杯酒。

(听说电车公司当局正在考虑三层电车。听说维多利亚海峡上边将有一座铁桥出现。听说斑马线有被"行人桥"淘汰的可能。听说狮子山的山洞即将凿通了。听说政府要兴建更多的廉价屋。听说尖沙咀要填海。听说明年将有更多的游客到香港来。听说北角将有汽车渡海小轮。听说……)

第三杯酒。

……(段落内容前后大致相当,引者注,下同)

---

① 柳鸣九主编:《意识流·序》,北京:中国社会科学出版社,1989年,第13页。

第四杯酒。
……

第五杯酒。
……

第六杯酒。

（二加三等于五。酒瓶在桌面踱步。有脚的思想在空间追逐。四方的太阳。时间患了流行性感冒。茶与咖啡的混合物。香港到了第十三个月就会落雪的。心灵的交通灯熄灭了。眼前的一切为什么皆极模糊？）

第……杯酒。

紫色与蓝色进入交战状态。眼睛。眼睛。眼睛。无数双眼睛。心悸似非洲森林里的鼙鼓。紫色变成浅紫，然后浅紫被蓝色吞噬。然后金色来了。金色与蓝色进入交战状态。忽然爆出无数种杂色。世界陷于极度的混乱。我的感受也麻痹了。（刘以鬯《酒徒》第191～193页）[1]

例中，酒徒每喝一杯酒就会有不同的语篇内容出现，随着饮酒杯数的增加，这些语篇内容的逻辑性会减弱，如果没有表示序列关系的词汇衔接出现，则混乱内容的集合可能出现，变成一堆胡言乱语，这将严重打破人们对语言的认知方式。通过"第一杯酒"等名词短语的序列关系层次清楚地把整个语篇衔接起来，随着"第一杯酒"及"第……杯酒"的进展，人物的意识由清醒变成了混乱。比如，刚开始还使用"有人说"这样有序的提示语，到最后人物意识就一片混沌杂乱，语篇呈现出大幅度跳跃。序列关系的名词短语衔接了这些跳跃的语篇，并使这些大幅度跳跃语篇前后出现某种逻辑顺序，如果没有这些表示序列关系的名词短语，则会增加整个语篇的识别难度。

（三）上下位关系的词汇衔接

无论是从语义成分的微观方面剖析，还是从语义场理论的宏观方面揭示，语义结构都是有层次的。从语义成分分析来看，固定短语、词、语素、义

---

[1] 刘以鬯：《酒徒》，北京：中国文联出版公司，1985年。

素、义子组成上下层次的语义关系,它们之间是包含与被包含的关系,作为语义最小单位的义子处于语义分析的最末端。义子是语义成分的共同特征与区别特征,一组有共同特征与区别特征的集合便为义素,义素组合为语素,语素组合为词或单独为词,词组合成短语。通常认为,在这些语义单位中,上一层次的某个语义单位大于下一层次的语义单位,而下一层次的语义单位小于上一层次的语义单位。从语义场理论来看,一组意义有关联的词共同构成一个集,场内的各成分的意义通过与其他成分的区别来确定。这符合结构主义语言学系统理论和价值理论。每种语言的词汇均以这种大大小小层次分明的词场构成,词场和词一样嵌合进更大的结构,同时又和整个词汇一样,由更小的语言单位组成,即词场可能是一个范围更大的词场的组成成分,而其自身又可能是由几个支场组成。词汇通过这一个个既有联系又有区别的场有系统、有层次地构成。语篇中上下位关系词汇衔接完全符合语义场的层次结构。

在意识流语篇中,上下位关系的词汇衔接主要以近距离衔接为主。语义场内部有不同的层次,上位层次的词被称为上位词,下位层次的词被称为下位词,上下位词构成上下位关系,二者之间的关系从逻辑角度看,就是属与种的关系。上位词的语义与下位词的语义既相互关联又存在区别。例如,"人"和"男人－女人"是两个层次。在"男人－女人"这一层次中,它们都有"人"的义素,而"男人"的"[＋男性]"这一义素,"女人"的"[－男性]"这一义素,则不是"人"这个词具备的。上下位词的语义关系就是通过这种相关与区别而构成词汇衔接的。上下位词的语义"相关"价值能够衔接语篇。意识流语篇的情节内容跳跃性比较大,往往处于不同时空,穿越不同时空把相关相似情节的内容予以关联,可以通过上下位词的语义关系来衔接。例如:

(7)她垂下眼皮不再吭气。她衬衣第二粒钮扣的颜色是白的。不是那种透明的白色,而是日光灯管一样的乳白色。你要喝咖啡吗小何?不,我宁愿喝牛奶。玻璃杯里盛满了浓浓的赏心悦目的乳白色。这钮扣看着怪不舒服的。(陈洁《大河》,载《中国意识流小说选(1980－1987)》第121页)

此段背景是人物对一个年轻人审视后所产生的意识流,从被审视对象钮扣颜色的"白",审视者联想到本人年轻恋爱时所喝牛奶的"乳白色",完全是两个不同的时空。人物目光对"她"钮扣颜色扫描所引起的意识流,从"白""白色"到两个"乳白色",上位词"白"与"白色"近义,共同统辖两次出现的下位词"乳白色"。所以在语篇中,人物视线从现实观察"她衬衣第二粒钮扣的颜色是白的"中的"白"跳跃到另一种"白色",也就是"白"语义指向"钮扣",而"白色"语义却是泛指,第一个"乳白色"语义指向"日光灯管",第二个"乳白色"语义指向上句中出现的"牛奶",使用了借代辞格。此时语义指向的不同,暗示着语篇跳跃幅度较大。词语"白""白色"与"乳白色"重点强调了上下位语义关系的"相关",通过相关的语义关系实现衔接。

词汇衔接还通过上下位词的语义关系的"区别"价值衔接语篇。在意识流语篇上下关系的词汇衔接中,上位词与下位词分别出现了不同的时空,通过上位词与下位词的语义关系的"区别"价值产生关联,即上下位关系的词汇衔接通过强调语义关系的差别实现衔接,虽然二者存在包含与被包含的关系。这种强调上下位词差别的词汇衔接往往是根据知识语境的需要,甚至是语篇情节的需要来确定。相对下位词而言,上位词所指的范围较大且多为泛指,此时下位词所指范围变窄且多为具体所指,泛指与具指是上下位词之间区别性的价值,语篇更多通过这一区别价值实现衔接。结合文本语境分析,往往可以判断语句强调的内容。例如:

(8)我把视线一点一点地往下劈,"嘶啦"一下,她的衬衣从正中撕裂开来,一直撕裂到最后一粒钮扣。陆海的老婆倒没撕衣服。她扯起头发来真厉害!这一来他们不敢往森林里钻了吧?(陈洁《大河》,载《中国意识流小说选(1980—1987)》第 125 页》)

例中,人物"我"在狂想,把视线当作锋利的刀子,以别人的"衬衣"为对象展开"白日梦"的创作,达到宣泄内心潜意识的目的。此时人物使用"衬衣"而不是"衣服",说明衬衣在人物大脑留下深刻印象。接着人物意识从想象中"衬衣撕裂"流动到"陆海的老婆"上演的"全武行"撕扯,此时使用了"衣服",说明人物的关注点不在"衬衣"上了,而在撕头发这个事件上。意识流语篇虽有大幅的时空跳跃,但能够通过这种上下位词的"区别"价值实现衔接,虽然下位词

"衬衣"和上位词"衣服"都是语义上的定指,都是指"她"当时穿的衬衣。

(四)整体部分关系的词汇衔接

词汇衔接中整体部分关系主要是从符号所指的对象划分的,即能指与所指组成符号对应现实中的所指对象。这一关系的划分不同于上下位关系,上下位关系是从语义角度进行划分的。从词的概念对词义关系进行分析,整体部分关系对应具体的所指对象,此时的整体应由部分构建而成,"部分"存在则"整体"存在,"部分"消失则无所谓"整体"。如果在特定语境中,"部分"成为"整体"的鲜明特征,则"部分"可以代替"整体",这便是修辞学中的借代辞格,"孤帆远影碧空尽"中的"帆"实指"船",因为"帆"是过去木船一个特征明显的组成部分。所以在文学作品中,常常可以通过描写"部分"来表现"整体",无论"部分"怎么变化,其总是指向"整体",并离不开"整体"这一"如来佛的手掌"。

整体部分关系的词汇衔接的实现需要一定条件。一般认为,人对事物接触越久则对事物越了解。生活在沙漠中的阿拉伯人区分沙子的认知能力远远强于居住在冰天雪地中的爱斯基摩人,相反,爱斯基摩人区分雪的认知能力又远远强于阿拉伯人。染色匠对色彩的辨别能力是常人所不具有的。同样,在整体部分关系的词汇衔接中,人们对事物的整体越熟悉,则辨别能力越强,认知水平越高。当组成整体的"部分"出现时,以前存储在大脑中的"整体"能够很快被激活,即使不能够完全被激活,人们认识事物也往往以整体认知的方式进行,借助于完形心理也会弥补这种缺失的部分,形成整体大于局部之和,从而不会影响心理对事物的整体认知。同时,"部分"数量不宜过少,否则难以形成"整体",因为这一"部分"有可能也是其他事物的一部分,无疑增加了辨别的难度,当"部分"数量足够多,则完形心理中的空缺越容易填充修复。

整体部分关系的词汇衔接主要以近距离衔接为主。整体部分关系的词汇衔接也是义位之间整体部分的语义关系。当某个词所指的事物是另一个词所指的事物的一部分时,两者之间就构成整体与部分的关系。"整体"包括"部分",虽然"部分"有时看似很散,实际上由于"整体"的统辖,"整体"与"部分"便构成语篇衔接,使语篇连贯起来。整体部分关系的词汇衔接的语篇同样跳跃幅度较大。如:

(9)眼珠子,透明的流质;嘴,盘子里的生蕃茄;稍为黑了些的杂种人的脸,腮上擦两晕胭脂,"像玫瑰花那么红的胭脂,你难道不喜欢吗?"褐色的头发,音乐的旋律似地卷曲着;眉毛是带着日本风的……"晚安,宋先生!"一副顶正经的脸……一百八十五页"那骑士便把他的神骏的马牵到村外,在河那边等着露茜。"……(穆时英《五月》第73页)①

例中,"眼珠子""嘴""腮""眉毛"与"脸"的关系,是部分与整体的关系,虽然"部分"可以大幅度跳跃,但也都是在"整体"范围内跳跃,从而构成"形散意聚"的整体部分关系的词汇衔接。

三、意识流语篇词汇衔接的机制

(一)语义关联来源于范畴化结果

人类在认识事物的过程中需要记忆,在脑容量有限的前提下,所记事物有上限要求。因此,人类往往以范畴化的方式认识事物。范畴一般由几个特征构成,具有这几个特征的事物属于同一范畴。事物完全拥有范畴的几个特征,或具有范畴的部分特征,前者进入范畴的核心成为原型范畴,后者处于范畴的边缘,成为非典型范畴。原型范畴的一组特征是判断标准,依照这一组特征,事物以类的方式呈现在人的记忆中,总体来说,不再以"散兵游勇"的个体形式呈现,从而大大减轻了人的记忆负担,把人从渺渺瀚海的记忆中解放出来。从生物发展的谱系树理论来看,事物间总以某种关系存在,维特根斯坦的"家族相似性"观点也证明了这种关系的存在。依靠这种关系,事物从小到大组成一个大的范畴,这个大的范畴里又分布着众多的小范畴。因此,人类以系统方式认识、记忆万事万物,人的这种范畴化认知方式有着事物内在关系性基础,也有着事物发展过程中的差异性。

康德认为"人为万物立法",肯定了人的最高灵长类动物的地位,更为主要的是说明了事物经过人的认识后就带有了人的主观性,人根据自身认知来认识事物,认知不同则对事物范畴的认识不同。在颜色词范畴中,不同语言

---

① 穆时英:《上海的狐步舞》,郑州:河南文艺出版社,2018年。

的颜色词的数量有很大差别,英语的颜色词范畴有十一个词:黑、白、红、绿、黄、蓝、褐、紫、粉红、橙、灰;菲律宾的哈努努语只有四个颜色词,相当于白、黑、红、绿;新几内亚的茄莱语只有两个颜色词,相当于白、黑。不同语言对颜色的选择结果存在差异,这种差异是人在发展过程中认知水平的不平衡造成的,但这种不同选择是在一定范畴内的选择,只不过选择多少而已。伯林(B. Berlin)和凯(P. Kay)曾让不同语言背景的人看一个颜色图表或一系列颜色片,要求他们为各自语言中的颜色词选择一个原型例子。他们所调查的99种语言似乎只从11个核心颜色词中选择其基本颜色词,分别为白、黑、红、绿、黄、蓝、褐、紫、粉红、橙、灰,从而也证明了不同语言有着共同的范畴,在共同范畴下确立自己的范畴,并保持不同语言中范畴的差异性。

词汇也是一种范畴化的选择结果。从范畴化理论来看,词通过一组特征组成不同的范畴,这组特征包括共同特征和区别特征。在词义的构成中,共同特征主要用来区别范畴外其他词,从而使拥有共同特征的词能够属于同一范畴。拥有共同特征越多,词相互间的语义关系越近。区别特征主要用来区别范畴内其他词,从而使同一范畴内的词相互区别而具有存在价值。拥有区别特征越多,词相互间的语义关系越远。词范畴依据一组特征来确定,这组特征也是人所认识的事物的特征,是人对事物观察分析后的结果。客观事物与人的认识之间具有象似性。词义的共同特征对应事物的共同性客观存在,从而使不同词能够形成一个范畴,也是词义相互关联的基础。词义的区别特征对应事物的差异性客观存在,使范畴能够拥有不同的对象,否则一个范畴只包括一个对象,这不是人对词进行范畴化的初衷。这种区别特征是词义相互关联的必要条件,可见,"语言既是一个系统,它的各项要素都有连带关系,而且其中每项要素的价值都只是因为有其他各项要素同时存在的结果"[①]。

(二)语义类型取决于意象图式

词汇衔接方式分为重复、泛指词、相似性、分类关系和组合搭配五大类,其中,相似性指同义关系与反义关系,分类关系又细分为上下义关系、整体部分关系、集合关系和一致关系。这些词汇衔接方式体现了几种不同的语义关

---

① [瑞士]索绪尔:《普通语言学教程》,北京:商务印书馆,1980年,第10页。

系,也是人的思维认知在词语关联上的投射,这种思维认知的基础是意象图式。"意象图式是在对事物之间基本关系的认知的基础上所构成的认知结构,是人类经验和理解中一种联系抽象关系和具体意象的组织结构,是反复出现的对知识的组织形式,是理解和认知更复杂概念的基本结构,人的经验和知识是建立在这些基本结构和关系之上的。"①可见,意象图式是一种抽象结构,它是人类以自身所获得的经验把看似无关的经验建构起来的"骨架"。"它产生于人类的具体经验,但由于人类可以把它映射到抽象概念中去,因此它可以被用来组织人类的抽象概念"②。所以,当用具体的感知对象表达抽象的概念时,必须借助于意象图式,词汇衔接中用具体的词语建构抽象的语义关系,实际上就是意象图式的类型应用。

意象图式具有现实的生理和经验基础。人对自己的身体最为熟悉,形成对身体认知的意象图式,比如,身体分为内部与外部、上部与下部、前与后,身体也是由部分构成的整体,人在运动时经历起点、路径与目标,空间分为远与近,等等。这些生理和经验的认知强化就会形成某种思维认知方式,也就是不同的生产方式决定人的行为方式,人的行为奠定了人的思维认知方式,所以许慎认为,"古者庖牺氏之王天下也,仰则观象于天,俯则观法于地,视鸟兽之文与地之宜。近取诸身,远取诸物"③。造字就是这种把不熟悉的抽象事物纳入熟悉的具体事物框架中,从而与人已经建构起来的认知意象图式相适应,而人建构的认知意象图式往往不会太多,一方面人的记忆载荷容量有限,另一方面意象图式不断变异后具有弹性,能够容纳更多新对象。认知语言学家约翰逊(John-son)共谈到 20 多个意象图式,其中主要有容器、部分—整体、中心—边缘、起点—路径—目标、上下、前后、远近、连接、线性、力、平衡、合并、分解、满空、相同、重叠、反复等。

词汇衔接中重复关系、序列关系、上下义位关系、整体部分关系,是人的意象图式在词汇衔接中的复制。面对词汇衔接这一抽象的语义关系,意象图

---

① 赵艳芳:《认知语言学概论》,上海:上海外语教育出版社,2001 年,第 68 页。
② 李福印:《意象图式理论》,载《四川外语学院学报》,2007 年第 1 期。
③ 许慎:《说文解字》,北京:中华书局,1963 年,第 314 页。

式首先会把这一抽象关系纳入其所熟悉的认知框架。例如,在整体部分关系的词汇衔接中,人们能够知道整体部分关系的存在,源于"近取诸身,远取诸物"的认知方式。人最初知道身体由四肢组成,形成"整体—部分"意象图式,直接反映了人身体与四肢的关系,并反复运用同一图式对客观世界同一种关系进行理解和推理,以此认为社会、家庭、团体等这些"整体"也是由"部分"组成。在整体部分关系的词汇衔接中,比如对眼、耳、口、鼻、眉的描写并由此产生联想,虽然这种联想叙述方式形成松散的文本,但是这些词语共同属于脸部,在生理上仍属于一个整体,从而不同语句间产生语义上的关联,构成语篇的衔接连贯。这种整体部分关系的意象图式,不仅存在于大大小小的语篇衔接,也存在于字的构造关系,在甲骨文的会意字中,整体部分关系的认知图式得到反映。因为人的认知方式往往十分固定,正如认识方式在汉语的字、词、短语、句子中,主要有主谓、动宾、中补、偏正、联合五类一样,反映主体与器官的会意字便是这一意象图式的运用,如"见""欠""企""臭""讯",通过"整体—部分"意象图式的运用表达相关的抽象概念。

(三)语义分析根植于义位理论

词汇衔接中词语之间关系是一种语义上的联系,这种语义关系落实到语义单位——义位上,"义位就是一个意义,相当于词的一个义项表达的意思"[1]。词汇衔接一般指语义场中各义位之间产生语义关系。贾彦德认为,语义场中的义位并非一堆乱麻,而是处在各种关系之中,这些关系至少有五种:重合关系、对立关系、上下义关系、包含关系和相对无关关系[2]。词汇衔接中的重复关系、序列关系、上下义位关系和整体部分关系,实际上是语义场义位间的重合关系、对立关系、上下义关系和包含关系。

重合关系指两个或更多义位相同,它们在语义上就存在着重合。词汇衔接中的重复关系是语义场中义位自身的重合,这一义位可以被看作"重合语义场"中完全等义的关系。

对立关系指若干个包含着相同义素的义位中有一个或者更多义素不一

---

[1] 叶文曦:《语义学教程》,北京:北京大学出版社,2016年,第36页。
[2] 贾彦德:《汉语语义学》,北京:北京大学出版社,1999年,第199页。

样,这些义位便处于语义对立的关系中。在词汇衔接中,"序列关系的每一词项都与同组内其他词项对立"①,这里所谓"词项"就是"义位"或"义项",即"义位指一个义项,是中观概念"②,"指称大致相当于义项的语义单位"③。可见,序列关系就是语义场中义位的对立关系,具体来说,序列关系是"顺序语义场"中义位之间的语义关系,属同一层面上的义位关系。周国光把"顺序语义场"称为"层序语义场",认为:"客观世界本身就是一个具有层序因素的系统,并且存在着量的差别。词汇体系中的层序语义场正是客观世界层序性的反映和表现。"④

上下义关系是"属"与它包含的各个"种"之间的关系。上义义位与下义义位处在不同的层次上,是纵向的关系。表示上下义位关系的词语是同一语义场中不同层级关系的义位,上义义位和下义义位在语义概括范围上是包含和被包含的关系。一方面,下义义位的语义概括范围包含在上义义位的语义概括范围之内;另一方面,在义位的语义内容上,下义义位的语义则蕴涵着上义义位的语义,或者说,上义义位的语义内容都包含在下义义位的语义内容之中。因此,它属于"同类语义场"⑤。语义结构具有层次性,取决于其对应概念也具有层次性,概念的层次性与所指对象的层次有关。

包含关系指一个义位的结构式子包含了另一个义位的结构式子,这两个义位就处在语义包含的关系中。在整体部分关系的词汇衔接中,一个词所指称的对象都是另一个词所指称的对象的组成部分,即一个义位的部分包含了另一个义位的部分。整体部分关系也可以被看作"同体语义场"⑥中义位间的关系,即表示人或事物的整体概念的词项叫做"整体义位",表示部分概念的词项叫做"部分义位",二者之间是整体—部分语义关系。部分是对整体进行分解所得到的,所以整体义位同部分义位之间的关系是整合—分解关系,

---

① 胡壮麟:《语篇的衔接与连贯》,上海:上海外语教育出版社,1994年,第121页。
② 张志毅、张庆云:《词汇语义学》,北京:商务印书馆,2005年,第13页。
③ 贾彦德:《汉语语义学》,北京:北京大学出版社,1999年,第31页。
④ 周国光:《现代汉语词汇学导论》,广州:广东高等教育出版社,2015年,第154页。
⑤ 周国光:《现代汉语词汇学导论》,广州:广东高等教育出版社,2015年,第149页。
⑥ 周国光:《现代汉语词汇学导论》,广州:广东高等教育出版社,2015年,第150页。

分解整体义位所得到的若干部分义位同属于一个整体,部分义位之间的语义关系叫做"同体关系"。

词汇衔接是语义关系的一种外在表现形式,通过这一外在衔接形式直接找出词语语义上的联系,这种联系既有同一语义场中各义位的联系,也有不同语义场中义位之间的关系。义位的重复关系、序列关系等,是语义场同一层级的横向关系;义位的上下义关系、整体部分关系等,是一种不同层级的纵向关系。词汇衔接整体上反映了语义场中义位之间不同的纵横关系,意识流语篇中的词汇衔接是词或短语相互间的语义关系,也就是语义场中义位在不同层级中的语义关系,这一语义关系保证了语篇的连贯。

词汇衔接是意识流语篇中一种极其重要的衔接方式。词汇衔接能够实现远距离衔接和近距离衔接,它们衔接的语篇跳跃幅度都比较大。意识流语篇的词汇衔接通过重复关系的词汇衔接、序列关系的词汇衔接、上下位关系的词汇衔接和整体部分关系的词汇衔接,使语篇相互之间在语义上生成逻辑关联,其中重复关系和序列关系可以分别实现远距离衔接和近距离衔接,而上下位关系和整体部分关系主要实现近距离衔接。词汇衔接实际上是利用"词汇相互之间存在语义上的联系"[①],即利用语义场中各义位之间的关系来实现的。词汇衔接中的重复关系、序列关系、上下义位关系、整体部分关系等,实际上是语义场中义位间的重合关系、对立关系、上下义关系和包含关系。词汇衔接往往受语篇特征的影响,语篇特征不同则词汇衔接的方式不同,从而形成基于语篇特征的词汇衔接。这种拥有个体特点的词汇衔接,往往通过与其他语篇衔接相区别来显示个体存在的价值。此种意义上的词汇衔接一方面反映了意识流语篇特征,另一方面形成与此特征相适应的特点,这是双方相互依存选择的结果。所以解析意识流语篇特征,能够更好地把握词汇衔接方式,关注词汇衔接特点能够更好地理解语篇建构。因此,意识流语篇和其他语篇中的词汇衔接出现的概率、活跃度都有区别,有些词汇衔接在基本衔接基础上也可以适度变异,以满足语篇语义关联的需要。

---

① 胡壮麟:《语篇的衔接与连贯》,上海:上海外语教育出版社,1994年,第112页。

第二节　意识流语篇的指称衔接

指称回指衔接是语篇照应之一,所谓"照应"是一种语义关系,它指的是语篇中一个成分做另一个成分的参照点,也就是语篇中一个语言成分与另一个可以与之相互解释的成分之间的关系。在照应系统中,照应可以分为两种:外指照应(exophora)和内指照应(endophora)。外指照应指的是语篇中某个成分的参照点不在语篇本身内部,而存在于语境中。韩礼德和哈桑将外指进一步区分为两种类型:第一种外指的所指对象存在于语篇之外的情景语境中,叫做"情景外指";第二种外指的所指对象存在于交际双方的共有知识或语言社团的文化语境中,叫做"人指"(homophoric)。内指照应指的是语言成分的参照点存在于语篇上下文。内指可以进一步区分为回指和下指。回指照应是所指对象位于上文,即指代成分的指称位于指代成分之前;下指照应是所指对象位于下文,即指代成分的指称位于指代成分之后。总体来看,语篇的照应系统可用图表示如下:

图 1

"外指照应只不过是词语指称意义(referential meaning)的代名词。在语篇层面上,外指照应通过建立语篇与情景语境之间的联系来参与语篇的建构,但外指照应本身不能建立语篇上下文之间的衔接关系。只有内指照应才能构成语篇衔接。"[①]也就是说,外指照应本身不具有语篇衔接的功能,只有内指照应发挥语篇衔接的作用。因此,本节只研究内指照应,而不研究外指照应。内指照应又包括回指与下指,下指通常是一种特殊的用法,在意识流

---

① 朱永生、郑立信、苗兴伟:《英汉语篇衔接手段对比研究》,上海:上海外语教育出版社,2001年,第17页。

语篇中也极其少见,因此本节将只研究语篇回指现象。屈承熹认为,在狭义上,回指适用于照应前文名词性或代词性词语的表达方式,一般包含三种普通形式,即"零回指词、人称代词和实体名词短语"[①]。这三种回指形式是就表示指代回指对象所用的语言形式而言,用代词形式指代回指对象,被称为"代词回指";用无实在语音表现的零形指代回指对象,被称为"零形回指",一般用"0"符号表示;用名词形式指代回指对象,被称为"名词回指"。本节只研究代词回指和零形回指。

一、意识流语篇指称衔接的特点

(一)以实现近距离指称衔接为主

与词汇可以实现远距离衔接相比,指称只能实现近距离衔接。这是因为词语无论处于语篇的哪个位置,它的概念意义总体上比较清晰,指称对象一般来讲比较明确。而指称衔接,如代词回指和零形回指,其回指词的指称对象要由先行词来决定,如果先行词与回指词距离过远,超出人的短时记忆范围,则先行词容易被遗忘,回指词与先行词就难以建立联系,此时回指词的指称对象就无法确定,使前后语义关联受到干扰或中断,即使通过人的长时记忆明白回指词的指称对象,也给记忆带来严重负担,这不符合语篇阅读规则。在代词回指衔接中,代词在语法中具有代替和指示作用,如果指称对象单一,则指代对象明确;如果有几个对象出现,则代词的指代对象会产生歧义。零形回指词对其先行词的依赖程度更高,这可以从零形回指绝大多数处于话题位置这一事实得到佐证。零形回指的先行词与回指词百分之九十以上都处于话题的位置,因为"零形"的回指没有具体实在的词语表现形式,即没有任何符号出现,而话题的显著位置可以弥补它的部分不足,于是,显著位置条件下零形回指的先行词与回指词才可能建立联系,所以指称衔接以实现近距离衔接为主。

(二)近距离衔接语篇跳跃幅度小

与词汇近距离衔接的语篇具有跳跃幅度大的特点相比,近距离指称衔接

---

① [美]屈承熹:《汉语篇章语法》,潘文国等译,北京:北京语言大学出版社,2006年,第218页。

的语篇具有跳跃幅度小的特点。从意识流语篇的代词回指和零形回指来看，它们的回指词与其先行词所指称的对象相同，它们语篇发生的跳跃，也都是处于同一指称对象下表现内容的跳跃，都是围绕同一指称对象展开的。围绕同一对象的表现内容的跳跃必然受到一定的限制，尤其是回指词与先行词多处于话题位置的情况下，话题指称对象未变，其内容跳跃的幅度也就不会太大。由于先行词与回指词之间的距离不可能过远，其内容跳跃的幅度也同样受到限制。因此，在意识流语篇中，同样是近距离衔接，词汇衔接的语篇跳跃幅度可以很大，而指称衔接的语篇跳跃幅度却很小。当然，语篇跳跃幅度只是一个程度的问题，仅就内容前后表达的连贯性而言的，词汇近距离衔接语篇的跳跃幅度大，所以就感到连贯性差一些；指称近距离衔接语篇的跳跃幅度小，所以连贯性强一些。这两种不同的衔接方式所衔接的语篇跳跃程度各不相同，还与它们使用的词类有关。词汇衔接使用的是开放性词类，这些词类具有明确的指称对象；而指称衔接属于语法衔接，其使用的是封闭性词类，这些词类要依赖其他词才能有明确的指称对象。正如胡壮麟所说，"词汇衔接不同于指称衔接和结构衔接。后两者处理封闭性词类，而词汇衔接处理的是开放性词类"[①]。因此，词汇衔接的内容跳跃幅度要大于语法衔接的内容跳跃幅度。

二、意识流语篇指称衔接的类型

（一）意识流语篇的代词回指

1.意识流语篇代词回指的类型。意识流语篇中回指代词不仅包括第三人称代词，而且包括第二人称代词。当前对代词回指的研究，一般重点放在第三人称代词上，即"他""她"和"它"上。朱永生等认为，在人称照应系统中只有第三人称代词具有内在的语篇衔接功能，因为第三人称代词主要用来回指上文[②]。第一、二人称代词所指代的分别是情景语境中的发话者和受话

[①] 胡壮麟：《新编语篇的衔接与连贯》，上海：华东师范大学出版社，1994年，第113页。
[②] 朱永生、郑立信、苗兴伟：《英汉语篇衔接手段对比研究》，上海：上海外语教育出版社，2001年，第20页。

者,属于外指照应。徐赳赳也有类似的观点,认为:"研究人称代词时,通常把注意力放在第三人称。可能的原因是,在口语中,第一人称和第二人称的使用,情景依赖很强,便于区分。书面语中,第一人称和第二人称出现在对话里时,通常用直接引号标出,而且对话前也常标出'某某人说'之类较明确的发话人,便于读者判别。如果用第一人称陈述,文章通常先交代陈述者。这样,读者对判别第一、二人称相对来说比较简单。"①屈承熹也认为狭义的代词回指一般为第三人称代词回指②。这种用第三人称代词回指在意识流语篇衔接中也是主要方式。

我们先看单一语境中意识流语篇第三人称的代词回指。在意识流语篇代词回指研究中,先行词为名词性成分,其回指词为代词时多数是上述几位学者所讲的情况,即第一、二人称对语境的依赖性较强,其语篇的指称对象属于外指照应,语篇内部的衔接更多体现在第三人称代词上,因为第三人称代词可以用来回指上文出现过的指称对象,只有上文出现了指称对象,才能知道第三人称代词具体所指。代词与指称对象的这种代替和指示关系,使语篇的上下文衔接起来。在意识流语篇中,意识流动往往是感官受到外界物的刺激,具有跳跃性、非逻辑性特点,这种刺激物常常是作为先行词出现,第三人称代词回指词出现在跳跃性、非逻辑性话语中,在语境较为单一的条件下,二者形成指称衔接。例如:

(1)一个男人。没走进来,只站在店门口张望。他眉目和善,不象会杀狗的人,大概是个中学教师什么的。哦,他在打量货架上的一种双卡录音机。这机子很惹人注目,可就是卖不出去。他也不会买的。他干么不走进来?进来呀!随便看看,问问,也好。我大半天没跟活人说话了。(邹月照《别了,贝贝……》,载《意识流小说》第300页)

例中,因受到眼前男人刺激,产生了人物意识流动,由于先行词与回指词

---

① 徐赳赳:《现代汉语篇章回指研究》,北京:中国社会科学出版社,2003年,第106页。
② [美]屈承熹:《汉语篇章语法》,潘文国等译,北京:北京语言大学出版社,2006年,第218页。

所在语境单一,第三人称代词回指词"他"在语篇中回指先行词"男人",虽在文中四次出现,但全部指向同一指称对象,比较明确。在这种近距离的有效记忆范围内,语篇在外在形式上构成照应衔接。

再看多语境中意识流语篇第三人称的代词回指。人物意识流动跳跃的非逻辑性,往往形成意识流语篇的多语境,虽然出现在同语篇片段中,但前后内容往往属于不同时空,这种不同时空语境下的马赛克语篇,极易打断阅读的思维惯性。同时在人物语境中,第三人称代词的回指对象也往往确定,所以在人物意识流中可以不出现先行词,直接出现第三人称代词。这是意识流语篇指称衔接的特殊所在,也是意识流语篇接受难度较大的原因之一。比如:

(2)哦,这真可怕。她红着眼睛向我冲过来。贱货!你这个贱货!那眼睛红得像在烧。树枝在篝火里发出劈劈啪啪的声响。火苗子欢快地跳动着。他凑着一根松枝在点烟,烟雾蓝蓝的升起来。林子里暖融融的,听得见梦在轻盈地走。(陈洁《大河》,载《中国意识流小说选(1980—1987)》第119页)

语篇中出现了"她"与"他",二者在语篇中都没有先行词出现,它们实际上出现在两个完全不同的时空,这是人物意识跳跃性片段的组合。按照指称衔接的惯性思维,"她"与"他"难以形成回指,指称对象自然不清楚,但结合全部语篇判断,前者指向诗人老婆,后者指向诗人,因为青年女教师与诗人掉队后在山中共处一晚,引起诗人老婆的嫉妒而产生拉扯。这种语境对青年女教师这一人物是清楚的,但因语篇中没有先行词进行铺垫而产生阅读困难。

意识流语篇回指词为第二人称的代词回指。在对意识流语篇的研究中也发现,第二人称代词也可以有先行词的存在,并与先行词构成代词回指。第二人称代词的出现与意识流语篇的独特性有关,它主要反映的是人物的内心独白,而前文朱永生等学者所讲的情况主要出现在常规的叙述语篇中。事实上,在典型的意识流语篇中,由于作者的隐退,语篇叙述就缺少作者对人物的交待,而意识流语篇如果再缺少表示人物的先行词,当出现第二人称代词"你"的时候,即使读者联系语境也可能无法找出"你"的指称对象,因此,"你"

所指先行词在意识流语篇一般都要先出现。而人物名词作为先行词出现在前，第二人称代词"你"紧跟其后，这样就形成了语篇的照应衔接。所以正如何兆熊所言，"第一、第二人称的指示功能基本上是文外照应。我们之所以说'基本上'，是因为如前所述，所谓'指示性词语'并非完全没有非指示性的用法"①。如：

（3）又瞪着我了许明章。你的个儿真高！一个男人长得高，再有一只挺刮的鼻子就好看了。阿强的鼻子塌塌的，一见就让人来气。你为什么要包庇她？她还没有我漂亮呢，你心疼什么呢？我老觉着这里面有些不对劲。（陈洁《大河》，载《中国意识流小说选（1980—1987）》第130页）

意识流语篇《大河》完全由人物的内心独白段落组成，例中出现的语篇没有出现作者对"你"所指称对象的交代，而作为人物名称的名词如果再不出现，那"你"就成了不定指，这样就与整个情节不吻合，甚至影响文本的接受。例中"许明章"作为先行词出现在前文，当紧接的后句出现"你"时，就会明白其所指对象，也就是说，当原本要由作者交代的内容改为人物自己交代时，其语篇上便会构成第二人称代词的回指，完成语篇的照应衔接。

第二人称代词回指在意识流语篇中所占比例，肯定要远远少于第三人称代词回指的数量，其复杂情况也远不如第三人称代词，"你"主要用在表示人名的名词之后。如：

（4）嗯，怎么的，我在什么地方啊，这许多脚和腿？这个没穿着鞋袜，好家伙，栗子肉一颗颗的涨起着，你走劲儿一定不错。这条腿漂亮啦，雪白的绸裤，黑袜，皮鞋，可是那边的一双就差啦，鞋帮儿上破了个洞。蓝布的裤子。这些是谁啊？噢，我怎么躺在地板上？（施蛰存《四喜子的生意》，载《新感觉派小说选》第172页）②

例中，先行词是指人的一般名词"这个（人）"或是"好家伙"，第二人称代

---

① 何兆熊：《新编语用学概要》，上海：上海外语教育出版社，2000年，第63页。
② 严家炎选编：《新感觉派小说选》，北京：人民文学出版社，1985年。

词"你"回指与其指称相同的对象。但在意识流语篇同一段落中第二人称代词"你"有时指称不同的对象,这样就严重干扰了读者接受视线,往往造成误读。如:

(5)我真想告诉你韩铁,我要把所有的灯都砸得粉粉碎,让黑夜包裹着我们吧。它包裹着一个真实的你和一个真实的我。我想追上去告诉你。但是我丢失了我的那双白皮鞋,我就没有法子追上你。满街的白皮鞋亮闪闪地往前奔。她的那双一定沾满了泥。森林里又潮湿又泥泞。那就是说,你在篝火边睡了一夜而对他却什么也不知道?这可能吗?(陈洁《大河》,载《中国意识流小说选(1980—1987)》第 124 页)

例中出现的第二人称代词"你"却指称两个不同的对象。经分析发现,在表示人物内心独白时,第二人称代词"你"的先行成分要出现,或作为同位成分出现,如例中"我真想告诉你韩铁",而作为人物的对话语言,其指称对象可以不出现在文中,而出现在情景语境中,如例中"那就是说,你在篝火边睡了一夜而对他却什么也不知道?这可能吗?"出现的"你"则是情景语境中的指称对象,而不是人物内心独白中的指称对象。所以前四个第二人称代词所指称的对象为先行成分指称的"韩铁",最后一个"你"则是指称情景语境中的"李静娴"。因此,在意识流语篇中,使用第二人称代词回指时,先行成分通常要出现;而在非意识流语篇中,使用第二人称代词回指时,一般没有先行成分,其指称对象出现在情景语境中较多。所以本节对代词回指的研究并不仅仅局限于第三人称代词回指,也涉及第二人称代词回指。

2.意识流语篇代词回指的近距离衔接。

(1)话题位置的代词回指近距离衔接。代词回指可以用在话题链之间,或不同的话题之间。话题链或话题之间由于语篇的跳跃导致代词所在的小句与前一小句"连接性的一致性降低"[①],从而形成一个次要停顿,这个次要停顿也就是不同话题链或话题的界线,这个界线是以回指代词所处的话题位

---

① [美]屈承熹:《汉语篇章语法》,潘文国等译,北京:北京语言大学出版社,2006 年,第 225 页。

置来区分的。话题链之间情节内容的跳跃要比话题之间情节内容的跳跃幅度大,因为话题链所表现的内容差别程度往往比较大,表现为话题链不是由一个小句构成,而是由多个小句构成,小句数量越多,通常情节内容的差别也越大。换句话说,之所以使用话题链,是因为这些表现内容差别程度较大,构成话题的小句数量常常要少于构成话题链的小句数量。但无论是话题链还是话题之间的代词回指,其代词回指词都不可能离其先行词较远,如果距离较远,当出现更多的表人物或事物的名词时,就可能出现代词回指词所回指的对象不明确。在意识流语篇中,代词回指也是大多数的回指词与其先行词之间的距离较近,形成近距离衔接,而近距离衔接的语篇常常跳跃幅度不大。如:

(6)好,空间舒服多啦。这个$_i$不知是谁,0$_i$穿着黑绸短衫裤,0$_i$拖出了一长条白丝裤带,0$_i$看上去好像是个白相人。他$_j$为什么对我老是看,0$_j$头往前冲,0$_j$想打架吗?我没跟你过不去。睡熟了。(施蛰存《四喜子的生意》,载《新感觉派小说选》第172~173页,引文中着重号、零形回指标记和字母下标为引者所加,类似情况不再说明)

语篇中共有两个话题链,第一个话题是"这个(人)"与其后面的零形回指词构成话题链,第二个话题是"他",也与其后面的零形回指构成话题链。代词"他"处于两个话题链之间,是标示两个话题链的界线,其所在小句与前一小句之间是一个次要停顿,也是相对于话题链内小句间的关系而言,这两个小句连接的一致性较弱,即语篇发生跳跃。

除表示话题链之间的界线之外,非话题链的连接也可以使用代词回指。如:

(7)那间小黑屋不知还在吗?刺鼻的腥臭味,滑腻腻的地板,还有挂在顶棚接雨水的小铁桶。很多年没回去了,真应该回去看看。"明天晚上你去我们家接一下冬冬,我可能加班。"父亲,对我来说永远是个谜。他是怎么淹死的,连我也不知道。他什么也没留下。不,他留下了我。而我将留下什么呢?我把烟头熄灭,关上台灯,一切消失了,月光泻进来,我想起了那个姑娘的笑容。(赵振开《稿纸

上的月亮》,载《意识流小说》第 27 页)

例中的代词"他"并不是出现在话题链之间,而是出现在同一话题下的不同话题之间,这是因为代词"他"所在小句与前一个小句连接的一致性减弱,表示一个次要停顿,即情节内容发生跳跃,转向新的话题内容。可以看出,小句间连接的一致性决定代词回指的使用,连接的一致性如果表现在语篇标点符号的使用上,第三人称代词"他"所在小句与前一小句中间多用句号,而"句号表示的停顿长于逗号,使前后句子之间在时间上有更大的间隔"[①]。间隔时间越长则其小句间连接的一致性越弱。因此,本例及上例中,代词回指词"他"所在小句与前一小句之间多用句号隔开,而话题链内各小句之间连接的一致性较强,其间隔时间较短,多用逗号。正如屈承熹说:"语篇单位末用了句号作为标识。显然,标点符号的使用表明这些单位对作家来说具有现实性,而在汉语书面语中每个这样的语篇单位就被看成是一个'句子'。"[②]

许余龙认为,代词回指词既可以是一个高度可及性标记,也可以是中度可及性标记。所谓"可及性"(accessibility)通常是指一个人在说话时,从大脑记忆系统中提取一个语言或记忆单位的难易度。可及性标记从语篇位置的角度看,如果先行词在话题位置,则其照应词的指称对象就较为明显,这时代词回指词是高度可及性标记;从功能的角度来看,代词回指用来提示同一话题下的两个话题的界线,如上面两例对话题位置的代词回指词的分析,而如果话题被另一话题取代后又以话题的形式出现,则这时的代词回指词是中度可及性标记。如:

(8)卖冰棍的又来了,每天都是这时候。她那辆破推车的轮子也该换换了,至少得上点油,吱吱嘎嘎的多难听。她大概有六十多岁了吧!没有儿女赡养么!还得受这份罪!大暑天,给别人送凉的,自己一根也舍不得吃。(邹月照《别了,贝贝……》,载《意识流小说》第 301 页)

---

① 兰宾汉:《标点符号运用艺术》,北京:中华书局,2006 年,第 28 页。
② [美]屈承熹:《汉语篇章语法》,潘文国等译,北京:北京语言大学出版社,2006 年,第 223 页。

第三章 意识流语篇的内部衔接

例中,第一个话题是"卖冰棍的",并有零形回指形式,而这个话题却在下一句中被第二个话题"轮子"所取代,当第一个话题再次被提出讨论时,出现的"她"就是中度可及性标记。此时的代词回指词"她"作为中度可及性标记与先行词"卖冰棍的"保持照应关系,也和其前一个话题中的"她"保持连续性的关系。

(2)非话题位置的代词回指近距离衔接。代词回指词也可以出现在非话题位置上。当出现在非话题位置上时,其所衔接的情节内容跳跃幅度也就更小,因为非话题位置对话题情节内容的影响更小。据徐赳赳统计,作主语成分的代词占61.82%,作定语成分的代词占20.03%,作宾语成分的代词占18.15%。[①] 一般认为,话题的位置也多是主语的位置,因此代词回指词作主语时一般也就是作为小句的话题。这些情况在前文中对此做了分析,而据徐赳赳的统计还有近40%的代词作定语及宾语成分,这些代词也就只能是非话题形式。如:

(9)姊姊说,二十七八岁是男性的顶温柔的年龄,虽然不是顶热情的——这男子$_i$有一双懂事的眼呢?瞧哪,他$_i$的肩膀多强壮,他$_i$的手又是那么大呵,我的手给他捏了一下的话,一定……(穆时英《五月》,载《上海的狐步舞》第12页)

(10)于是我说这并不奇怪,你骨子里想的就是这么个问题。你在乎它就象小翠丈夫那该死的乡巴佬一样。你喋喋不休地问在森林里怎么了怎么了,于是那乡巴佬就一边揍她一边问在青纱帐你怎么了怎么了。(陈洁《大河》,载《中国意识流小说选(1980—1987)》第136页)

例(9)中,先行词是"这男子",代词回指词是"他"而且作定语,虽然代词"他"所在的两个小句的话题与先行词"这男子"是部分与整体的词汇衔接关系,但这一关系是通过代词"他"连接的。而例(10)中,"这么个问题"与"它","小翠"与"她"分别是先行词与代词回指词,"它"与"她"都是小句的宾语。关

[①] 徐赳赳:《现代汉语篇章回指研究》,北京:中国社会科学出版社,2003年,第108页。

于非话题位置代词回指词的功能,屈承熹认为:"话题位置的回指要比非话题位置的回指更有益于话题的连贯;而且同语篇本身的需要相比,后者常常由句法和语义的限制来调节。"[①]可见,非话题位置的代词回指将更多依据句法与语义的解释。再来看例(9),代词回指词"他$_i$"是名词短语作定语,一般认为所有格的形式不允许用零形回指,否则将引起中心成分所指范围变化,例中的指称对象将由定指变为泛指。另外,两个"他$_i$"所在小句话题与其前面的小句话题发生转换,一是从"这男子"转换到"他的肩膀";另一个是从"他的肩膀"转换到"他的手"。不过尽管话题转换了,但是在两个例子中,话题内容还是局部连贯的,"他的肩膀"与"这个男子"产生连贯,"他的手"与"他的肩膀"产生连贯。为了标示这种局部的连贯性,需要一个显性的代词回指词"他"作为区分的标记。另外,"他$_i$"之前的小句还有"姊姊"作为话题,如果使用零形回指,小句中仅出现"肩膀"和"手"则可能出现语义误读,虽然最终可以凭上下文语境来确定"肩膀"和"手"是属于"他的",但这样不符合语言的经济原则,所以需要"他"作为区分的标记。

许余龙认为,作为中度可及性标记的代词回指词"他"可以用来表示预期副话题。而预期副话题是指先行词出现在小句的非话题位置,在紧跟其后的下一小句中的回指词也处于非话题位置,那么这个先行词所指称对象就是副话题。如许余龙举例:"师傅们挺爱这只八哥,0还常教它说话、唱小调。"[②]"师傅们"是话题,其回指为零形,"这只八哥"就是副话题,其回指为代词"它",正像许余龙所指出的,"它在下一个小句中再一次被提到,并且我们可以推断出:作者在提到'师傅'的时候,也意欲谈论'八哥'这个实体,因此是一个副话题"。再来看上面例(10),例中代词回指词"它"和"她"都在句中作宾语,许余龙认为,当代词回指词处于非话题位置并作动词的宾语时,代词回指词是中度可及性标记,而中度可及性标记可以用来表示副话题。例中有两个副话题,分别是"这么个问题"和"小翠",而"它"作"在乎"的宾语,"她"作"揍"的宾语,因此,代词回指词"它"与"她"是作为表示副话题的标记。

---

① [美]屈承熹:《汉语篇章语法》,潘文国等译,北京:北京语言大学出版社,2006年,第234页。
② 许余龙:《篇章回指的功能语用探索》,上海:上海教育出版社,2005年,第107页。

代词回指词除了作主语、定语和宾语,还可以作状语、兼语等,作这些成分同样也多是受句法和语篇的限制。如代词回指词作兼语时,它往往既作宾语成分又作主语成分,作宾语时为非话题,作小句主语时又看似话题成分,结构十分复杂。这里尝试用排除法来考察兼语的使用。如:

(11)"我没有什么顾虑。奚流$_i$同志,我写好拿来给你看吧!"我爽快地回答说。要么不干,干就要爽爽快快,叫他$_i$心里舒服。反正,我把每一次与他的谈话都记了下来,随时准备追究责任。(戴厚英《人啊,人!》第 297 页)[①]

例中的代词回指词"他 i"作兼语,如果先把"他 i"换成零形回指词 0_i,其句式为"叫 0_i 心里舒服",这时兼语成分形成空位,而兼语在既作宾语又作主语时的位置是不能空出来的。如果换用名词回指词,其句式为"叫奚流心里舒服",而根据语篇的名词回指的功能,由于在非话题位置,名词回指常常用来导入一个新的指称对象,而此时的兼语并不是新指称对象,而是作为旧信息进行回指,所以此时的兼语受到语法和语篇的限制,只能选用代词回指的形式。

3. 特殊条件下的代词回指远距离衔接。通常在语篇中,代词回指主要以近距离衔接为主,如果回指词与其先行词距离过大,那么回指词所回指对象就可能分不清,即与回指词构成回指关系的词语可能有多个,而语篇为了避免这种回指对象分不清的情况,通常就把代词回指限定在近距离衔接上。在意识流语篇中,代词回指也可以实现远距离衔接,不过这种衔接是受一定因素制约的,即受"人物""享有特权"这一因素的制约。

徐赳赳曾提出在叙述文中"人物"影响代词回指的使用,认为:"在语篇中,如果人物单一,在一个或几个段落里,甚至整个语篇中,只出现一个人物,那就趋向于多用代词。有的较短的叙述文,往往在开头引进名词后,接下去都用代词'他'回指,等到语篇的结尾,用名词点一下,使读者再次加深一点印象;有的则干脆连结尾也用代词。这是一种情况。但更多的情况是一个语篇引进名词后,用几个代词回指;然后又重新出现名词(可能是同形,也可能是

[①] 戴厚英:《人啊,人!》,北京:人民文学出版社,2007 年。

异形),又用几个代词回指,这样循环往复,一直到语篇结束。"①徐赳赳的假设是语篇人物单一,于是先出现一个人物名词后,然后再用代词进行回指,代词可以与先行词保持较远距离,从而实现远距离衔接。因此不管是在段首还是在其他位置都可以用代词进行回指。而在意识流语篇中,代词回指的远距离衔接一般受单一"人物"因素制约的情况少,它更多是受"人物""享有特权"②这一因素制约。意识流语篇是以人物"我"为中心,人物在"叙述"过程中可以省略大量语境。即使在语篇省略大量语境的情况下,人物仍然能够知道代词回指的对象,因为先行词虽然未出现在语篇中,但存在于人物所掌握的语境中,所以不管是在段首还是在其他位置都可以用代词,而在代词前面可以不出现先行词。如:

(12)转进靠西边的文监师路,在响着雨声的伞下,在一个少女旁边,我开始诧异我的奇遇。……(省略19行,引者注,后同)

……我奇怪为什么我竟会想不起来,这是不可能的!我的初恋的那个少女、同学、邻居……(省略8行)

但她ᵢ何以这样的像她ⱼ呢?这个容态,还保留十四岁时候的余影,难道就是她ⱼ自己么?她ⱼ为什么不会到上海来呢?是她ⱼ!天下有这样容貌完全相同的人么?不知她ᵢ认出了我没有……我应该问问她ᵢ了。(施蛰存《梅雨之夕》,载《新感觉派小说选》第24~25页)

例中,"她ᵢ"和"她ⱼ"分别都处于同一段的第一句,并且都是代词回指词,其中"她ᵢ"的先行词为"在一个少女旁边"中的"少女","她ⱼ"的先行词是"我的初恋的那个少女"中的"少女","她ᵢ"为现实偶遇的少女,"她ⱼ"为记忆中的初恋少女,所以才会有"她ᵢ何以这样的像她ⱼ呢"一句,显然"她ᵢ"和"她ⱼ"分别指两个不同的人。如果从单一"人物"因素制约的角度来分析"她ᵢ"和"她ⱼ"的先行词,似乎也可以说,但总有种隔靴搔痒之感;如果从"人物""享有特权"的角度也许更合适,因为人物知道"她ᵢ"和"她ⱼ"的指称对象,所以"人物"可以轻易找到"她ᵢ"和"她ⱼ"的先行词语,从而构成代词回指的远距离衔接。

---

① 徐赳赳:《现代汉语篇章回指研究》,北京:中国社会科学出版社,2003年,第129页。
② [美]屈承熹:《汉语篇章语法》,潘文国等译,北京:北京语言大学出版社,2006年,第235页。

(二)意识流语篇的零形回指

什么是零形回指(zero anaphora)？一般认为，"如果从意思上讲，句子中有一个与上文出现的某个事物指称相同的所指对象，但从语法格局上看该所指对象没有实在的词语表现形式"①。可以看出，回指成分与先行成分同指一个指称对象，回指成分虽然具有语义内容，但没有实在的词语表现形式。如果要找出零形回指的指称对象，需要借助于句子的语义和语法关系，可见零形回指的衔接力是有一定限制的。

1. 零形回指符合意识活动的省力原则。在意识流语篇中的零形回指使用较多，因为意识流语篇映现的是人物的意识活动，从意识活动的省力原则来看，它主要选择的一般是新信息，通常省略旧信息。信息通常分为两大类，即旧信息和新信息。一般认为，旧信息具有较低的信息值，新信息具有较高的信息值，较低的信息值一般位于小句动词的前面位置，较高的信息值一般位于动词及其后面的位置。话题或主语一般位于动词的前面，它们的信息值就较低，谓语位置一般具有较高信息值。由于受认知规律的制约，汉语中完整的话语信息结构往往是按照旧信息到新信息的顺序排列，显然新信息是发话者要表达的重点，也是人物意识选择的内容。如果旧信息与新信息全部被选择，这样的意识活动所耗费的力量就多，这不符合意识活动的省力原则；如果将其中的旧信息省略，只选择新信息，无疑更符合意识的省力原则。零形回指中的先行词通常处于小句的话题位置，按照与先行词句法位置的平行关系，其回指词也多居于所在小句的话题位置，于是，除先行词所指称的对象第一次出现作为新信息外，其回指词所指称的对象就是旧信息，加之又处于主语位置，其信息值就更低，所以通常是被忽略的对象，不再引起关注。谓语及其后宾语通常是新信息，它们所在的句法位置的信息值又比较高，因而引起更多的关注。于是，零形回指虽有一定的语义内容却没有实在的词语表现形式，在小句中不出现，出现的小句成分只是新信息和信息值高的成分。这些高信息值的新信息是意识活动省力的结果，因此，零形回指更符合意识活动的省力原则。如：

---

① 陈平：《汉语零形回指的话语分析》，载《中国语文》，1987年第5期。

(13)这 $_j$ 又是谁,一副丧门神脸儿,嘴唇皮歪扭着,露出了两颗金牙齿。0$_j$ 穿着一件背心,一只脚踏在椅子上,肘子就搁在膝盖上,手掌托着大半个脸。喉咙里哄响着痰。怎么,0$_j$ 也睡熟了?真怪事,这些人坐在这里干吗,大热的天?外边儿谁在鬼头鬼脑的偷着瞧?巡捕,是一个戴凉帽的安南巡捕。好,打得好,总有这么一天!(施蛰存《四喜子的生意》,载《新感觉派小说选》第173页)

意识流语篇是用来表现人物的意识活动,因此,其意识活动也遵循着选择重要信息及省略不重要信息的规律。旧信息通常置于话题位置,信息值较低,新信息及信息值较高的小句成分置于谓语及其后的位置。例中,话题"这$_j$"事实上是指"这人",这是人物结合其所在的情景语境而使用了外指,其后的零形回指词只表示语义而没有实在的词语表现形式,所以其后的谓语成分作为新信息和高信息值成分就得以突出。话题的低信息值位置不仅使先行成分和零形回指成分成为不受关注的对象,而且例中处于话题位置的其他成分也同样得不到关注,因为一方面这些成分的信息值低,另一方面这些成分也是旧信息。如同样处于话题位置的"一只脚""肘子""手掌"和"喉咙里"等也表示旧信息,虽然它们是第一次在句中出现,但它们表示的是旧信息,因为它们和前句中提到的"这人"处在同一个语义场,它们是作为表示"这人"的一个部分。在"这人"成为旧信息时,其身体的部分因与其共处同一语义场,所以也表示旧信息。这再次印证了话题位置通常表示的是旧信息并通常被省略的观点,保证了意识活动选择新信息,符合省力的原则。

2. 意识流语篇零形回指的近距离衔接。零形回指的近距离衔接要求其先行词与回指词距离不能相距过远。从广义上讲,零形回指也是一种省略,这一点也已得到部分学者的认可。如廖秋忠在《现代汉语动词的支配成分的省略》中明确指出,关于主语宾语省略的问题,一些学者"把这类现象称为'零指代'(zero anaphora,即零形回指)"[1],而陈平在《汉语零形回指的话语分析》中提到零形回指时也说,"很多著作中把同类现象称作'省略'"[2]。零形回指

---

[1] 廖秋忠:《廖秋忠文集》,北京:北京语言学院出版社,1992年,第26页。
[2] 陈平:《汉语零形回指的话语分析》,载《中国语文》,1987年第5期。

词由于省略而没有实在的词语表现形式,因此,零形回指一般只能实现近距离指称衔接,如果先行词距离过远则其"零形"的回指词就无法确定具体的指称对象。同时,零形回指的近距离衔接也受到认知的短时记忆的制约,短时记忆记住的语言单位一般相当有限。没有实在词语表现形式的零形回指衔接的距离过远,则可能因为超出短时记忆的范围而被遗忘,也就是说,先行词可能与零形回指词的距离过远而被遗忘,所以零形回指衔接只能是近距离衔接,即张德禄所认为的在十个句子以内的直接纽带关系和中程纽带关系的衔接,而十个句子的数量单位正好在短时记忆的单元范围(以单元来计算,短时记忆的容量为 7±2)内。这种近距离衔接的回指词与先行词所指称的对象都相同,所以其情节内容跳跃的幅度也很小,在这一点,意识流语篇与常规语篇具有相近之处。

(1)话题位置的零形回指近距离衔接。为了弥补零形回指词没有实在词语表现形式的不足,零形回指的先行词和回指词通常都处在话题的位置上,通过显著的话题位置才能更容易找到回指词与先行词之间的衔接关系。据侯敏对叙事体语料的统计,在零形回指中,先行词作主语的占 91.4%,先行词作宾语的占 5.3%,先行词为其他成分的占 3.2%,而主语的位置绝大多数是话题的位置。[①] 从汉语零形回指的先行词和回指词的位置关系来看,二者的位置包括平行和不平行两种情况,平行情况指先行词与回指词处于上下句中相同的句法位置,不平行情况指先行词与回指词不处于上下句相同的句法位置,先行词可以处于上述几种不同的位置,而回指词一般主要处于主语和宾语的位置上。据侯敏对回指词所处主语和宾语位置的考察,在主语位置的回指词占 93.4%,在宾语位置上的回指词占 6.6%。[②] 这一统计与陈平对回指词作主语的统计虽然有出入,但陈平统计作主语的零形回指也达到了 85%。可见,先行词和回指词主要都处于主语的位置上,主语的位置又多是话题的位置,因此考察零形回指,话题是关键。

---

① 侯敏:《汉语中的零形回指及其在汉英机器翻译中的处理对策》,载《中文信息学报》,2005 年第 1 期。
② 侯敏:《汉语中的零形回指及其在汉英机器翻译中的处理对策》,载《中文信息学报》,2005 年第 1 期。

先行词处于话题位置,零形回指词也处于话题位置,零形回指词与先行词共享一个话题,于是,系列的零形回指词与先行词便构成话题链。这正如李樱所说,从位置的角度来看,零形回指用在话题链之内,从功能的角度来看,话题位置的零形回指用来把小句组成话题链。而通常认为话题链内各小句情节内容的一致性较强,所以即使是意识流语篇中的话题链,其各小句情节内容的跳跃幅度也不可能太大。如:

(14)车轮从它头部和肚子辗过。污血。血中混有一些白色的东西,脑浆。肠子$_i$挤出了一大截,0_i蓝灰色,0_i冒着热气。一颗眼珠$_j$歪着凸出,0_j没有光泽,0_j瞪着天空,0_j提出什么疑问。几只绿色的苍蝇$_k$嗡嗡营营的绕它转,0_k未敢贸然降落……(邹月照《别了,贝贝……》,载《意识流小说》第 299 页)

例中共有两个话题链:一是处于话题位置上的"肠子$_i$"及其后面的两小句组成的话题链;二是处于话题位置上的"眼珠$_j$"及其后面的三个小句组成的话题链。第一个话题链内的情节内容跳跃不大,话题链中后面两个小句都是对先行词这个话题的描写,即"蓝灰色"和"冒着热气"都是对"肠子"的描写;第二个话题链内的情节内容跳跃也不大,话题链中后面三个小句都是对先行词这个话题的描写,即"没有光泽,瞪着天空,提出什么疑问"三个小句都是对"眼珠"的描写。

(2)非话题位置的零形回指近距离衔接。这里的"非话题位置"主要指回指词所处的位置。处于话题位置的零形回指占 90% 以上,如果从标记论的角度来看,处于话题位置的零形回指是无标记的,而处于非话题位置的零形回指则是有标记的,即必须受一定的条件限制。在零形回指中,处于附属地位的小句使用零形回指时,就是有标记零形回指,其回指词大多处于非话题位置。下面分析附属地位的小句使用零形回指的情况。

就句子的有无标记而言,使用关联词的句子通常是有标记的句子,关联词的使用还表示一种逻辑关系。当关联词所在小句前后逻辑关系与关联词的使用顺序一致时,小句与小句之间的关系是从后景推向前景的,此时如果有两个关联词,则前一个关联词可以省略;当关联词所在小句前后逻辑关系

第三章 意识流语篇的内部衔接

与关联词的使用顺序颠倒时,小句与小句之间的关系是从前景推向后景的,此时如果有两个关联词,则表示结果的关联词可以省略。总体来说,如果有表示假设的两个关联词连接两个小句,那么表示假设的关联词所在小句都在后景位置,表示结果的关联词所在小句都在前景位置。处于后景位置的小句也就是附属地位的小句,因为后景通常与旧信息和从属结构相关。如:

(15)为什么到上海来不玩一趟呢?做人一世,没钱的人没办法,眼巴巴地要挨着到上海来玩一趟,现在,有的是钱$_i$,虽然0$_i$还要做两个月家用,可是就使0$_i$花完了,大不了再去提出一百块来。况且,算它住一夜的话,也用不了一二十块钱。人有的时候得看破些,天气这样好!(施蛰存《春阳》,载《新感觉派小说选》第246页)

例中共有两个复句,一是连词"虽然……可是"连接的大复句,二是处于大复句中连词"就使"连接的小复句。先分析小复句,"就使花完了,大不了再去提出一百块来","就使"所在小句表假设,其后小句表结果,其小句间逻辑关系符合从后景到前景的推进过程,也就是说"就使"所在的小句为后景句。同理,在"虽然还要做两个月家用,可是就使花完了,大不了再去提出一百块来"中,其连词所表示的因果关系也符合小句间的逻辑关系,前小句表因,后两个小句组成的一句表果,也符合从后景到前景的推进过程,因此,连词"虽然"所在小句为后景小句。而后景通常与旧信息和从属结构相关,因此后景小句通常处于"附加地位",而不像前景小句那样处于显著地位。因此,"虽然"和"就使"所在小句因为地位的不显著而使用了零形回指词,其回指词也都处于非话题位置,即使表示后景的小句处于信息度很高的位置,也不能改变其后景地位。如:

(16)背上太潮。新的浴衣贴在身上,懒得起来,还是得起,海上空气会立刻把背上吹干。太阳很厉害,虽然0不十分热。得买黑眼镜——中山路药房里,团的,椭圆的,放在阿司匹灵的匣子上。(老舍《丁》,载《老舍小说全集》第322页)[①]

---

① 老舍:《老舍小说全集》,武汉:长江文艺出版社,1993年。

关联词是复句关系的标记,如果有联结分句的关联词语,则是有标记的形合复句,无关联词语则是无标记的意合复句。例中关联词"虽然"的存在显然说明此句是有标记的形合复句,此时"虽然"一词绝不能省略,因为这个复句中分句关系发生了前后置换,在前一分句没有关联词的情况下,后一分句的关联词就必须存在。此时它标记着复句的关系是从前景推向后景的,因为这与无标记的小句结合关系从后景向前景推进的序列不一致,此时的关联词已成为后景句的显著标记。即使后景句"虽然不十分热"处于信息值比较高的位置,也不能改变它后景句的地位,因为关联词"虽然"决定了所在小句的附加地位,所以此小句显著度不高。当该小句使用零形回指时,其回指词处于非话题位置也就显得十分自然。

3.零形回指语篇的"隐喻"式跳跃。在意识流语篇中,两个话题链都是零形回指,如果第二个话题链是第一个话题的继续,那么第二个话题链在表层语义上与第一个话题链照应的同时,在其深层语义上也可以通过"隐喻"的方式实现更大的内容跳跃。如:

(17)"哟!"我叫了一声,针扎进了手指。扎得很深。针眼处开始泛白,然后发紫,然后渗出血来。小小的、红红的血珠,凝在指尖上。人的身体的每一部分$_i$都有血,0_i有神经,0_i一受伤就流血,0_i就痛。旧伤$_j$长好了,0_j受到新伤时,0_j还要流血,0_j还要痛。0_j流不尽的血,0_j受不完的痛,直到 0_j 死。我把手指放在嘴里吸吮,不能给人看见。有人嗜血成性,专爱把别人伤口上的血拿去进行"科学试验",研究如何把人血化成污水,泼在地上……(戴厚英《人啊,人!》第16页)

例中共有两个零形回指的话题链:一个先行词是"身体",另一个先行词是"旧伤",它们的零形回指分别为"0_i"和"0_j"。第二个话题链在表层语义上可以被看作第一个话题的继续,第一个话题链主要表现纯客观的事实,而第二个话题链如果也是纯客观的表述,那么语篇的价值意义就不大了。事实上,第二个话题链是一种"隐喻"的用法,结合语篇来看,例中讲了"文革"中的知识分子不断受到伤害,作者通过"旧伤口"来实现这一"隐喻",所以下文"有人嗜血成性,专爱把别人伤口上的血拿去进行'科学试验'",才能在语篇意义上与上文保持一致。这其实映现了人物意识活动已经实现大幅度跳跃,而这一意识活动跳跃是通过"隐喻"方式实现的。

三、意识流语篇指称衔接的机制

意识流语篇由人物的内心独白建构而成,不论是在非典型语篇中,还是在典型语篇中,指称衔接都是处于单一的人物语境下,受到多种语境因素的制约,其特点往往表现为大量使用人称指称与零式指称,具体为第三人称代词与第二人称代词以及零形回指词的使用。因为这几种指称衔接方式有其内在的衔接机制。

(一)语篇指称对象相同的衔接机制

维特根斯坦认为,语言作为一种游戏必定要遵守规则,只有遵守规则才能进行游戏。事实上,人们进行游戏时,往往并不知道游戏的规则,只是在"盲目地遵守规则"。由此推导出,人们通常也是在不了解规则的情况下从事语言交际,而我们又只能在遵守语言规则的情况下去从事语言交际,"没有什么行为的原因能够由一条规则来决定,因为每一种行为的原因都可以被搞得符合规则"[①]。这就是维特根斯坦提出的"遵守规则的悖论"。作为意识流语篇的人称指称衔接和零式指称衔接需要遵守一定的语言规则,有其内在的建构机制,虽然意识流动过程看似自由的,实际上流动过程仍然有规则可循,落实到语篇指称衔接上也是如此,只不过具有其个性化特征。一般来说,语篇可以有对话式语篇和独白式语篇,对话式语篇由于它的表达与接受对象确定,要讲究表达与接受效果的功利性。因此其指称衔接在语篇中一般没有标记,也就是常说的符合规范,而意识流语篇属于人物的内心独白,它是人物的自说自话,就语篇范围而言,它只有人物这一确定表达对象,没有其他确定的接受对象。因此它更多以经济原则等为依据进行言语活动,其指称衔接在语篇中具有一定的标记性,有其特殊条件下生成的语言衔接机制。

一般认为,指称衔接的语言生成机制源于其回指词与先行词所表示的指

---

① [奥]维特根斯坦:《哲学研究》,李步楼译,北京:商务印书馆,1996年,第201页。

称对象相同。张德禄等认为:"指称的主要作用是建立意义联系。当一个项目再次出现时,我们不用原来的名词,而用相应的代词来指称它,所以,代词的意义是:'我指称的对象与前面的某个名词指的对象是同一个事物。'""用代词指称的动因是在上下文之间建立起语义联系,表示现在指称的项目与前面的项目是同一个项目。"①可见先行词与回指词指称对象相同是指称衔接生成的主要机制。这里的指称对象为"语篇世界"②的指称对象,语篇世界相对于心理世界与现实世界而存在,是由"语篇实体、属性以及语篇实体之间的联系构成"。"当同一语篇中具有指代功能的语言成分共同指代语篇世界中的某一实体时,这些语言成分之间便构成'共指关系'。"③在意识流语篇世界中,指称对象生成于人物语境下,人物在语言经济原则的作用下对第一次出现的指称对象可以直接使用代词指称,先行词可以出现在距离回指代词较远的位置,甚至可以不出现,因为在语篇世界中人物最清楚回指代词与先行词的共同指称对象。例如:

(18)那森林幽深幽深的没有人迹。满地的落叶散发出清新的气息。蓝蓝的眼睛和一直拖到地上的长裙子。厚厚的落叶在风中沙沙作响。远处那只野兽在叫唤。然而究竟。然后他们究竟。莉莉的头发上淌下一大滩血,用水冲了很久才洗掉。雪芬你听我说。他气喘吁吁地从电影院里跟出来。手指头烫伤了似地一跳一跳。落叶厚厚的那片林间空地象一幅画。她也到那画里去过吗?不过我还是搞不懂,脸烫得这样厉害。我简直没有办法再说下去了。他们干吗这样望着我?(陈洁《大河》,载《中国意识流小说选(1980—1987)》第127页)

例中依次出现的人称代词分别是"他们""他""她"和"他们",这四个人称

---

① 张德禄、刘汝山:《语篇连贯与衔接理论的发展及应用》,上海:上海外语教育出版社,2003年,第171~172页。
② 俞洪亮:《语篇连贯的外部条件:语篇回指的心理表征分析》,载《解放军外国语学院学报》,2003年第4期。
③ 胡壮麟:《新编语篇的衔接与连贯》,上海:华东师范大学出版社,2018年,第76页。

代词所指对象完全不相同,而且这些人称代词的先行词在人物内心独白中并没有出现,尤其第二个代词"他"在整个语篇中都没有出现先行词,不知道姓啥名谁,但从人物语境可推出其为"雪芬"的男朋友。同时前后两个"他们"所指对象不同,前者为两个特定人物,后者为人物开会时身边的其他人。意识流语篇这种没有先行词出现的人称衔接在一般语篇中较少出现。

(二)语篇短时记忆的衔接机制

意识流语篇指称衔接的生成也源于人短时记忆的认知机制。短时记忆的突出特点是其容量的有限性,正常人的短时记忆容量为5~9单元,平均为7,即"短时记忆的容量为7±2,是以单元来计算的。一个单元可以是一个数字、字母、音节,也可以是一个单词、短语或句子。单元的大小随个人的经验组织而有所不同"[①]。因此,在短时记忆的范围内可以生成指称衔接关系,即回指词与先行词的指称对象相同,这是在短时记忆内生成的。如果在语篇内容复杂的情况下,回指词与先行词之间又距离过远,即超过人的短时记忆范围,那么回指词与先行词在没有其他条件制约的情况下,一般很难建立指称回指的关系。因为当回指词为代词时,其指称对象需要由先行词来确定,而先行词与回指代词的距离超过了人的短时记忆范围,人就不可能回想起回指代词与先行词的回指关系,而当回指词为零形式时,如果超过短时记忆范围则更难建立与先行词之间的回指关系。反过来说,在短时记忆内,它们的回指词与先行词都可以建立回指关系,因此,代词回指与零形回指的生成是符合短时记忆的认知机制的。指称衔接是意识流语篇的一种重要衔接方式,由于指称衔接中回指词与先行词之间的距离范围一般不能超过人的短时记忆范围,因此指称衔接属于近距离衔接,包括代词指称衔接与零式指称衔接。

近距离指称衔接的意识流语篇多由自由间接引语生成,即语句中保留第三人称,是叙述者话语与人物话语的综合,第三人称代词出于叙述功能的需要,有语篇外在逻辑性的考虑。由于受限于叙述者视角,语篇中回指词与先行词的距离应在短时记忆的范围内,这是意识流语篇非典型话语的指称衔接特征。如:

---

① 彭冉龄主编:《普通心理学》,北京:北京师范大学出版社,2001年,第216页。

(19)这会儿她猛地想起,多半儿是儿媳妇在这里头搞了鬼。准的。准是她不让儿子搬。她成心。这女人可歹毒了。她什么干不出来?好几回了,她骗她假装说是用煤球炉子做饭,可都让她给觉出来了。她不能不防着她。(李陀《七奶奶》,载《中国意识流小说选(1980—1987)》第204~205页)

例中第三人称代词衔接,分别为先行词"儿媳妇""女人"与回指词"她",除第一句"这会儿猛地想起"完全是叙述者话语外,其他话语均为自由间接引语。叙述者视角参与下的指称衔接属于短时记忆,因此先行词与回指词的间隔距离不大,为意识流语篇的近距离衔接。

短时记忆还用于自由直接引语生成的零式指称的意识流语篇中,自由直接引语为典型的内心独白,它只有人物单一的声音,叙述者声音隐匿不出现,人物在单一语境下更多考虑语言省略,把零式指称中的回指词完全省略了。所以它也为近距离语篇衔接,属于短时记忆。零式指称中的回指词没有实在的词语表现形式,但句子语法与语义又离不开这一没有实在表现形式的词语,如果不考虑零形回指词的语法成分与语义内容,则其所在小句的语法成分与语义内容就不完整,从而就不能实现表达的目的。句子语法和语义上的强大压力促使这一没有实在词语形式的成分存在,零形回指成分的存在也满足了句子语法与语义上的需求,如:

(20)疲倦了,闭上眼睛,细微的金星$_i$重新在飞舞,0_i带着绿色闪光的边。红色的正方形的亮斑$_j$,0_j悠游着,0_j又定住了,0_j又还在移动,0_j一闪一闪,0_j刚在下方消失,0_j又出现在上方,正方形的 0_j,一个 0_j、两个 0_j、三个 0_j,0_j有一个接收屏,尚未构成的映像在这里都得到了显示。(高行健《花豆》,载《意识流小说》第105页)

这是一段典型的自由直接引语生成的意识流语篇,"金星$_i$"与"亮斑$_j$"为先行词,其后的零形回指词为"0_i"与"0_j"。人物在单一语境控制下,尽可能省略不必要的语言成分,但回指词与先行词相互之间的距离也应在人的短时记忆范围内,否则处于主题位置的先行词会随着指称对象的变化而不易分辨,因为超出了人物记忆的时长。

第三章　意识流语篇的内部衔接

(三)语篇关联性的衔接机制

指称衔接是寻求语言成分相互间的语义关联,在意识流语篇中,人称指称衔接与零式指称衔接实际上是建构先行词与回指词之间的语义关联,从而组成系统完整的语篇,这种建构语义关联过程符合知识建构的激活-扩散模型。激活-扩散模型认为,知识是根据语义关系或语义距离来组织的,其信息加工可以被假设为:"当概念出现的时候,语义记忆中相应的概念节点就会被激活,被激活了的这个概念节点就开始扩散至其他的概念,尤其是那些在语义上有紧密联系的概念,概念被激活并迅速扩散到相邻概念,加速了人对外界环境与各种事物的认知过程。"[①]在意识流语篇指称衔接中,作为第二、三人称代词回指词与零形回指词,因为是对先行词的代替,与先行词共指同一概念,所以既能与先行词形成前后照应的衔接,也能激活所在句中其他语言成分的概念,从而形成句子内外的语义关联。在激活-扩散模型中,激活-扩散的远近一般取决于几个因素:最初被激活节点的激活强度,从最初被激活的节点到目前节点的时间和节点之间的语义距离等。在指称衔接中,最初被激活的节点是先行词,如果先行词处于话题位置,回指词也处于话题位置,则激活强度较高,作为最初节点的先行词与之后节点的回指词之间的距离则可以相对较远;相反,如果先行词与回指词不处于话题位置,则两者之间的距离相对较近。

在激活-扩散模型中,指称衔接受到语言成分间关联性约束,具体表现为语篇的可及性。"关联性就是语境效果与听话人所付出的推理努力之间的一种关系。"[②]如果用数学公式来说明关联性、语境效果和推理努力三者之间的关系,则关联性等于语境效果除以推理努力,三者之间的关系表现为推理付出的努力越少,则语境效果越好,关联性就越强;相反,推理付出的努力越多,语境效果就越差,关联性就越弱。在意识流语篇中,从接受视角来看,指称衔接中先行词与回指词两者关联性较弱,这是因为意识流语篇的语境效果较差,在推理过程中需要付出的努力较多。语境效果差是由于语境转换生成

[①] 梁宁建:《当代认知心理学》,上海:上海教育出版社,2003年,第199页。
[②] 何自然、冉永平编著:《新编语用学教程》,北京:北京大学出版社,2009年,第314页。

过快,语境相互间缺少过渡和铺垫,具体表现为缺少语篇叙述者的补充说明,从而使外在逻辑形式上语境间出现断裂。于是,找出先行词与回指词的关系则需要付出较多的推理努力,此时语篇的关联性就较弱。从表达视角来看,在人物语境下的指称衔接中,由于人物对整个语篇语境完全掌控于心,因此需要很少努力就能推理出先行词与回指词的关系。此时二者关联性则较大,零形回指词或代词则是高可及性标示语,因为人物付出很小的努力就能推理出其先行词,从而完成语篇的指称衔接。

在意识流语篇的指称衔接中,激活—扩散模型下先行词与回指词的语义关联性同样取决于语境效果与推理努力。例如:

(21)我象被一盆凉水劈头盖脑浇了个透。我目瞪口呆地打量着这个叫林青的小伙子,我发现我并不认识他。真的我没有见过他。他唠唠叨叨地说他闹不明白在一个雨夜他干吗要跑到这儿来。他说他糊里糊涂就来了这真是奇怪。于是我说这并不奇怪,你骨子里想的不是这么个问题。你在乎它就象小翠丈夫那该死的乡巴佬一样。你喋喋不休地问在森林里怎么了怎么了,于是那乡巴佬就一边揍她一边问在青纱帐你怎么怎么了。(陈洁《大河》,载《中国意识流小说选(1980—1987)》第 136 页)

例中先行词"小伙子"与回指词"他"和"你"产生语义关联,同样先行词"小翠"与回指词"她"构成语义关联,因为在"小伙子"之后语境效果好,需要的推理努力小,同样回指代词"她"之前也只有"小翠"这个女性的名字,但真正读懂这段文字则不太容易。从上下文可知,"这个叫林青的小伙子"其实是另一个"我",作为圆形人物的"我",口头虽说"不在乎",但骨子里却"在乎",是一种人格"我"对另一种人格"我"的审问。

指称衔接是意识流语篇的一种重要衔接方式,它包括代词回指和零形回指。由于指称衔接回指词指称对象的确定要依赖于先行词,回指词与先行词之间的距离范围一般不能超过人的短时记忆范围,因此指称衔接属于近距离衔接。近距离指称衔接的回指词与先行词具有同一指称对象,尤其是两者又多处于话题位置,因此指称衔接的内容跳跃幅度较小。在意识流语篇中,代词回指和零形回指也都有自己的特殊表现形式:代词回指词不仅包括第三人称代词,还包括第二人称代词;同时在"人物""享有特权"的因素制约下,代词回指还可以实现远距离衔接。总体来看,指称衔接的生成既有语言机制,也有认知机制,即先行词与回指词指称对象相同的情况,短时记忆的认知制约和语篇关联性衔接。

第三节　意识流语篇的结构衔接

"结构衔接是对语篇中某一词、词组或小句,通过同语篇中的另一个预设结构作句法结构的比较,尽可能地找回本结构中某些未明确出现的词语、词组或小句。"[1]比较的手段有替代、省略、同构关系,其中替代和省略两种衔接的使用主要为前后句范围内的衔接,这方面研究成果较多,不再赘述。本节只研究同构关系的衔接,同构关系衔接一般包括重复、添加和交替。重复"指同样的结构,同样的词汇在语篇的两个句子中出现";添加指"在同样结构的基础上,增添若干词语";交替则指"在不更动原结构和基本词语的情况下,以同类词语换置原结构中的某一词语"[2]。三者的共同特征为,一般以小句为衔接单位且语法结构相同,重复为语法结构完全相同,添加与交替则为语法结构相同条件下衔接单位的长短变化,即添加或替换部分词语。因此它们可作为相同句型结构衔接。在语篇结构衔接中,衔接单位不仅仅局限于小句,我们在意识流语篇结构衔接研究中发现,句子和句群也可以作为结构衔接的语言单位,并具有结构衔接的特征和功能。鉴于此,本节将把结构衔接单位从小句扩展到句子和句群。

相同句型结构衔接是比较特殊的一类,跳跃性意识流语篇能够通过相同句型结构来实现衔接。只有在语义上产生连贯的条件下,相同句型结构在衔接中才有意义。可见衔接是语义上的关联,相同句型结构衔接建立在语义关

---

[1] 胡壮麟:《新编语篇的衔接与连贯》,上海:华东师范大学出版社,2018年,第76页。
[2] 胡壮麟:《新编语篇的衔接与连贯》,上海:华东师范大学出版社,2018年,第95~97页。

联的基础上,仅有语法结构相同还不够。在某种意义上它服务于语义需要,相同句型结构是一种"光有它不行,有了它更好"的辅助性衔接手段,即"结构衔接不能光指形式上的相似,也不能光指语义上的相似,而是要求形式和语义的统一"①。因此,语篇中衔接语句之间通常要存在语义上的连贯,同样,意识流语篇结构衔接的语句之间也要存在语义上的连贯,只不过这种连贯常常以隐性的方式存在。换句话说,意识流语篇语义连贯要通过语境才能实现。

一、意识流语篇结构衔接的特点

(一)建构近距离衔接

意识流语篇为人物内心独白,这种独白更多属于无意识层面,具有很大的跳跃性,表现在语篇中则为前后内容的不同。把这种远距离语篇内容衔接起来,结构衔接作为一种类型具有很大的优势,主要表现为其本身是较大的衔接单位。在语言研究中,一般把句子作为最大语法单位,它可以有主语、谓语、宾语、定语、状语和补语,相对词汇衔接来说,语义关联度可能更宽更广,机会更多;同时从语义完整性来看,句子所呈现的语义完整性肯定强于词,句子越长则它的信息量越多,信息越完整则越容易让人把握,越有利于语篇前后的衔接。相同句型结构衔接可以建立在前后语义相同与相近的基础之上,也可以建立在前后语义相反的基础之上。从辞格角度看,前者以排比为典型,后者以对偶为典型,二者均符合语篇的结构衔接。在排比和对偶中,由于句子是接连出现的,而且排比所使用的句子一般来讲不能太多,而对偶却只能使用两个句子,所以排比和对偶只能属于直接纽带关系的衔接,是近距离衔接。

关于作为相同句型结构的排比和对偶,如果说过去的研究尚未达成共识,那么随着近些年语篇结构方式研究的不断推进而达成共识。"从话语衔接的角度看,对偶表现为一种平行结构,而平行结构有助于句子的衔接。"②黄国文则认为:"语篇中排比结构的使用也可以起到连句成篇的作用,也能起

---

① 胡壮麟:《新编语篇的衔接与连贯》,上海:华东师范大学出版社,2018年,第85页。
② 曹德和:《汉语文化修辞学论略》,载《江苏教育学院学报》,1997年第3期。

到语篇纽带的作用。"①随着语篇研究的深入,人们从排比与对偶的衔接研究推广到相同句型结构的衔接研究。如"使用平行句式,换句话说,是使用结构相同相似或词性相对应的句式作联系手段"②。结构上相同或者相近也可以使相邻的语言片段之间产生某种联系,从而发挥特定的衔接作用,这种现象就是"结构衔接"③。

(二)衔接大幅度跳跃语篇

意识流语篇跳跃幅度大主要是就人物独白内容而言,这种跳跃性独白内容随意识流动而忽东忽西,虽然从整体来看它符合语篇主题的需要,但这种局部语篇内前后内容变化较大,从语义来看关联性不足,而相同句型结构衔接能够弥补这一不足。因为相同语法结构所形成的构式本身就具有意义,即语法构式能够通过本身的意义来弱化因前后内容不同所带来的差异,从而增加趋同性,更好实现语义衔接,但也应看到这种句子语法构式本身意义的固化与隐性,其对语篇衔接的影响力也是有限的。相同结构句型相互间可以相隔较远距离,也可以较为接近。较远距离的独白内容如果以段落为单位,则可以通过句子等相同句型结构把它们衔接起来,这时结构衔接在功能上更多是发挥承上启下的作用,如果衔接内容属于中距或短距,则相同句型结构衔接作用更为明显,更加依赖语法构式本身的意义。

通过语法构式强化内容相异语篇的衔接,主要适用于短距离语篇衔接,属于添加或交替类型的结构衔接。添加与交替结构的共同特征之和属于广义的排比,因此可以从广义排比的角度来讨论结构衔接。广义排比在语法结构相同或相似的基础上,可以反复使用相同的词语,参与排比的小句字数也可以不完全相等。如果仅强调语法结构相同,忽略词语的不同,则这类结构衔接奠定了对偶基础,因为对偶的语法结构相同,所用词语相关或相反均可。排比式和对偶式相同句型结构衔接属于近距离衔接。在意识流语篇中,它们衔接的语篇是隐性连贯,从表层意义来看相互关系不大,所以这些语篇跳跃幅度较大,但排比和对偶所使用的语句结构本身具有一定的构式意义,即"结

---

① 黄国文:《语篇分析概要》,长沙:湖南教育出版社,1988年,第118页。
② 沈开木:《句段分析》,北京:语文出版社,1987年,第151页。
③ 郑贵友:《汉语篇章语言学》,北京:外文出版社,2002年,第59页。

构相似,意义相近",所以即使它们衔接的语篇跳跃幅度较大,语句结构本身所具有的构式意义也可以使这些跳跃语篇产生衔接连贯。

二、意识流语篇结构衔接的类型

(一)排比式相同句型结构衔接

排比也仅仅是就句法形式而言,是指排除具体词义后的、由三个或三个以上内部关系大体一致的句法形式组成的叠合结构。国内学者早已指出,排比具有衔接功能,因为汉语在语词的长短调节上具有较大的灵活性,利用排比以增强前后语句的衔接度,该功能表现得更为突出。在意识流语篇中,衔接内容跳跃性较大,需要相同句型结构来增加它们相互间的趋同性,但句子语法构式意义的影响有限。可见,排比式相同句型结构只是一种"光有它不行,有了它更好"的辅助衔接手段,因此对排比式相同句型结构衔接的考察应突破前后句的狭窄语境,可建立在范围更大的上下文语境或情景语境中,以保障其衔接语句的意义连贯。

1. 短语排比式近距离衔接。一般来说,短语在实际应用中组成成分较少,如果再以排比的方式出现在语篇中,则这些短语更多属于近距离衔接,短语间距离较近,而它们内容的跳跃性使其相互间的语义关联较弱。相同的句型结构可以加强它们相互间的语义关联。同时,在意识流语篇中,排比式相同句型结构衔接成分虽以短语方式进行,但排比作为一种修辞方式其自身也具有"壮文势,广文义"的修辞功能。"壮文势"与"广文义"是这种相同句型结构叠加的效果,即整体大于局部之和。短语构式义和排比修辞功能在语义上具有隐性的连贯,所以语篇连贯一般要通过语境才能实现。从语篇来看,这些短语排比式衔接的语篇成分具有一定幅度的跳跃性,而通过相同句型结构衔接却能够弥补这种跳跃性。如:

(1)黑漆漆的,不知是日是夜。赵家的狗又叫起来了。狮子似的凶心,兔子的怯弱,狐狸的狡猾……(鲁迅《狂人日记》,载《鲁迅文集全编》第8页)①

---

① 《鲁迅文集全编》编委会:《鲁迅文集全编》,北京:国际文化出版公司,1995年。

例中,三个短语"狮子似的凶心""兔子的怯弱"和"狐狸的狡猾",它们构成的语篇跳跃幅度比较大,从短语的表层意义来看,三者关联度不是很明显。事实上,从短语的深层意义来看,这些语篇是连贯的,而排比式相同句型结构衔接强化了这些隐性连贯。《狂人日记》共十三节,本例属第六节,该节总共就两行。后一行虽然短语结构相同,语气相同,但三个短语的语义似乎关联不大,无头无尾,到底想说什么,不得而知。只有联系上文第五节和下文第七节,语义才明白,第五节有"现在晓得他讲道理的时候,不但唇边还抹着人油,而且心里满装着吃人的意思",第七节有"我晓得他们的方法,直接杀了,是不肯的,而且也不敢,怕有祸祟。所以他们大家联络,布满了罗网,逼我自戕"。从分析来看,第五节主要讲了他们有"凶心",第七节主要讲了他们"怯弱"且"狡猾",而第六节出现的"狮子似的凶心,兔子的怯弱,狐狸的狡猾"正好起到了承上启下的作用,通过联系上下文语境,三个短语的深层意义也就连贯起来了,而排比式相同句型结构衔接加强了这种连贯。

2.句子排比式近距离衔接。作为语义完整的语言应用单位,句子在使用过程中具有很大的灵活性,它可以单独应用,也可以与其他句子组成更大的语言单位。在意识流语篇中,句子排比式相同句型结构衔接,以广义上的交替方式或添加方式展开,即通过句子成分的部分替换或句子成分的添加,实现在句子隐性意义连贯基础上的衔接。句子中相同语言成分则是反复出现的"提挈语"(又称"强调字""提纲词语"),提挈语具有强化感情和气势的关键作用,因在前后句中反复出现,又能够强化这种语义关联。如:

(2)那欢乐的生命的声音。那友爱的动人的呐喊。那红的、粉的和白的玫瑰。那紫罗兰和蓝蓝的毋忘我。(王蒙《春之声》,载《中国意识流小说选(1980—1987)》第8页)

这组排比句具有相同语法结构,即属于偏正短语。从短语的中心词来看,包括"声音""呐喊""玫瑰"以及最后由偏正短语组成的紧缩句,其内容具有跳跃性。偏正短语结构通过整齐的句式强化了它们语义上的整体关联性,提挈语"那"反复出现无疑是这种整体关联性的催化剂。还有一种句子排比式衔接是把一个完整句子拆解为两个小句,可以被看作同构关系的添加类型。如：

(3)思想乱极了,一若岩石罅隙中的野草。思想乱极了,一若漏网之鱼。思想乱极了,一若繁星。我完全不知道我在做些什么。我只知道我手里握着一杯酒。然后,酒杯突然消失。我见到一扇门。(刘以鬯《酒徒》第141页)

例中,前三个句子结构相近,它们在深层意义上也存在连贯,只是每句使用了比喻辞格,相似点是"乱",喻体则是"野草""漏网之鱼"与"繁星",必须从喻体中找出"乱"的特征,语篇才能连贯起来。一般认为,喻体"野草"特征之一就有"乱",如"胡子乱如野草"之类的话;"漏网之鱼"突出鱼的惊慌失措,慌不择道时的"心乱";"繁星"虽然有自己的固定位置,但从人的认知来看却似乎没有秩序,也让人感到"乱",所以三个句子在深层意义上是连贯的。于是,整个语篇就具有了隐性连贯,而相同句型结构的衔接只是加强了这种连贯。

在意识流语篇中,还有一种句子排比式相同句型结构衔接,从各句子的表层意义来看,其语篇跳跃的幅度相当大,似乎相互之间完全不相关,实际上语篇在深层意义上是连贯的。韩礼德认为人们思想中要反映的主客观世界不外乎有六个过程,即物质过程、心理过程、关系过程、行为过程、言语过程和存在过程。这六个过程不是在真空中发生的,它们要涉及一定的参与者、时间、空间和环境。其中,心理过程是表示"感觉""反应"和"认知"等心理活动的过程,排比句能够体现心理过程,是人物心理的映现,即从不同侧面共同映现人物的心理感受。如：

(4)天太大。海太阔。人太老。游泳的姿势和动作太单一。胆子和力气太小。舌苔太厚。词汇太贫乏。胆固醇太高。梦太长。床太软。空气太潮湿。牢骚太盛。书太厚。(王蒙《海的梦》,载《中国意识流小说选(1980—1987)》第103页)

例中,语篇的跳跃幅度相当大,甚至有些杂乱。事实上,这类排比句在深层意义上连贯,其中的"大""阔""老""单一""小""厚""贫乏""高""长""软""潮湿""盛"都是形容词,是五官的感觉,副词"太"字的语法重音也强调了这种心理过程。结合上下文语境,联系人物"我是老了,不服也不行"的感叹,以

第三章 意识流语篇的内部衔接

及人物刚从监狱释放后的心情来看,各句在深层意义上是连贯的,而相同句型结构衔接只是一种使连贯得到加强的辅助衔接手段。

3.句群排比式近距离衔接。句群相对来说属于较大语言单位,常常由数个小句组成,在此情形下,句群所包含的信息要多于句子,句群的构成成分越多或者说句群的长度越长,其信息量就越大。以信息量大的句群为结构衔接单位,则能够在衔接成分的语义相互关联基础上,表现出语篇更多的意义或情感内涵。相对于句子来说,句群内部小句或短语成分较多,成分越多则其语法结构越复杂,即句群中小句语法结构可能相同,也可能不同,构成句群的小句语法结构的层级数量越多,则不同的可能性越大。因此,以句群为单位的结构衔接不仅以语法结构为标准,还应考虑排比修辞方式的特征,即二级及其以下层次的语法结构可作为参考,当然如果所有层次的语法结构都相同,则属于典型的句群结构衔接。总体来看,以一级层次语法结构是否相同作为结构衔接的标准,未超出结构衔接中的添加类型或替换类型,符合结构衔接类型的语篇特征。同短语和句子排比式结构衔接类似,句群排比式结构衔接属于近距离语篇衔接,主要还是因为受到排比修辞的条件限制。只有近距离形成句群数量优势,方能形成"壮文势,广文义"的修辞功能。如:

(5)我必须忘记痛苦的记忆,让痛苦的记忆,变成小孩手中的气球,松了手,慢慢向上升,向上升,向上升,向上升,向上升……升至一个不可知的空间。

我必须抛弃过奢的欲望,让过奢的欲望,变成树上的花瓣,风一吹,树枝摇曳,飘落在水面,慢慢向前流,向前流,向前流,向前流……流到一个不可知的地方。

我必须抹杀自己的良知,让自己的良知,变成画家笔底的构图,错误的一笔,破坏了整个画面,愤然用黑色涂去,加一层,加一层,加一层,加一层,加一层……黑到教人看不清一点痕迹。(刘以鬯《酒徒》第103页)

例中,在三个排比句群中,每个句群前三个小句范围内的语法结构一致,之后的语法结构就不再一样,这不影响排比的使用,它符合排比的特点,即

"在形式上排比语句至少须有三句,结构必须相似,常有相同的提挈语关联。在内容上排比语句语意往往范围相同,性质相类。语气一致,逐一表出"[①]。例句语法结构相似,具有相同提挈语,具体为:"我必须……让……变成……"这组句群在深层意义上是连贯的,即"记忆""欲望"和"良知"都属于人主观世界的范畴,也符合语意范围相同、性质相类的特点。一般来看,句群排比式结构衔接更多体现的是修辞意义,即陈骙在《文则》中说"文有数句用一类字,所以壮文势,广文义也"。通过反复使用相同句型结构,以达到语义关联性更加紧密的修辞目的。

(二)对偶式相同句型结构衔接

对偶是具有中国特色的修辞方式,不仅讲究前后句之间的语义关联,还讲究前后句的语言形式,从修辞功能来看,主要表现为对称形式美。这种形式美主要源于前后句语法结构相同,相同位置实词对实词,虚词对虚词,整齐平衡。在意识流语篇前后句语义关联疏离的前提下,相同语法结构能够强化这种关联,实现相同句型结构衔接。一般认为,语法构式义固化于特定语法结构中,语法结构相同的对偶因前后句构式义相同而趋同性加大。当然,这种语义衔接处于辅助性地位,因为构式义本身是隐性的,当对偶中词语的语义清晰,态度明确,甚至会忽略这种构式义的存在价值,仅会留下心理上的相同语法框架,从而继续保持一种心理上的趋同性。对偶有严式和宽式之分,严式对偶的前后句具有完全相同的语法结构,此种情况下语法构式义强化了前后句语义的趋同性;宽式对偶强调语法结构大致相当即可,这种情况下语法构式义受到弱化,前后句更多保留心理上的趋同,但仍保持一般结构衔接。

对偶是由两个内部关系基本一致的句法形式组成的骈偶结构。相对于散句形式,对偶结构确实能够起到加强衔接的作用。由于对偶本身具有诸多条件限制,尤其是语句成分的词性及其语义的相似、相关或相反等要求,使其上下句的语义关联相对于排比来说更明显一些,而前后句相同语法结构强化了这种关联,形成短距离衔接。如:

(6)你第三次知道毁了。不毁了才怪,哥哥嫂子詈骂我,母亲恨

[①] 倪宝元主编:《大学修辞》,上海:上海教育出版社,1994年,第347页。

第三章 意识流语篇的内部衔接

我不争气,<u>富贵者欺侮我,贫贱者嫉妒我</u>,痔疮折磨我,<u>肠子痛我头昏我,汗水流我腿软我</u>,喉咙发痒上腭呕吐我……乱箭齐发,百病交加,不毁了才是怪事!(莫言《欢乐》,载《意识流小说》第144页,下划线为引者所加,着重号为原文所有)

例中,加着重号文字可以被看作严式对偶,下划线文字可被看作宽式对偶,这些对偶句型结构相同,而且所用词语语义关联性较强。如"肠子痛我头昏我,汗水流我腿软我"是宽式对偶,前后句使用词语都属人的生理范畴,具有较大的关联性,所以前后句存在语义上的关联,相同句型结构衔接使这种关联更加紧密;相反,对偶的前后句语义不关联,即使其句型结构相同也没有任何意义。由于受对偶式相同句型结构衔接的局限,对偶只能衔接前后句,往往限制条件也较多。因此在意识流语篇中,对偶的衔接作用极其有限,使用的并不多,而排比式相同句型结构相对来说要多一些。

"对偶是汉语修辞中最具有形式美的一种格式,是汉语音乐美的最高形式,是汉语格律诗最重要的基础之一。"①对偶属于文学的较高语言形式,使用对偶的人往往具有一定文化水平,接受过一定程度的教育,所以意识流语篇中出现的对偶,也多为所谓"文化人"的意识活动。这种对偶多为人物对眼前刺激所产生的心理联想,除在结构衔接上加强前后句的语义关联外,还具有深化语义的功能。如:

(7)没人能够笑出声来,人家都不会笑了。生死搏斗!考中了成人上人,出有车,食有鱼,食不厌精,脍不厌细,书中自有颜如玉,学而优则仕!考不中进"人间地狱",面朝黄土背朝天,找一个凸牙齿女人也如蜀道难,难于上青天。(莫言《欢乐》,载《意识流小说》第147页,着重号为原文所有)

文中使用了对偶中的"连珠对"②,例中考生在进入高考考场前的怪模怪样举动,没有引起其他考生发笑,因为考生承受着巨大的压力,在升学考试面前

---

① 王希杰:《修辞学通论》,南京:南京大学出版社,1996年,第432页。
② 谭学纯、濮侃、沈孟璎主编:《汉语修辞格大辞典》,上海:上海辞书出版社,2010年,第51页。

对一切都麻木。这段议论式意识流从物质与名利角度的现实考量,符合挣扎在贫困线上的人物真实心理,是一种自然本能的联想。这些对偶语句平时在耳边出现的频率较高,高中生基本能够耳熟能详,所以容易在人物脑海中浮现。

(三)其他辞格式相同句型结构衔接

结构衔接以语句相同或相似的语法结构作为语义关联方式,除排比和对偶外,以语法结构相同或相似为条件的辞格还有对比、层递等。如果仅从语法结构相同或相似来判断,这些辞格与对偶、排比有一定交叉,对比可以等同对偶的变异,层递与反复可以等同排比的变异;如果从语义正反与递进来看,对比与层递特征明显,应属于不同的辞格,在语法范围内这些辞格也可以被看作对偶与排比的偏离,是对偶与排比的变异形式。由于它们具有对偶与排比的语法结构,所以也具有结构衔接功能,即通过语法结构相同来构建语句之间的关联。这种结构衔接同样属于隐性语义关联,居于从属地位,因为在显性语义关联上,词语之间的语义对比、层递与反复的功能更为突显,应该居于主导地位。

对比式相同句型结构衔接,比较的内容为相反、相对的事物或同一事物的两个不同方面。相对于后者来说,前者在语义关联过程中需要一定的推理努力,相同或相似语法结构能够强化这种关联度,达到衔接的目的。如:

(8)小姐出的是香汗,农民出的是臭汗,高等人放的是香屁,低等人放的是臭屁。("有钱人放了一个屁,鸡蛋黄味鹦哥声;马瘦毛长牟拉綮,穷人说话不中听。")臭汗香汗,香屁臭屁,混合成一股五彩缤纷的气流,在你的身前身后头上头下虬龙般蜿蜒。(莫言《欢乐》,载《意识流小说》第142页,着重号为原文所有)

例中有两组对比,一组是"小姐"与"农民",另一组是"高等人"与"低等人"。后者是语义的直接对比,前者使用了借代以指向两类不同层级的人,在语义对比上是间接的,而语法结构相同能够引导认知在二者之间去寻找语义关联,形成从属地位的衔接关系。

层递式相同句型结构衔接,突出层层递进的逻辑关系,"其成立必须有

(一)要说的有两个以上的事物;(二)这些事物又有轻重大小等比例;而且(三)比例又有一定的程序"①。语法结构相同的层递属于一种特殊形式,是某种狭义范围的层递。鉴于衔接至少涉及三种不同事物,如果它们内在逻辑关系外显,则语义关联清楚;如果它们内在逻辑关系内隐,则相同语法结构同样能够强化这种关联度。如:

> (9)他的脸上的皱纹忽然间长得纵横交错,蚕熟一进,麦熟一晌,人老一天,伍子胥一夜白了少年头,空悲切。那些皱纹象解一道道复杂多变、头绪繁多、布满牢笼和陷阱的解析几何,你运用了假设、反证法、正证法、方程式、花边思维法,也没寻找到正确的答案。(莫言《欢乐》,载《意识流小说》第161页,着重号为原文所有)

"蚕熟一进""麦熟一晌"和"人老一天"的内在逻辑关系是时间短,"蚕""麦"与"人"属于三种完全不同的事物,语义的关联较弱,而语法结构相同能够加强三者语义的关联度,实现结构衔接。

三、意识流语篇结构衔接的机制

(一)构式意义的衔接机制

排比式和对偶式相同句型结构衔接能够使语篇连贯,主要因为它们所使用的句法结构本身具有构式意义。句法结构的重复也是句法结构本身所具有构式意义的重复,即句法结构的构式意义相同,这种构式意义是一种显性的表层意义,它能够通过这种表层意义相同来衔接具有隐性连贯的语篇。因此,虽然排比式和对偶式相同句型结构衔接的语篇跳跃幅度大,但相同句法结构的构式意义使这些跳跃性语篇连贯起来。

构式意义也称"结构意义",金立鑫认为:"成分A与成分B分别单独出现,并不构成结构,也无所谓构式意义。只有当A与B构成一个结构,这时候这个结构会产生A与B单独或它们简单相加都没有的意义。这部分意义既不是A所表达的,也不是B所表达的,也不是A的意义加上B的意义,而

---

① 陈望道:《修辞学发凡》,上海:上海教育出版社,2001年,第210页。

是这个结构体所表现的。这种由结构体所表现的意义就是构式意义。"① 沈园也认为,"构式语法认为句法结构本身可以像词一样表示某种独立的意义,这种意义独立于动词的意义存在","例如'动词+介词短语'的形式和'运动'义联系,'动词+宾语+介词短语'的形式和'使役运动'义联系,'动词+双宾语'的形式和'移交'义联系等"②。也就是说,语句意义的生成除来自动词和其他词的意义外,还来自组织这些词语的句法结构。这种句法结构通常是某种固定的形式,这种固定的形式具有某种固定的意义。沈园还列出了主要句法结构形式及其对应意义的表格。见下表③:

表1 形式和意义之间的联系

形式/例子	意 义	构式类别
主语+动词+间接格 The fly buzzed into the room. (苍蝇嗡嗡地飞进了房间。)	X 移向 Y	不及物运动
主语+动词+宾语 Pat cubed the meat. (帕特将肉切成了小块。)	X 作用于 Y	及物
主语+动词+宾语+补语 He kissed her unconscious. (他将她吻得失去了知觉。)	X 使 Y 变得 Z	结果
主语+动词+宾语1+宾语2 She faxed him a letter. (她传真给他一封信。)	X 使 Y 得到 Z	双宾
主语+动词+宾语+间接格 Pat sneezed the foam off the cappuccino. (帕特的喷嚏将卡普契诺咖啡上的泡沫打到边上去了。)	X 使 Y 在路径 Z 上移动	使役运动

由上表可以看出,语句与语句之间语义上的连贯,除了来自充当语句成分的词语外,还有句法结构本身所具有的构式意义。结构相同的语句反复出现,事实上也是句法结构本身所具有构式意义的重复,即使组成语句成分的词汇不同,甚至主要动词不同,这些相同结构的语句语义之间也能够连贯。

---

① 金立鑫:《语言研究方法导论》,上海:上海外语教育出版社,2007年,第272页。
② 沈园:《句法——语义界面研究》,上海:上海教育出版社,2007年,第80~82页。
③ 沈园:《句法——语义界面研究》,上海:上海教育出版社,2007年,第81页。

第三章 意识流语篇的内部衔接

这也是为什么在意识流语篇中,虽然句法结构相同的语篇跳跃幅度较大,但这些语篇之间仍然存在连贯。这其实是相同句法结构的构式意义在起作用。当然,语句意义的生成是词语意义与句法结构构式意义相互作用的结果,偏向任何一方都是不全面的,所以排比式和对偶式相同句型结构衔接是建立在语篇连贯基础之上,它们也只是一种"光有它不行,有了它更好"的辅助衔接手段。

(二)心理认知的衔接机制

任何衔接手段的生成都有其认知基础,研究辅助衔接手段应当注重认知背景的解释,一般认为各种辅助衔接手段都可找到认知上的根据。作为认知心理学重要理论基础的格式塔学说(Gestalt theory)提出过以下原则:1. 对称原则,即人们在观察事物时,倾向于把彼此在大小、状貌以及排列上具有对应特点的结构体联系起来,视为一个更大整体中的具有对称关系的结构成分;2.顺接原则,即人们在观察事物时,倾向于率先认同那些贯穿着"简单""整齐"规律的单位,并将其视为一体;3. 相似原则,即人们在观察事物时,倾向于把那些在某些方面表现出共同特征的对象联系起来,加以整合处理。

排比具有衔接功能,从认知的角度看,它遵循顺接原则。顺接原则使人倾向于率先认知"简单""整齐"的单位,在排比中表现为语句成分在结构上的"简单"与"整齐"。对偶具有衔接功能,从认知的角度看,它遵循对称原则。对称原则突出事物的对称,这符合人的认知心理,对偶中的句法结构符合人的这种认知心理。同时,排比和对偶具有衔接功能,从认知的角度看,它们又都遵循相似原则。相似原则使人倾向于率先认识事物的共同特征,排比和对偶都表现为相同句法结构所具有共同的构式意义,这种共同的意义也就是"相似性"。关于排比和对偶这两种特殊整句中的"相似性",张炼强先生有过精辟论析,他认为:"不论是整句的语言形式还是表达的思想内容,都体现着相似联想的心理活动。"[①]整句作为一个内容与形式的统一体,是以相似联想的心理活动为基础的。运用整句这种语言形式,是因为要表达的思想内容多单元之间具有相似性,而多单元之间相似性的整句形式本身又强化了这种表

---

① 张炼强:《修辞论稿》,北京:人民教育出版社,2000年,第96页。

达需要。因此,排比式和对偶式相同句型结构衔接具有心理认知的基础,是心理认知的衔接机制。

  排比式和对偶式相同句型结构完全是近距离衔接,它能够衔接跳跃幅度大的意识流。这些跳跃性意识流存在着隐性连贯,相同句型结构衔接只是这种连贯的辅助衔接手段。排比式和对偶式相同句型结构具有衔接功能,是由于其语句的句法结构本身具有构式意义,句法结构的重复也是构式意义重复,从而具有相同的表层意义。这两种结构衔接也符合人的认知心理。除排比与对偶产生衔接外,对比与层递也同样以相同句型结构衔接架起语义关联的桥梁,这两种衔接功能也处于从属地位,但是在语义连贯上能够引导认知在语句之间寻找内在关联度。

第四章 意识流语篇的语义特性

鲁枢元将文学语言分为"三个层面":裸语言、常语言、场语言①。鲁枢元认为裸语言在本质上是一种"内部语言",是一种"体现着言语主体强烈的欲望和需求、充满了言语者浓厚的情绪和情感、粘附着言语者丰富的心理表象和意象"②的"内部语言"。它们都是语言的原生状态,是话语生成的最初瞬间的形态。从体验哲学和认知哲学来看,裸语言语义除了包含客观的成分外,还包含了主体的体验成分,即裸语言只有包含了言语主体的体验成分,才能表现出"欲望和需求""情绪和情感"等。意识流语篇是对人物心理活动的真实映现,从心理活动来看,有意识、前意识和潜意识三种。意识受外界理性的种种约束,表现为常语言,即通常符合内在逻辑的语言,主要用来维持语言交际,语言自身所黏附的主体体验成分相对较弱。前意识和潜意识受人的非理性影响较大,表现为裸语言,即语言并非完全有内在逻辑规律,语言自身所黏附的情绪情感色彩浓烈,包含了人物本能性的非理性成分较多,体现着人物强烈的"欲望和需求""情绪和情感"等。实际上,意识流语篇是一种裸语言,具有非理性的体验性特征,主要表现为语义的主观性、模糊性和偏离性。

---

① 鲁枢元:《超越语言——文学言语学刍议》,北京:中国社会科学出版社,1990年。
② 宗廷虎主编:《20世纪中国修辞学》,北京:中国人民大学出版社,2007年,第751页。

第一节　意识流语篇语义的主观性

"主观性"(subjectivity)是语言的一种特性,即在话语中多多少少总是含有说话人自我的表现成分。说话人在说出一段话的同时表明自己对这段话的情感、态度和立场,从而在话语中留下自我的印记。可见,语言不仅仅客观地表达命题式的思想,还要表达言语的主体即说话人的观点、情感和态度。语言主观性的认识颠覆了形式语义学和结构语言学的基本立场,成功地将语言的主观性纳入语义研究的范畴,拓宽了语义学研究的视野,使我们对语言的认识更趋全面。[①][②]　相对于一般语篇语言的主观性而言,意识流语篇的语义在生成过程中包含的自我体验成分更多,主观性也更为强烈,它完全是认识主体意识活动实际状态的真实映现,受到外界的交际等因素影响较小,主体自我体验越深刻,则语篇语义的主观性就越强烈。

一、意识流语篇语义主观性的特点

(一)意识流语篇语义主观性语句多

语言是交际工具,除了传递客观信息外,还传递说话人的情感、态度、立场等主观信息。在正常语言交际过程中,由于受交际环境中理性条件的制约,语言更多以传递信息为主,语言的主观性受到一定屏蔽。在意识流语篇中,用来表现人物内心独白的语言,它的语言环境单一,完全为个人自说自话的闭环运作,没有其他交际对象的参与,因此在语言交际过程中理性约束减弱,非理性占据中心地位。语言在表现内心独白的过程中自然主观性较强,包含的情感和情绪色彩更加强烈,从某种意义上讲,它更贴近人物内心世界的真实。这种真实源于人物自我的深刻体验,而体验更多以非理性主义作为判断标准,掺杂着人的更多本能性东西,往往能够通过人的感官知觉获得验

---

① 沈家煊:《语言的"主观性"与"主观化"》,载《外语教学与研究》,2001年第4期。
② 冯光武:《语言的主观性及其相关研究》,载《山东外语教学》,2006年第9期。

第四章　意识流语篇的语义特性

证。这种建立在非理性抽象基础上的语言自然主观性强烈。因此,意识流语篇相对于一般语篇而言,它的主观性语句的数量较多。

语言在传递信息的过程中以线性方式呈现,这种线性特征是平面的,属于听觉范围;而语言表现的情感、态度等主观信息并非以线性方式存在,它们属于心理活动,以多维的立体空间存在。以线性的听觉能指表达多维的心理所指造成包括主观性在内的诸多心理特质的弱化,即语言线性特征屏蔽了主体的部分主观性,而意识流语篇以表现人物内心独白为主,呈现人物心理活动轨迹,彰显人物丰富的情感、态度。于是,二者造成矛盾对立。为解决这一问题,意识流语篇往往通过特殊的语言组合弱化语言线性结构,使语言与主体认识保持某种程度的象似,从而释放出认识主体的主观性。意识流语篇中主观性语句较多,是由于语言线性组合变异,这也是表情达意的需要,从而使语言服务于语篇。

(二)意识流语篇语义主观性程度强

1.第一人称凸显主观性。对主观性语言现象进行研究始于法国语言学家本维尼斯特(Benveniste)。关于语言的主观性,本维尼斯特认为:"最典型的例子是第一人称代词'我',它指话语中的说话人而不是任何个体。当它和一些表示思维活动的动词构成主谓结构时表现的不是客观命题而是说话人对后续命题的判断、态度或评价,是最典型的主观性语言。"[①]因此在语篇叙述中,当主语为第三人称时体现的是叙述者的主观性,当为第一人称时体现的是人物的主观性。在以"我"为中心感知世界时,这种感知最为真切,所以才有"古者庖牺氏之王天下也,仰则观象于天,俯则观法于地,视鸟兽之文与地之宜。近取诸身,远取诸物"[②]。意识流语篇绝大多数都是"我"的内心独白,"我"又常常是句子的主语,所以也是典型的主观性句子。如:

(1)"你不能少留一会吗,白文? 信就在此地写也好,我这样躺着很舒服的,不想休息。"

……啊,我恳求着,明明是恳求着。何必呢,放他去好了。人家

---

① 冯光武:《语言的主观性及其相关研究》,载《山东外语教学》,2006 年第 5 期。
② 许慎:《说文解字》,北京:中华书局,1963 年,第 314 页。

也累了。对啦,我是孤独的。世界上我是一个人。我心里无聊哪!我不要孤独,我要有人爱着我呵,啊,少豪,你去了,你去了!啊,那个男人快来把我紧抱着。我要男性,我要人生的侣伴呵,我不要无聊。不要无聊!!……

"你还是休息了吧,身体舒服点,信明天来得及,我还想到旁的地方干点事体。"(刘呐鸥《残留》,载《都市风景线》第91页)①

例中带双引号的话语是人物说出来的,其他话语均为人物的意识流,共有十个"我",其中语法主语"我"共八个。按照语言主观性要求,在语法主语为非第一人称代词时,语法主语与说话人分离,仅体现处于后台的说话人的主观性;语法主语为第一人称代词,语法主语与说话人重合,体现二者的主观性,此时语篇主观性最强烈,尤其是与能愿动词"要"结合后,语句的主观性更强。

2.语言修辞凸显主观性。文学作品往往通过修辞来实现特定的表情达意。修辞一般涉及语音、词语、语法、文字线性排列等方面,这些语言要素通过种种变异打破语言常规,形成偏离日常语言的文学语言。学界常常把日常语言定位为"零度",把修辞性文学语言看作对"零度"的"偏离"。"如果说零度是用来描写'正常的''规范的''中性的'话语修辞状态,那么'偏离'则是用来描写对零度的违反状态的。……偏离会使得读者产生惊讶的感受,而令人惊讶的效果正是修辞学的目的。"②读者的惊讶属于心理情感范围,除了文学所传递信息的"奇"外,带给读者惊讶更多是文学语言的修辞效果。文学是语言艺术,力争一样话不一样说是文学语言的使命所在。文学语言具有形象性、蕴藉性和情感性,情感性带给读者的惊讶是意识流小说语言修辞关注的重点,这种情感性具体表现为语言修辞的主观性功能。在整理意识流语篇主观性语料的过程中发现,意识流语篇的主观性明显集中在辞格方面,如叠字辞格的使用,使语言主观性充分体现情感的变化。如:

(2)随即,再发萌申生之新变生了出来了的的了个事实,爷,一

---

① 刘呐鸥:《都市风景线》,杭州:浙江文艺出版社,2004年。
② 王希杰:《修辞学通论》,南京:南京大学出版社,1996年,第184页。

段很长很长很长很长很长的拖长的时程,打自楼梯顶顶头上一溜溜滚跌滑滑落了下来了个了了个了个了的……久久久久久而久之之长长漫漫一大段时间…… —— ——(王文兴《背海的人》第43页,着重号为引者所加)

(3)她爬起来,去穿衣服了去,同时给爷,——那么样的一个大大之又大大的大白眼子,和:"叶——! 叶——! 叶——!"(王文兴《背海的人》第161页,着重号为引者所加)①

两例中都有词的连用,这些词语连用其实证明了心理时间和心理空间的存在。心理时间与心理空间并不等于物理时间与物理空间,有时物理时间较短而体现在心理时间中却较长,如焦急地等公交车,其实公交车运行的间隔时间一般都差不多,但由于当事人遇到了急事,所以他感觉等的时间很长。意识流语篇反映的是人心理意识活动状态,是心理对外界的体验,同样一件事人物体验的时间与空间可能不同。例(2)中的"很长"与"久"的连用,说明了人物从楼梯上滚落时心理所体验的时间之长之久,这种心理上的"很长"与"久"体现了人物内心的惧怕等情感。例(3)中的"大"修饰"白眼",除了强调心理空间上"白眼"的特大之外,还表达了人物受嘲弄、被冷落的情感,因为"白眼"多是看不起人的一种表情。

二、意识流语篇语义主观性的表现

(一)情感的主观性

"情",《说文》释为"人之阴气,有欲者",段玉裁注引《礼记》:"何谓人情? 喜怒哀惧爱恶欲。七者不学而能。"《文心雕龙·物色》中说"岁有其物,物有其容;情以物迁,辞以情发",这揭示了"情"与"辞"的发生学原理。它们的互动形成情感关系思维,其特点之一是思维主体的现实体验向感性对象的融

---

① 此处参照的是台北洪范书店有限公司1981年版的《背海的人》(上),原文为竖版、繁体字,在引用时转换成了横排、简体字。凡引自该书或该书下册(1999年版)的例子均相同处理。后同。

入。① 而"情感"一词应该做宽泛的理解,包括感情、情绪、意向、态度等。一些语言学家(如韩礼德)都提到语言的功能可分为三种,第一、二种是指称功能和表述功能,第三种是表情功能,即莱昂斯(Lyons)所说"语言具有达意和表情的双重功能,后者就体现了语言的主观性"②。可以说,主体在能动地反映客观世界的过程中,总是带有一定的情感因素,"登山则情满于山,观海则意溢于海"和"情景交融"等都是语言表达情感性的最好注脚。意识流语篇中情感的主观性表现为句类选择、词语重复以及辞格运用。

1. 不同句类中的情感。句类不同其所包含的情感也不同,在从语气角度划分的陈述句、疑问问、祈使句和感叹句中,"由感叹语气表达的句子是表情的句子,感叹句表达的感情是强烈的,也是多种多样的,如可以表达喜悦、赞赏、愤怒、悲伤、惊讶、醒悟、斥责、鄙视、无可奈何、意外、慨叹等等不同感情"③。除了感叹句外,从句类蕴含情感的连续统来看,疑问句也是饱含情感的句子,尤其是有疑而问的句子,即提问者确实有疑问,期待被问者或对方回答,以获得新的信息。不论是感叹句,还是疑问句,这两种形式的句类接连使用,无疑会加强这种句类中的语义情感。而感叹句和疑问句一般都会在句末添加语气词,如"吧""吗""啊""呢"等,这些语气词的使用也表达了说话人的不同情感。意识流语篇的感叹句和疑问句都是人物内心的语言,这种语言没有具体的表达对象,因此,它们事实上代表了人物的真实想法,蕴含了人物的强烈主观性。如:

(4)她是谁?她年轻吗?抱着的是她的孩子吗?她在哪里工作?她是搞科学技术的吗?是夜大学校的新学员吗?是"老三届"的毕业生吗?她为什么学德语学得这样起劲?她在追赶那失去了的时间吗?她作到了一分钟也不耽搁了吗?她有机会见到德国朋友或者到德国去或者已经到德国去过了吗?她是北京人还是本地人呢?她常常坐火车吗?有许多个问题想问啊。(王蒙《春之声》,

---

① 罗耀华、刘云:《揣测类语气副词主观性与主观化》,载《语言研究》,2008 年第 3 期。
② 冯光武:《语言的主观性及其相关研究》,载《山东外语教学》,2006 年第 5 期。
③ 张斌主编:《新编现代汉语》,上海:复旦大学出版社,2002 年,第 440 页。

载《中国意识流小说选(1980—1987)》第 11 页)

(5)哭吧,赵振环!为了你所失去的。哭吧,赵振环!为了你所得到的。哭吧!哭吧!大声地哭吧!(戴厚英《人啊,人!》第 326 页)

在陈述句、疑问句、祈使句和感叹句中,就语气所表现主观性的强弱而言,一般有这样的大小顺序,即陈述句＜疑问句＜祈使句＜感叹句。例(4)全是有疑而问的句子,此类问句通常要求回答,体现了问话者急于了解相关信息,而意识流语篇的此类问句只是出现在人物的心里,并没有真正向其他对象表达出来,因此也得不到回答,而这种得不到回答的问句更加剧了人物内心的疑问。同时,句中语气词"吗"的"基本功用是突显疑问焦点,强化疑问语气"[1]。而这些疑问也体现了人物内心的某种情感。例(5)是主谓倒装的感叹句,突出了谓语,而最后三个短感叹句"哭吧"的连用,使人物体现在句中的情感更加突显出来,"吧"除了在句中具有舒缓语气的作用外,还表示说话人有"自己的看法"[2],这种看法也是人物的不同情感。

2. 不同辞格中的情感。辞格中的情感,其实也是修辞情感中的一部分。关于"情"与"辞"的关系,孔子提出过"情欲信,辞欲巧"的要求。《毛诗序》也有"情动于中而形于言"。梁代刘勰的《文心雕龙》在论述"情"与"辞"的关系时,还涉及说写者和听读者两方:"夫缀文者情动而辞发,观文者披文以入情。沿波讨源,虽幽必显。"并谆谆嘱咐,要"为情而造文",不能"为文而造情"。陈望道先生指出,修辞与"情意"有密不可分的联系,所谓"情意"从心理学的角度来看是指人的感情、思想等。《修辞学发凡》中说:"修辞原是达意传情的手段。主要为着意和情,修辞不过是调整语辞使达意传情能够适切的一种努力。"[3]台湾修辞学家徐芹庭在《修辞学发微》中,将"移情作用"运用于修辞学,其原理实际与"传情"说是一致的。所以建立在修辞情感基础上的辞格的情感表现更为集中,正如宗廷虎先生指出的那样:"多与写说者主观情感的强

---

[1] 张斌主编:《新编现代汉语》,上海:复旦大学出版社,2002 年,第 338 页。
[2] 张斌主编:《新编现代汉语》,上海:复旦大学出版社,2002 年,第 338 页。
[3] 陈望道:《修辞学发凡》,上海:上海教育出版社,2001 年,第 3 页。

烈、饱满密切相关,尤以意境上的辞格表现得更为明显。"①辞格中的情感多指把人的情感转移到物体中去,这就是常说的"移情作用"。朱光潜认为:"移情作用是外射作用(projection)的一种。外射作用是指把在我的知觉或情感外射到物的身上去,使它们变为在物的。事物有许多属性都不是它们所固有的,它们大半起于人的知觉。本来是人的知觉,因为外射作用便成为物的属性。"②事物有许多属性都不是它们所固有的,它们大半起于人的知觉。本来是人的知觉,因为外射作用便成为物的属性,即"把我的感情移注到物里去分享物之生命",这亦即所谓"物我如一","天地与我并生,万物与我为一"。在意识流语篇中,移情的辞格主要为比拟、通感、移就、反语、反复等。

(1)比拟中的情感。宗廷虎认为:"运用比拟,既要依靠想象,往往还要联想,更要借助移情作用,这就与情感过程密不可分。"③比拟与移情关系密切,曹德和曾撰文考察了"移情基础上的比拟",认为部分"比拟的形成,完完全全是基于移情作用"④。所以"移情作用有人称为'拟人作用',拿我做测人的标准,拿人做测物的标准,一切知识经验都可以说是如此得来的。把人的生命移注于外物,于是本来只有物理的东西可具人情,本来无生气的东西可有生气,所以法国心理学家德拉库瓦教授把移情作用称为'宇宙的生命化'"⑤。比拟主要通过拟人移情和拟物移情来实现。

(6)烟囱里喷出死亡的语言。那是有毒的。风在窗外对白。月光给剑兰以慈善家的慷慨。(刘以鬯《酒徒》第47页)

(7)恩情冷却了。希望凝结成冰。海水虽蓝,予我以憎厌的感觉。自杀据说是懦夫的行为,但也需要勇气。(刘以鬯《酒徒》第199页)

例(6)中,几个句子都是拟人,都是把物比拟为人,以人的感情来描写,

---

① 宗廷虎:《宗廷虎修辞论集》,长春:吉林教育出版社,2003年,第139~148页。
② 朱光潜:《文艺心理学》,上海:复旦大学出版社,2005年,第33页。
③ 宗廷虎:《宗廷虎修辞论集》,长春:吉林教育出版社,2003年,第139页。
④ 曹德和:《语言应用和语言规范研究》,北京:中国社会科学出版社,2006年,第132页。
⑤ 朱光潜:《文艺心理学》,上海:复旦大学出版社,2005年,第33页。

"烟囱""风"和"月光"本来都是没有情感的物,通过拟人后赋予物以情感。于是,本是静止的物现在也鲜活起来,移情后物我交融,实现了"我看青山多妩媚,青山看我亦如此",客体中包含了主体的情感,客体就具有了情感。例(7)中使用了拟物,即把人比拟成物,"恩情"和"希望"是人主观的抽象情感,现在"冷却"和"凝结成冰"了,这里显然是把"恩情"与"希望"当作了物,并移入了相关物的特性。于是,主观情感不仅没变,而且也使相关的物变得有情起来,实际上都是人的情感。

用在比拟中组合的词语多为名词、动词和形容词,而这三类词语都具有一定的生命度现象。一般认为名词只有有生与无生的区别,动词、形容词也有有生与无生的区别,少数动词与部分形容词既能与有生词语组合,又能与无生词语组合。① 这些词语中,当无生词语与有生词语组合时便产生拟人或拟物的效果。如:

(8)大世界的酸梅汤。忧郁迷失路途,找不到自己的老家。微笑是不会陌生的。蝴蝶之飘突然消失于网中。(刘以鬯《酒徒》第12页)

(9)烟囱里喷出死亡的语言。那是有毒的。风在窗外对白。月光给剑兰以慈善家的慷慨。(刘以鬯《酒徒》第47页)

上述两例中,"忧郁"是有生形容词,"迷失"是有生的动词;"烟囱"与"喷出"分别是无生名词与有生动词,"死亡"与"语言"也分别是有生动词和无生名词,"风"与"对白"则分别是无生名词与有生动词。在有生与无生词语组合后,无生词语包含了有生内容,主要是人的情感。

(2)通感辞格中的情感。通感作为一种辞格有时与比拟、移就、比喻等存在交叉的现象,所以通感建格问题存在异议。"通感如果建格,它跟移就、比拟、比喻等格的关系不是处在一个平面,而是居于它们的上一个层次,也就是说,通感可以包容一部分移就、比拟和比喻。把这种现象简单地归结为'兼格'"②。为了突显移情作用,本节把它列为辞格。提到通感,钱锺书的论析

---

① 王珏:《汉语生命范畴初论》,上海:华东师范大学出版社,2004年,第32~67页。
② 谭永祥:《汉语修辞美学》,北京:北京语言学院出版社,1992年,第367页。

较为经典,即"在日常经验里,视觉、听觉、触学、嗅觉、味觉往往可以彼此打通或交通,眼、耳、舌、鼻、身各个官能的领域可以不分界限。颜色似乎会有温度,声音似乎会有形象,冷暖似乎会有重量,气味似乎会有体质"①。所以通感实际上就是"移觉",正如张炼强先生所说:"移觉是感觉器官的越职或兼职,是在感官的作用下,某一感官向别的感官的挪移。也有人称之为通感。造成移觉的原因,固然在于不同的感官之间往往有相互补充、协同作用的本性,这正如恩格斯所指出的那样,'触觉和视觉是如此地互相补充,以致我们往往可以根据某一物的外形来预言它在触觉上的性质'。"②这也正是为人们的生活经验所证明的事实。实际上,感官的挪移也是不同程度的移情,突出表现情感的某种方面,但不是所有通感都能产生移情,只有"味觉""触觉"参与的通感才能有更好的移情作用。因为"人和所视物之间可保持一定距离,有了距离才能客观地认识事物,没有距离的触觉味觉只能产生主观感受。视觉的客观性强,很少因人而异(除非观察角度不同),触觉味觉往往因人而异,主观性强(想想瞎子摸象的故事)。所以视觉跟知识相联系,触觉味觉跟感情相联系"③。如:

(10)喧嚣象一把尖利的刀子蓦然撕破黄昏的寂静。一团巨大的阴影裹着一双鲜红的眼睛飓风般地席卷而来。吓坏了的人们象被捣了窝的马蜂似的惊慌失措,乱成一团。(陈洁《大河》,载《中国意识流小说选(1980—1987)》第 119 页)

(11)一只满载希望的船,给海鸥带错了方向,空气是糖味的。空气很冷。(刘以鬯《酒徒》第 155 页)

例(10)中,"喧嚣"与"尖利的刀子"分别属于"听觉"和"触觉",现在"喧嚣"具有"尖利"的特征,可以想象"喧嚣"时声音的歇斯底里,结合文本来看,是说一个女人的吵闹打破了黄昏的寂静,此"喧嚣"蕴含说话人的恐怖之情。例(11)中,"空气"与"糖味"分别属于"触觉"和"味觉",把糖味的甜赋予了空

---

① 钱锺书:《七缀集》,北京:三联书店,2002 年,第 64 页。
② 张炼强:《作家笔下奇异的感知和想象》,载《修辞学习》,1992 年第 3 期。
③ 沈家煊:《词义与认知——〈从词源学到语用学〉评介》,载《外语教学与研究》,1997 年第 3 期。

第四章 意识流语篇的语义特性

气,而空气又很冷,实际上表达了对空气的复杂感情。通感中的触觉味觉都是人情感的外在显现,不同感觉词语组合也就是语言变异,即通过变异的语言形式表现说话人的某种情感。

(3)移就辞格中的情感。移就指"遇有甲乙两个印象连在一起时,作者就把原属甲印象的性状移属于乙印象"①。移就可以分为移情和移色,主要表现为移情。一般认为移情是"把描写人的感受或情感的词语移作与人相关连的事物的修饰语"②,而实际上"移情是主客体双向互动的心理活动,表现在语言形式上就体现为移就的移用词语的转移方向也是双向的,既可以由我及物,也可以由物及我,倘若我作为言者主语隐含,自然也会出现他者与物之间的往复回流,由物及物的转移形式也就自然而然出现了"③。移就具有三种表现形式:

A. 由人及物。由人及物是指把人的情感转移到物上,仿佛物也有情感。从认知的角度来看,人总是以自我为中心来分析观察事物,用自己的情感去推知周围的人和物,似乎自己的情感传染给了他人和物,他人和物好像也具有与自己一样的情感。正像朱光潜所说:"拿我做测人的标准,拿人做测物的标准,一切知识经验都可以说是如此得来的。把人的生命移注于外物,于是本来只有物理的东西可具有人情,本来无生气的东西可有生气"④。移情从自己推知周围的人和物,是移情的基本移动方向,而且这一过程是具有等级性的,这一等级排列为:说话人(speaker)→听话人(hearer)→人类(human)→动物(animal)→物体(physical object)→抽象实体(abstract entity)⑤。由人及物所跨等级幅度越大则呈现的非常规意义越突显,所表现的情感张力也越大。如:

(12)"你不舒服吗,姑娘?"
笑盈盈的眼睛和笑盈盈的嘴唇。你这个明亮地微笑着的妇人

---

① 陈望道:《修辞学发凡》,上海:上海教育出版社,2001年,第117页。
② 谭永祥:《汉语修辞美学》,北京:北京语言学院出版社,1992年,第363页。
③ 李艳:《移就的认知研究》,合肥:安徽大学出版社,2008年,第127页。
④ 朱光潜:《文艺心理学》,上海:复旦大学出版社,2005年,第33页。
⑤ 李艳:《移就的认知研究》,合肥:安徽大学出版社,2008年,第125页。

是问我吗?(陈洁《大河》,载《中国意识流小说选(1980—1987)》第138页)

(13)孱弱的希望打了强心剂。红油水饺。嘉陵江边的纤夫不会唱《伏尔加船夫曲》。(刘以鬯《酒徒》第15页)

例(12)中"笑盈盈的眼睛和笑盈盈的嘴唇","笑盈盈"显然是指"说话人"的表情状态,而"眼睛"与"嘴唇"则属于"物体",参照兰盖克的移情等级排列,则中间跨越了三个等级,而例(13)中"孱弱的希望","孱弱的"显然是指"说话人",而"希望"则属于"抽象实体",从"说话人"到"抽象实体"则跨越了四个等级。从超常搭配所呈现的非常规意义来看,这两例都体现了"说话人"的强烈情感,后者跨越的移情等级幅度较大,所以主观性体现更为突显,语言情感张力也较大。

B.由物及人。由物及人是指由眼前的物触发了主体的内心情感,物是触发情感的媒介,就是通常所说的"触景生情""睹物思人"。眼前的物与内心情感存在某种相似性的联系,才能产生物与情的共振,这种相似性最终由主体决定,所以主体的情感才是决定因素,而物是诱发因素。这种物与主体的相似联系大多具有临时性,也有一些相似联系是人赋予物的某种意义,这种意义具有潜在的固定性。如:

(14)树的固执。小说的主题在火中燃烧。白云瞌睡于遥远处。(刘以鬯《酒徒》第15页)

(15)当我看到一片奇异的颜色时,才知道那不过是心忧。我产生了十五分之一的希望。只是未曾觉察到僧袍的泪痕。(刘以鬯《酒徒》第47页)

例(14)中,由眼前的"树",激发了主体内心对"固执"的感受,好像"树"也固执一样,其实是主体内心具有"固执"的情感,当然这种"固执"情感在与树具有坚硬的树干等客观物像存在相似性时才能被激发出来。例(15)中的"僧袍的泪痕","僧袍"与"泪痕"具有潜在的相似联系,即"僧袍"蕴含人生的无奈悲苦,而"泪痕"也同样有这方面意义。这种相似联系虽然未形成一种严格的象征关系,但也应被看作物所具有属性特征的一部分。这种属性特征是由物激发主体的内心情感所致,反复的激发就使物与这种情感之间形成相对的固定性。从语言表达效果来看,由物及人关系的临时性所形成的表达效果要略好于相对固定性所形成的表达效果,因为前者陌生化程度高于后者,后者具有某种熟知的"石化"。

C.由物及物。从表达情感来看,移就由物及物的表现形式,其情感性要弱于前两者,前两者都直接使用了表达人情感的词语,而物及物都是物物关系,但这种物物关系也蕴含主体要表达的某种情感,这种情感是隐性的而不是显性的。同时,这种物物组合产生一定的语言表达效果,是由于两种物不属于同一等级序列。从语义场关系来看,两者不存在语义上的直接联系,它们是物物的跨等级组合,通常是表示"物体"与"抽象实体"间的组合。如:

(16)思想凌乱,犹如用剪刀剪出来的纸屑。这纸屑临空一掷,一变而为缓缓下降的思想雪。(刘以鬯《酒徒》第35页)

上例中"思想雪"的"思想"属抽象实体,而"雪"属"物体",跨等级序列组合形成语言的陌生化。由于"抽象实体"和"物体"处于移情连续统的最后两个,它们组合所产生的移情相对弱一些,从要表达的情感来看,主要强调了"思想凌乱"难以捕捉的特征等。

(4)反语辞格中的情感。谭永祥认为:"反语一定带有强烈的感情色彩,或爱或憎,或喜或怒,它绝对地排斥'中间状态'。因此,反语常常是感情激发的结果。"[①]可以看出在辞格中,反语最能反映人情感的"主观性"。如:

(17)这一个伟大无比,实在它是"好厉害""好厉害"的机构的全副名称叫做:"近百年方言区域民俗资料整理研究考察汇编列案分类管理局深坑澳分处"。简称为:"近方区民资整研考汇列分管局坑分处"。再简化,称做:"近整处"。(王文兴《背海的人》第101页,引文中着重号为原文所有,文字间的一处空格也是原文所有)

上例中,"伟大无比"和"好厉害"显然是反话正说,从其罗列的一串长长名称中,可以看出人物反讽的情感。这也鲜明地表达了人物的"主观性"。

---

① 谭永祥:《汉语修辞美学》,北京:北京语言学院出版社,1992年,第356页。

(5)反复辞格中的情感。反复辞格的使用,即重复使用某个词、短语或句子。在人物内心独白中运用反复的表达方式,是由于"表现强烈的情思"和"人们对于事物有热烈深切的感触时,往往不免一而再,再而三地反复申说"①。可见,反复的运用是对含有主观性的短语和句子进行重复,使语言的主观性得到强化,因为从数量相似性来看,数量的增加也是程度的增强,或性状的加深,话语中的情感因此得到加强。反复有短语的反复和句子的反复。短语有连续反复和间接反复,两者表达人物情感略有差异。如:

(18)她小时候,鼻子就灵得出名。那时候她爸爸喝酒,也喝不多……(引者省略,下同)那时候冬天可真冷。……那时候可不象现在。……如今不知怎么了,冬不冬,夏不夏。那时候可不象现在。就说喝水……那时候做买卖跟如今也不一样。……那时候全是"送货上门",……那时候她鼻子可真好,……那时候她鼻子真灵。(李陀《七奶奶》,载《中国意识流小说选(1980—1987)》第 203~204 页)

(19)见鬼当然不重要!我又不是那个乡巴佬,我才不会在乎呢!不管怎么说在乎这样的事儿太愚蠢太可笑。但是我干吗要转过眼睛去看台历?再退一步说我干吗要问这该死的问题?再退一步说我干吗要跑到这儿来?真见鬼我说过了我不在乎不在乎不在乎不在乎!(陈洁《大河》,载《中国意识流小说选(1980—1987)》第 135 页)

反复是程度的增强或性状加深,有正方向增强,也有反方向增强。例(18)中,人物七奶奶类似于鲁迅《风波》中的"九斤老太太"慨叹"一代不如一代",对过去的所有事物予以赞美,而对新鲜事物如煤气罐却拒斥。例中出现的"那时候"除指称过去时间外,也饱含着七奶奶对过去的美好情感,这是正方向情感的增强,这种间隔反复强调情感,也具有推进叙事的作用。而例(19)讲的是人物教训"情敌"后的心理状态,这是反方向的强化,人物心理强调"不在乎"其实是内心深处"很在乎",因为前文的三个问句已经从事实上否

---

① 陈望道:《修辞学发凡》,上海:上海教育出版社,2001 年,第 203 页。

定了人物"不在乎",表达了人物矛盾的情感,四个短语的连续反复是"量"的加大,情感自然强烈。

句子的反复是更大语言单位的反复,其承载的情感信息量也相对来说更大、更丰富。如:

> (20)走到夜总会门口,我又趑趄不前。(不,不,我不能欺骗她。我可以欺骗自己,但是绝对不能欺骗她!她是一个好心肠的老年人。她的精神虽已失去平衡,她是一个好心肠的老年人。我可以欺骗自己,但是绝对不能欺骗她!)(刘以鬯《酒徒》第206页,引文中括号为原文所有)

上例中,除了否定副词"不"重复外,还有三处句子重复,表现酒徒自责的心理。精神失常的雷老太太错认酒徒为死去儿子,她救过酒徒的命,并把全部积蓄交给了酒徒,酒徒也答应她不再喝酒,但酒徒又抵挡不过夜总会酒的诱惑。这种矛盾自责填塞于胸,复杂情感喷涌而出,从而使语言的主观性通过反复得以突显。

(二)认识的主观性

语言的主观性还表现在说话人对客观事件的认识上,这种"认识"主要跟语言中的情态范畴或语气有关,具体跟能愿动词和语气副词有关。[1][2] 所谓"认识"是指说话人主观上对某个命题是否真实所作出的判断,换句话说,句子中除了有语法主语之外,还隐含一个高层次的"言者主语",即说话人。对命题真实不仅是"语法主语"的判断,同时还是说话人主观上的认定。能愿动词和语气副词当存在于非意识流语篇中且"语法主语"为非第一人称时,体现的是"说话人"的"认识"而非"语法主语"的"认识",这时"认识"与"语法主语"分离。当"语法主语"为第一人称"我"时,即"说话人"与"我"重合,能愿动词和语气副词体现的"认识"是双重的。意识流语篇多是"语法主语"为"我"的内心独白,能愿动词和语气副词体现的"认识"是语法主语"我"和"说话人"的主观认定。

---

[1] 沈家煊:《语言的"主观性"和"主观化"》,载《外语教学与研究》,2001年第4期。
[2] 罗耀华、刘云:《揣测类语气副词主观性与主观化》,载《语言研究》,2008年第3期。

能愿动词中的愿望动词更能体现语言的主观性。马庆株把能愿动词分为六个小类：可能动词A类、必要动词、可能动词B类、愿望动词、估价动词和许可动词①。其中，愿望动词主要有：乐意、愿、愿意、情愿、想、想要、要、要想、希望、企图、好意思、乐得、高兴、乐于、肯、敢、敢于、勇于、甘于、苦于、懒得、忍心等。这些愿望动词都是用来表现主观判定，体现说话人的主观性的。下面以愿望动词"要"来论证意识流语篇认识的主观性。

(21)见鬼当然不重要！我又不是那个乡巴佬，我才不会在乎呢！不管怎么说在乎这样的事儿太愚蠢太可笑。但是我干吗要转过眼睛去看台历？再退一步说我干吗要问这该死的问题？再退一步说我干吗要跑到这儿来？（陈洁《大河》，载《中国意识流小说选(1980—1987)》第135页）

(22)谎言！不透明的谎言！这是一个撒谎世界！聪明人要撒谎；愚蠢者也要撒谎。富翁要撒谎；穷人也要撒谎。男人要撒谎；女人也要撒谎。老的要撒谎；小的也要撒谎。（刘以鬯《酒徒》第60页）

上两例中的能愿动词"要"，如果都从句中去掉也不影响句意的表达，但就每一句来说，其体现说话人的认识不同。"要"去掉后就变成了对事件的客观描述和逻辑上的真假判断，至少说话人的主观性大大降低。如例(21)句子去掉"要"就变成了一般的疑问句，即"我干吗转过眼睛去看台历"，这样就不能很好地体现说话人主观性认识，只是一般的客观性判断。而例(22)句子去掉"要"后，同样变为"聪明人撒谎；愚蠢者也撒谎"的客观性判断。另外，例(21)句子中，排比修辞产生"壮文势，广文义"的效果也间接证明了说话人主观性的强烈；例(22)句子中，对比及词语连用也同样可以间接证明说话人主观性的强烈。事实上，通过能愿动词"要"，体现了语法主语和说话人的认识，这两种认识都是对客观事件的主观性判断。

在意识流语篇中，除了能愿动词外，语气副词也可以表现说话人主观上

---

① 马庆株：《忧乐斋文存——马庆株自选集》，天津：南开大学出版社，2004年，第144页。

第四章 意识流语篇的语义特性

的认识。下面通过语气副词"至少"来予以说明。在《现代汉语八百词》中,"至少"的语法意义被概括为"表示最低限度",这个最低限度具有客观性和主观性的差异。当"至少+动+数量"或"至少+数量"时表示的都是客观的判断。前者如"写完以后至少看两遍",后者如"他至少五十岁了"①。这种最低限度是由数量大小关系确定的,数量上的多寡可通过计量来确定,而计量结果是客观事实,即具体的数字,得出的结论也是客观事实。因此,"至少"表示最低限度的认定属于明确客观事实。而"至少+动词"或"至少用在主语前,常有停顿"②则具有主观性,因为"至少"后没有表具体数量的客观内容,而只是表达说话人对某一事件认识的主观性。如:

(23)但影戏是没有什么危险的,至少也可以说外国影戏是没有什么大关系的。你喜欢他吗?但他怎么会知道?你看,他和另外一个女人接吻了,你不觉得妒忌吗?哈哈——Nonsense!(施蛰存《在巴黎大戏院》,载《施蛰存文集·十年创作集》第264页)③

(24)也浪费了我们的—— ——当然,不是宝贵的,不是金银一样的昂贵的高级的,但至至少,至至少,也同牛粪堆猪粪堆马粪堆狗粪堆相等的那么的有价值的——时间。(王文兴《背海的人》第93页)

廖秋忠把"至少"列入"让步连接成分",指出:"让步连接成分表达上文所说的话太过分了或不全面,需要修正或承认事情还有另外一面才比较符合事情的真实情况。这些连接成分后经常还有表转折的连接成分。在这种情况下,让步是暂时的,为了更加肯定上文所说的是正确的。"④可以看出"至少"除了具有语篇的衔接功能外,还有事实的主观评价功能,即对"太过分了或不全面"的主观评价,而这种评价由于后面没有具体的客观数量,因此它呈现的是说话人的主观性,是主体运用概念、判断、推理等思维活动得出或真或假的结论,是对客体进行能动反映所体现的主观性。上两例意识流语篇中的"至

---

① 吕叔湘:《现代汉语八百词》,北京:商务印书馆,1980年,第610页。
② 吕叔湘:《现代汉语八百词》,北京:商务印书馆,1980年,第610页。
③ 施蛰存:《施蛰存文集·十年创作集》,上海:华东师范大学出版社,1996年。
④ 廖秋忠:《廖秋忠文集》,北京:北京语言学院出版社,1992年,第81页。

少",在具有语篇衔接功能外,也都表达了说话人对客观事件的主观性"认识",尤其是例(24)中对"至少"的变异处理及连用,也可以证明说话人的主观性判断。所以,"词汇意义中除词的概念意义外,还包含由话语主体赋予的心理情感因素,在一定的语境中附加于事物概念意义之上"[①]。

三、意识流语篇语义主观性的功能

意识流语篇的语义主观性能够映现人物强烈体验,增强语篇主观真实性。语义的主观性包括人物的情感、认识、视角、态度等,意识流语篇更多是通过情感来映现人物的强烈体验。伊·奥克斯和毕·希夫林(E. Ochs & B. Schieffelin)在他们合写的《语言亦有情》中,对语言的各种表情功能和表情方式做了较全面的介绍。语言中的韵律变化、语气词、词缀、代词、副词、时体标记、能愿动词、词序、重复等手段都可以用来表达情感,涉及语音、构词、语法、语篇结构等各个方面。可见,情感可以渗透到语篇的各个环节,意识流语篇正是通过这些环节中的情感来映现人物的真实体验。认识也能够映现人物的强烈体验,增强语篇主观真实性,它主要通过词语来实现。正如史密斯(Smith)认为:言语中的交际动词、表示方向和方位的介词短语、指示状语、各类表述词语、评价性动词/副词、信息来源及其可靠度的副词、形容词和动词、时和体等都能体现说话人的主观认识。

意识流语篇语义的主观性主要表现在"情感""认识"两个方面,本节从上述两方面具体考察了它们所形成的主观性,即通过使用"不同句类""不同辞格"所体现的情感主观性,通过使用"能愿动词""语气副词"等所体现的认识主观性。主观性映现了人物的强烈体验,因为这类主观性话语属于人物内心独白,受外界功利的理性主义制约较弱,更多是人真性情的流露。因此,它增强了意识流语篇主观真实性感觉,并使其与人的感觉体验产生共振。在意识流语篇中,主观性的语句往往较多,这些语句体现的主观性程度较强。

---

① 万冬梅:《试谈俄语中的主观评价形式》,载《解放军外国语学院学报》,1999年第1期。

第四章 意识流语篇的语义特性

第二节 意识流语篇语义的模糊性

语义模糊性最早源于词的指称探讨,词在指称客观世界中的对象、事件、行动和性质时,词与词所代表的事物之间的关系并非完全一一对应,词从语言特征来看是离散的,词所代表的事物本身却大多具有连续统,存在着过渡状态。用离散性质的词去指称连续统属性的事物,会形成空隙或重叠交叉的现象,即词所指称的事物可能是一点,也可能是一段或一片,指称一点时或存在疏漏,指称一段或一片时则与其他词存在重叠交叉。正如颜色词所对应的不同光谱,光谱是不同长度的光波的连续统,没有确切的边界线,不同语言的各种颜色词都任意地划出光谱连续统的不同部分。可见,语义模糊性属于词的特征,不能完全被当成事物的特征,它属于语言学研究范围。罗素也有过相关论述,他认为:"模糊性和精确性一样,都是属于表达方面的特征,它们只涉及表达手段与被表达的内容之间的关系,语言就是一例,离开认识上的或物理的表达手段,就不可能有模糊和精确这样的事情;事物就是其本身,而这就是其全部。没有任何事物比它本身多些或少些,或只在某种程度上具有它所具有的特征。""在认知这一事件中,模糊指的是认知与被认识事物之间的关系的特点,而不是事物本身的特点"[1]。

从认知语义学来看,语义模糊性是原型范畴边缘的模糊性在语言上的反映。原型理论认为,原型范畴边界地带具有模糊性,无法明确地划定,边界范围可以具有一定的弹性,即"模糊概念往往出现在概念的边缘区域;在中心区域,概念的区别往往是清楚的"[2]。所以"认知心理学的原型范畴是人类认知的结果。它那种由'中心'和'边缘'组成的内部结构是对于模糊语义范畴的真实反映,适合于描述语义范畴的家族相似性或模糊性"[3]。可见,原型范畴

---

[1] 伯特兰·罗素:《论模糊性》,杨清、吴涌涛译,载《模糊系统与教学》,1990年第1期。
[2] 伍铁平:《模糊语言学》,上海:上海外语教育出版社,1999年,第88页。
[3] 吴世雄、陈维振、苏毅林:《颜色词语义模糊性的原型描述》,载《福建师范大学学报》,2002年第3期。

在其范畴边缘存在着模糊性,它为解释语义的模糊性提供了认知基础。模糊性应该分为两种,一种是本体的,即客观存在的模糊性;另一种则属于认识上或观念中的模糊性。① 意识流语篇语义的模糊性,一方面体现为模糊词语,即具有不确定外延的词语;另一方面体现为空白意义,即具有不确定的意义。空白意义主要属于主观认识上的模糊性,也是模糊心理现象的具体外现,即"心理现象的模糊和语言的模糊不完全一样,但二者有一定的关系。语言是一种社会现象,不仅人的认识具有一定的模糊性,人们的态度,信心都具有一定的模糊性"②。

一、意识流语篇语义模糊性的特点

(一)意识流语篇语义模糊性语句多

信息的作用是用来消除不确定的东西,信息系统越有序,其信息熵越低;信息系统越无序,则系统内的信息熵越高。信息熵是一个衡量信息量大小的概念,信息熵高则系统里模糊不确定的信息多,信息熵低则系统里清晰确定的信息多,因此,熵的增加则信息不确定性增加,即意味着信息量小;熵的减少则信息确定性增加,即意味着信息量大。系统里熵的改变无法在系统里面完成,必须在系统外引入更多其他信息,引入其他信息越多则熵越小,系统里熵越小则信息量越大,所以信息也被称为"负熵",即"在将当初处于混乱无序的信息整理和转换为有序的信息后,其负熵流信息达到最大值"③。典型的意识流语篇映现的是非逻辑性意识活动,因此信息熵较大,表现在语言上则常常带来语篇语义的模糊性。从心理视角看,非逻辑性意识活动更多是一种模糊的心理现象,更多属于潜意识心理层面,犹如一锅沸腾的粥,也是大量存在的模糊原生态。因此,从理论上讲,非逻辑性意识活动出现在哪里,哪里就有意识流语篇语义的模糊性。作为意识流语篇,如果它映现的非逻辑性意识活动越多,那么表现这种语篇语义模糊性的语句也就越多。王文兴的小说

---

① 伍铁平:《模糊语言学》,上海:上海外语教育出版社,1999年,第141页。
② 张乔:《模糊语义学》,北京:中国社会科学出版社,1998年,第86页。
③ 魏纪东:《信息修辞学》,北京:外语教学与研究出版社,2017年,第153页。

第四章 意识流语篇的语义特性

《背海的人》也证明了这一点。该长篇小说共分上下两部,映现的又是醉酒人物两个晚上的非逻辑意识活动,因此小说的整个语篇始终处于模糊状态中,表现语篇模糊的语句也就较多。如:

(1)这大概甚有可能就是一般通称之所谓着叫的"飞来泉"——是,从天上掉下来的洗澡水—"喜从天降"—"——黄河之水天上来"—天河——飞瀑怒潮:——马丽林梦露—hah!(王文兴《背海的人》第32页)

(2)在这一件的的个的的的灾难事件的过了的的的个即刻不久的的个的时际,在这里紧接着到的的的的的个的发生了的的的个一个"推排尸首"的余波。(王文兴《背海的人》第81页)

以上两例语篇都映现了意识流活动的非逻辑性,例(1)语篇的非逻辑性主要表现在语句与语句之间信息的缺省,从"飞来泉"联想到"喜从天降"和"黄河之水天上来",再到"马丽林梦露"等,这其中因语言链条断裂所形成的信息熵值增加,从而产生了语义模糊;例(2)语篇的非逻辑性主要表现为在一个语句之内信息的冗余,如"的"和"的个"冗余信息,这些多余的字词破坏了正常有序的语言组合,能够产生特定的修辞效果,但信息熵的增加也强化了语义的模糊性。信息缺省或冗余,都是对正常有序语言的偏离,从而产生信息熵,某种程度上也形成了语义模糊。

(二)意识流语篇语义模糊性程度强

信息熵的大小与系统信息的逻辑有序状态成反比,熵大则系统信息处于相对非逻辑无序状态,熵小则系统信息处于相对逻辑有序状态。在意识流语篇中,语义模糊性程度强是由于语篇跳跃幅度大。语篇跳跃幅度大,就会留下大量空白意义。这些空白意义阻断了语句之间的连贯,需要接受者在阻断的语句间付出更多努力寻找它们相互间的关联,而它们相互间关联性越小,则空白就会越大。这时语义从单义到多义,不确定性加强,产生模糊义。因此,语篇跳跃幅度越大,则其语句之间的空白意义也越多,语篇语义的模糊性也越强。一般来说,越是典型的意识流语篇,其信息熵越大,则语义的模糊性程度也就越强。如:

(3)屋子里没第三个人那么瑰艳的白金的塑像啊"倒不十分清楚留意"很随便的人性欲的过度亢进朦胧的语音淡淡的眼光诡秘地没有感觉似地放射着升发了的热情那么失去了一切障碍物一切抵抗能力地躺在那儿呢——(穆时英《白金的女体塑像》,载《新感觉派小说选》第264页)

(4)这两个人他们,——其所推,ㄆㄞ´(拍),而出来的,每一ㄑ丨ㄡ´(球)都ㄐㄧㄠ`(较)ㄅㄧˇ(比)等的头顶,还高出来了,大ㄩㄝ´(约)有,一ㄉㄨㄢ`(段)手ㄅㄤˇㄅㄤ´(膀)之ㄔㄤ´(长),那样子的那么高,——高来,高去的,——这这那里是打乒乓,——这个,这,这是,——打的,——排球而来了。(王文兴《背海的人》第285页,此引文中的括注是引者所加,类似情况不再说明)

例(3)中,人物意识处于快速流动中,本能性冲动与话语回忆交织在一起,又没有标点符号从中进行逻辑界定。因此就该段而言,意识活动的非逻辑性较大,表现为语篇的跳跃幅度也比较大,信息熵的增加,造成语篇语句之间留下了大量的空白意义,这些空白意义带来了语篇语义的模糊性。例(4)中,语言逻辑的有序性受到极限挑战,文字阅读也是障碍重重,这种醉酒状态下话语的无序跳跃带来了语句间的空白意义。基于信息熵大小的判断,这些空白意义自然带来语篇语义的模糊性。在意识流语篇中,如果把语篇放到一定的语境中去,也就是缩小系统内信息熵的数值,则需引入系统外信息的能量,即空白在适当语境下可以得到适当填补,有的空白永远无法完成填补,则意味着信息熵始终处于强势地位。这种语篇的模糊性程度自然更高。如:

(5)魔鬼骑着脚踏车在感情的图案上兜圈子。感情放在蒸笼里,水气与篱外的访客相值,访客的名字叫做:"寂寞"。10×7。小梗房充满滴露的气息。利舞台。得宝可乐。浅水湾之沙。皇上皇。渡轮反对建桥。百乐酒店饮下午茶。快活谷出现人龙轮购马牌。南华对巴士。今日出入口船只。旺角的人潮。海边有不少霓虹灯广告。盐焗鸡与禾花雀与大闸蟹。美丽华酒店的孙悟空舞蹈。大会堂的抽象画展览会。……(刘以鬯《酒徒》第36页)

上例中,"酒徒"在醉酒情形下的意识极度混乱。这种语篇极强的跳跃幅度,已经远远超出语义关联所付出推理努力的范围,其目的就是展示酒徒醉态下混乱的思维。话语间的非逻辑无序状态形成了极高的信息熵,因此也带来了语句之间大量的空白意义。除了文中人物能够使本语篇连贯外,其他人可能永远无法完成这一任务,因为该语篇语义的模糊性程度太高,已无法借助于语境等手段来填补空白。

二、意识流语篇语义模糊性的表现

模糊语义具有"不确定性、确定性和变异性","模糊语义的不确定性主要表现在语义的边缘成分上,其中心部分基本上是确定的"。"语义的不确定性与确定性都不是固定不变的,它们在一定条件下,会各自在向相反方向发生多种变化,从而形成模糊语义的变异性的特点"[①]。就原型范畴而言,模糊语义主要指范畴边缘较差的样本,这是因为在原型范畴内有较好的样本和较差的样本,较好的样本处于范畴的中心部分,其中最好的样本则为原型,其他样本与最好样本的共有属性越多则离原型中心越近,相反则处于较远的边缘。模糊语义的中心部分是确定的,边缘部分是多种范畴的交界地带,没有清晰的界线,所以是模糊的。模糊语义的不确定性与确定性相互转化可在语言组合过程中语义相互感染的条件下进行,"在修饰别的词语时,它们能使本来并不模糊的词义模糊化,或者使一些本来就模糊的词义的模糊程度受到限制或引起变化"[②]。意识流语篇语义的模糊性主要表现为成分缺省的模糊性和词语冗余的模糊性,这两方面的模糊性主要是由于语篇语句在组合过程中所产生的空白意义。这种语句的空白因需要接受者进行填补而出现不确定性,这种不确定性出现在范畴边缘部分,不在语篇范畴中心部分。完全读不懂的意识流语篇是无意义的。

(一)成分缺省的模糊性

"言语有时因语境的需要,半路急收,给人以言犹未尽的感觉,这种缺省

---

① 张乔:《模糊语义学》,北京:中国社会科学出版社,1998年,第122、125、133页。
② 徐志民:《欧美语义学导论》,上海:复旦大学出版社,2008年,第128页。

而形成的模糊,如果能用得切合实情实境,就会产生缺省却有完整以上的情韵,不连接而有连接以上的效力,因此这种语言有不肯说尽而戛然而止,使人得意于言语之外,使言语显得含蓄、精炼、深沉。"① 其实,所谓"得意于言外""含蓄"和"深沉"也就是语言的意义变得模糊起来,这种模糊是内心活动的丰富与语言缺省相互作用的结果。语言缺省有被动和主动之分,被动缺省是语言离散性与心理意识上"流"的连续统不对称,部分心理意识没有相对应的词语来表达;主动缺省是使用者基于修辞效果的需要而主动省略部分词语,以实现特定的表情达意。因此,缺省包括负偏离成分缺省和正偏离成分缺省,前者主要表现为语句的残缺不完整,没有给出一个完整的意义,从而使语义变得模糊;后者主要指人物往往会把旧信息作为语境信息进行缺省处理,语篇中只出现新信息,这样会造成大量的主语、话题等旧信息缺省,而成分的缺省自然带来语言的模糊。

1.负偏离成分缺省。负偏离成分缺省是一种被动的语言缺省,丰富的心理意识的连续统在离散的语言中找不到相对应存在的成分,造成在语言组合过程中成分的缺省,语言断断续续,残缺不全。这类语言多为不完整的语句,自然成为病句错句的较多,但日常语言不会出现这种情况,因为日常语言反映了弗洛伊德所谓"意识"这一层面,此时"意识"表现为有序的逻辑性,受到理性的制约,"靠理智把散落一地的感性珠宝网罗起来"②。当语言反映"前意识"和"潜意识"时,此时非逻辑意识活动在流动过程中并不是全部无差别地出现,而是呈现出不同的选择,意识的"实体部分"较"过渡部分"更容易受到关注。"让我们把思想流的静止的地方叫做'实体部分',它的飞翔的地方叫做'过渡部分'。这样说,似乎我们思想的主要目的始终是达到我们刚刚脱离的实体部分以外的另一个实体部分。并且我们可以说:过渡部分的主要用途,就在于引导我们由这个实体的终结到那个实体的终结。"③在语言中,当意识的"实体部分"受到关注而"过渡部分"受到隐匿时,语言此时表现为成分

---

① 雷淑娟:《文学语言美学修辞》,上海:学林出版社,2004年,第229~230页。
② [法]马塞尔·普鲁斯特:《那地方恍如梦境——关于瞬间与永恒的艺术》,北京:金城出版社,2013年,第6页。
③ [美]威廉·詹姆斯:《心理学原理》,唐钺译,北京:商务印书馆,1963年,第57页。

第四章 意识流语篇的语义特性

的跳跃性缺省。负偏离成分缺省在意识流语篇中也不是大量使用,因为"那怕是对潜意识的追踪,也还得纳入语法结构允许的框架内,否则便丧失语感,适得其反。我们可以突破通常的句法规范,出其不意,但不能打破某一种语言的语法结构"[①]。如:

(6)到现在,都还不到到一半的长度,真是的,是一大弯ㄉㄠˇ(老)大一弯之水柱柱ㄕˇ(子)。这不就叫做是:"早起开门一柱香,——谢天谢地谢三光。"一柱香,是的,——香,香的,……是的,……早起开门一柱香,谢天谢地谢三ㄍㄨㄤ(光),…… …… ……(王文兴《背海的人》第285页)

(7)这一件事,后来,害得爷,害得来,咳,差点儿,——后来啦,——都要伤到了爷的兄弟两个之间的感情上来了都要。(王文兴《背海的人》第244~245页)

例(6)中,如"一柱香,是的,——香,香的,……是的,……",则是负偏离缺省导致语句成分的不完整,不完整的语句表达的内容就比较模糊了,而例中的省略号可以被看作某些语句成分的缺席,这样更强化了负偏离成分缺省的功能,加大了其语义的模糊性。例(7)中,如"后来,害得爷,害得来,咳,差点儿,——后来啦,——",显然没有一句是完整的,其语义表达自然不明确。其中,"害得来"不知是"害得爷"语音上的谐音,还是"害得爷"与"后来"的通过截搭方式形成的变异组合,或是要接着表达新的内容,从语境中确实难以下结论。这种负偏离成分缺省的语句也就形成了语篇语义的模糊性。

2.正偏离成分缺省。正偏离成分缺省则是对语句成分积极的省略,是好的语言偏离。从语言对应心理意识层面来看,负偏离成分缺省的语言如果对应"潜意识",则正偏离成分缺省的语言至少对应"前意识","前意识"连接"潜意识"与"意识",处于混沌"潜意识"与清醒"意识"之间的过渡地带,所以正偏离成分缺省既受理性制约,也出于非理性本能。理性制约表现为语言内在的逻辑联系,非理性本能表现为对常规语言的偏离。人物意识在流动过程中有

[①] 高行健:《没有主义》,香港:天地图书公司,2003年,第49页。

意无意间形成一种好的修辞效果,而"修辞效果有时来自对语法规范的偏离形式,来自语法形式和它所表达的意义之间的脱节和矛盾。语法书上谆谆告诫的地方,有时正是修辞的妙处所在"①。意识流语篇中正偏离成分缺省比较典型的多是"蒙太奇"语句,这种语句通常只呈现要表达的主要成分,把旧信息等其他成分统统省略。如:

(8)女子的叫声,巡捕,轮子,跑着的人,天,火车,媳妇的脸,家……(穆时英《街景》,载《新感觉派小说选》第233页)

(9)闭上眼,刚才看见的许多女神重现在脑中,有了进步!那个像高中没毕业的女学生!她妈妈也许还裹着小脚。健康美,腿!进步!小脚下海,呕,国耻!(老舍《丁》,载《老舍小说全集》第322页)

例(8)是一种辞格列锦式"蒙太奇"正偏离缺省语句。在辞格列锦中,就单个词语来看,语义较为清楚,这些词语并列后相互影响,使语义激增或消失,原本语义清晰的个体组合成了语义模糊的整体,形成一加一大于二或者"整体大于局部之和"的修辞效果。"从语法角度看,列锦是一种'不完全句',形式上很'出格';它根本不受语法的一般规律的约束,倒有点'逍遥派'的味道。因此如果对它进行语法分析,往往是徒劳的。"②由于缺省很多句子成分,只出现名词成分的并列,这些名词之间到底有怎样的联系,不得而知,所以语义也十分模糊。这种句子缺省是人物按照省力原则对句子积极切分的结果。如高万云教授言"那些所谓'只有名词、只有主语没有谓语'的句子中,其实也只是把完整的句子进行了艺术的切分"③。例(9)中,如"健康美,腿!进步!小脚下海,呕,国耻!"等"蒙太奇"语句,由于主语等旧信息成分省略,句子的语义也模糊,仅就"健康美"而言,到底是腿的健康美,还是许多"女神"或是"她"的健康美,没有明确。由于表示旧信息成分的大量缺省,所以语义也模糊起来。

另外,有一种正偏离成分缺省是为了委婉表达而形成的半截语等语句,

---

① 张炼强:《修辞艺术探新》,北京:北京燕山出版社,1992年,第138页。
② 谭永祥:《修辞新格》,广州:暨南大学出版社,1996年,第211页。
③ 高万云:《文学语言的多维视野》,济南:山东文艺出版社,2001年,第227页。

这种话语形式的形成主要是因当下交际语境不适宜语义清晰表达,故意把话说一半留一半,以减少对交际主体的言语刺激。这种模棱两可、含混不清的缺省语句,无疑给接受主体带来了语义想象空间。如:

(10)是该说谎还是讲真话?良心的内部里面的个大大的冲突和挣扎。良心!——"……嗯……嗯……有一点……有一点……人不能十全十美…… …… …… ……"(王文兴《背海的人》第67页)

上例中,文本背景为"我"给"红衣年轻人"相面算命,发现"红衣年轻人"死期近了。"我"在不能直言的情况下,说了些语义模糊的话。这些话模棱两可,没有传达明确信息。这主要是由于不愿给交际对象强烈刺激,顾全其"面子"的结果,如例句中"有一点"后面就缺省了中心成分,到底是一点什么,则无从判断,而句中大量省略号的使用,除表示说话的断断续续外,又暗示着省略信息的丰富,只不过不愿表达罢了。这也是一种正偏离成分缺省的语言表达。

(二)词语冗余的模糊性

信息论认为,冗余法则是信息传输和变换过程中所要求的一条法则。在信息传输时,为了避免遭受信道(channel)和噪音(noise)的干扰,人们往往求助于信息连用和信息累加,以便对方能接受到明确的信息。这就是说,为了保证对方能理解,总是给出比实际需要多得多的信息。语言是人类传输信息、进行交际的最重要的工具。人们在长期运用语言的过程中,自觉不自觉地运用了这条冗余法则。① 可见,语言中适当的信息冗余可以保证信息传递的明确性,而不适当的信息冗余则又可能造成信息传递的模糊性,而这种结果一般不是正常信息传递所期望的,但在意识流语篇中有时出现这种不适当的信息冗余则是意识活动的真实映现,反映了"潜意识"和"前意识"存在模糊状态。在意识流语篇中信息冗余形成语义模糊主要表现为异形词语混用和同形词语连用。

---

① 徐盛桓:《语言的冗余性》,载《现代外语》,1984年第2期。

1. 异形词语混用。异形词语主要指词形不同的近义词语。词语外形属于"辞的形貌"①,刘勰在《文心雕龙·练字》篇中曾经说:"缀字属篇,必须练择:一避诡异,二省联边,三权重出,四调单复。"其中"避诡异""省联边""权重出"和"调单复"属于广义范围里词语形貌的运用,可见古人作文也颇注意词语的外形。异形强调词语形貌的不同,避开雷同的视觉效果,在日常作文炼字时距离较近的上下文中往往避开相同词语,也是出于形貌效果的要求。近义词语义相近,一般又能够避开词语形貌相同,所以在异形词语混用中受到青睐。近义词语的混用可简单分为三类:

其一,近义词的混用。近义词是意义相近的词,其语义之间存在一定的差别,即它们的义项不完全相同,所以当它们同时出现在适合它们的语法位置上时,一方面它们都能够满足语句表达的需要,另一方面也显示它们语义的差异性。当这些近义词连用时,语义的相同性往往成为"背景",语义的差异性往往成为"图形"。这种近义词语义差异的混用,会使其所在语句因意义冗余杂乱而变得模糊起来。如:

(11)爷的,这一回的生病,告诉了爷,爷的,身体,是由,数至上千,上万,的零件——一起拼,组,拼集,组ㄐㄧㄝˊ(接)而成的,——现在现在——现在——这一些子的零件,每一ㄐㄧㄢˋㄐㄧㄢˋ(件件),都,发出,传播出讯息出来,告诉爷,它们,这一些零件,的存在。(王文兴《背海的人》第273页)

(12)说真的,仔细进一层的个来说ㄊㄚ(它),咱们就再深抠进一层去的来细剖细剖化分化分看看察察它,"自由"彼本身它有意义么?(王文兴《背海的人》第42页)

例(11)中,大量使用了近义词,如"拼、组、拼集、组接","发出、传播出",等等,这些近义词应该说都适合语句表达的需要,避开了词语形貌的部分相同。近义词各自强调的意义重点不同,这些近义词的混用使其意义变得有些杂乱,也变得模糊起来,恰好表现了醉酒人物不清醒的意识,而这些意义相近

---

① 陈望道:《修辞学发凡》,上海:上海教育出版社,2001年,第244页。

第四章　意识流语篇的语义特性

谓语动词的连用也发挥了强调功能,数量越多则越引起视觉的重视。例(12)中,"细剖细剖化分化分看看察察",这些连用词语形貌完全不同,语义差别也更为明显,语素的区别特征明显,有各自的内涵与外延。它们不仅混用,而且在混用过程中的近义词也连用。这样每个近义词本身又都得到强调,它们混用后的语句意义则变得模糊起来。

其二,近义短语的混用。短语由词构成,短语相对于词而言,语义场一般更大。在近义短语构成的语义场中,它们的共同特征相对于词来说更多,它们的区别特征也更丰富。近义短语越多则语义场越大,共同特征则可能越少,而区别特征则相对增加,即语义相同范畴的交集变小,而非交集的部分变大,从而增加了语义界定难度。因此,近义短语在混用后强调、突显的意义也更为杂乱,语义也更为模糊。如:

(13)它那里能并及得上这地的这一些个各目自由的来了个个的它的"实际",那里能像这一些个自由一样的是"货真价实","真材实货","能使管用"。(王文兴《背海的人》第42页)

(14)要是撞碰及危厄至险的时候,则倚恃的又是"听天由命","随波逐流","过一天算一天"的心理,这么的个的苟苟复苟且,此等的不强自振作,其风格之下下,之猥状,实然无以过之。(王文兴《背海的人》第47页)

例(13)中,"货真价实"为短语化成语,"货真价实""真材实货""能使管用"都使用了双引号,这三者明显是被当作短语来用,它们具有相同的语义范畴,而实际上它们非交集的语义范畴更大,尤其"能使管用"扩大了三者的区分度,三者混用则语义更不确定,变得模糊起来。例(14)中,"听天由命""随波逐流"都是短语化成语,"过一天算一天"也使用了双引号,可被看作短语,三者在并用时强调、突显的语义重点是不同的,它们的混用使其所在的语句意义无所适从,形成语义的模糊性。可见,近义短语的混用是典型的信息冗余,冗余的信息干扰了语义的正常表达,使语句意义模糊。

其三,近义词与短语的混用。词与短语的混用同样可以形成语义的模糊性。这些词与短语表达相近的语义,同时词与短语又存在语义差异。它们被

放置在一起混用,其语句意义也变得相当模糊。如:

(15)总而言之,十句百句收短作一句概乎而言简简约约一言以言之,举凡所有的一切的一切全部隶诸于,属归于高高在上至高无上的天老爷 老天爷 他的来了的的的的个。(王文兴《背海的人》第90页)

上例中,从原型理论来看,"总而言之""十句百句收短作一句""概乎而言"和"简简约约一言以言之","举凡所有""一切"和"全部","隶诸于"和"属归于","高高在上"和"至高无上",等等,这些词与短语可以被看作不同原型范畴内的成员,这些成员通过"家族相似性"产生相同意义。因此它们表达的意义十分相似,但不同范畴成员之间典型与非典型带来一定的意义差异,所以它们混用后整个语句意义不清晰,出现不同程度的模糊性。

2. 同形词语重复。同形词语连用主要突出修辞效果,词语重复出现的次数越多,该词语强调的程度越深,在意识流语篇中,主要用来强调心理的时间长度和空间范围。时间和空间的界域往往具有模糊性,即表时间与空间词语的概念界限模糊。这些词语重复则更显现了模糊性,这种模糊性属于主观性修辞。词语的连用则为了表达某种主观性强调,而主观性强调又无法被量化,尤其是连用词语本身表达的概念也模糊的时候,连用越多则越模糊。如:

(16)这一回爷看着,看着,看着,——等了很久很久很久——想是他十成显而合九成的度度定应当确确实实是睡熟着了的个的个,爷于是就蹑手复又蹑脚地轻佛佛促惶惶地踏着他底座位处的旁边窃逾。(王文兴《背海的人》第60页)

(17)爷推测了它出来的个的的的个的的的个是大好天,大大大 好天。Mmmh,等一等等等 等等 等等等等看。(王文兴《背海的人》第71页)

例(16)中,"看着,看着,看着"主要是强调精神的专注,专注到什么程度却是模糊的。在"很久很久很久"中,短语"很久"本身词义就是模糊的,多长时间才算"很久",无法定量,它经过三次连用后,除在语用上得到强调,语义也更加模糊。例(17)中,"大大大好天",形容词"大"也是个空间相对模糊的概念,连用越多也越模糊。"等一等等等 等等 等等等等"表示时间之久,本身就模糊,"等"越多则强调时间之久的语义也越模糊。

三、意识流语篇语义模糊性的功能

意识流语篇语义模糊性主要是就话语而言,这种模糊性或因语义成分缺省,或因语义成分冗余。语义成分缺省则出现语义空白,语义空白的填补就特定语境范围而言则需要充分调动语境要素,如果语义空白部分较小,可以通过既有语境要素的相互关联性推理出语义空白;如果语义空白过大,建立在既有语境要素推理基础上的结果一般表现为多种语义,因为此时语境要素间排列组合方式较多,语义空白的理解在不同排列组合下出现不同的语义结果,语义结果越多则语义不确定性越强,即所谓"一千个读者,就有一千个哈姆雷特"。语义成分冗余则使语义不确定,这种不确定性更多属于主观不确定性,是积极的修辞效果。哲学家洛克曾把物体的质分为第一性的质和第二性的质,第一性的质是事物固有的客观属性,第二性的质是事物作用于人产生的主观性质。同样,语义具有客观成分和主观成分,在积极修辞的作用下,作为语义组成的主观成分得到突显,而主观成分的明显特征是具有模糊性,因此属于主观成分中的模糊性也得以加强,可见"模糊是由于人们的主观而产生的,表示主观上的不确定性"[①]。语义模糊表现为语义空白和语义不确定性,从语篇修辞效果来看,则生成一定程度的语篇陌生化,形成模糊美,使审美得到延长。这方面的论述较多,不再赘述。

意识流语篇具有语义模糊性语句多和语义模糊性程度强的特点。意识流语篇语义的模糊性主要表现为成分缺省或词语冗余,成分缺省包括负偏离成分缺省和正偏离成分缺省;词语冗余包括近义词语混用和同义词语重复。从"指称"论来看,语义模糊是由于离散性语言无法匹配连续统对象,形成语言上的"一"对应对象上的"多";从原型范畴而言,语言模糊是由于处于范畴边缘的较差样本拥有的原型基本属性较少,属于不同范畴的交叉范围。同时,语言成分相互组合,形成整体大于局部之和,导致语义叠加或

---

① 伍铁平:《模糊语言学》,上海:上海外语教育出版社,1999年,第89页。

消损,尤其是主观意义的范畴变化。意识流语篇语义模糊性是基于潜意识和前意识的模糊,这种模糊通过语言得以呈现。语言模糊的叠加使心理意识活动表现得更加真实。

第三节　意识流语篇语义的偏离性

意识流语篇语义的偏离性主要建立在词的理性义偏离的基础上。词的理性义是基本的核心意义,由一组语义特征组成。在原型范畴内,词的理性义可被看作典型成员,偏离义可被看作非典型成员,两者具有家族相似性的关系。束定芳认为:"原型性可以被看作是词汇意义具有局部稳定性的基础,它代表了意义的习惯或规则性的一面。词语有原型的意义,是词语活用的基础……词语在哪种条件下突出哪一方面,其中的差异很大。"①词义包括词的理性义和附加义,词的理性义具有稳定性。在原型范畴内,词的理性义可被看作中心的基础的成员,是好的清楚的样本,具有原型性。词的偏离义是对理性义的具体应用,是相对于词的理性义而言的,可被看作非典型成员,具有非原型性。因此,词的偏离义和理性义是原型范畴内不同成员之间的关系,它们相互之间或具有共同特征;或没有共同特征,仅通过家族相似性彼此联系在一起。家族相似性的三种范畴模式,可以很好地说明词的偏离义与理性义之间的内在关系。这是本节语义偏离性研究的理论基石。

第一种范畴模式:

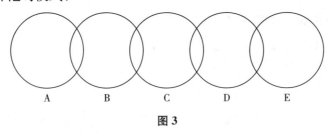

图3

图3中,A、B、C、D、E这五个成员可能每两个之间有一个共同特征,从而

---

① 束定芳:《认知语义学》,上海:上海外语教育出版社,2008年,第73页。

联系在一起,即成为 AB、BC、CD、DE 这样的联系类型。显然,A 只跟 B 具有共同的特征,A 与 C、D、E 之间并没有共同特征,即范畴成员之间不必共有一个特征而可以彼此联系在一起。假设词的理性义为 A,偏离义为 B,则偏离义 B 与理性义 A 拥有共同特征;当偏离义为 C,则偏离义 C 与理性义 A 没有共同特征,它们通过 B 取得联系。

第二种范畴模式:

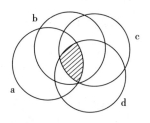

图 4

图 4 中的 a、b、c、d 表示四种典型特征,处于加斜线的交点的成员四种特征都具有,处于交点外的成员只共有三种或两种特征,在周边区域的成员甚至仅共有一种特征。从"家族相似性"角度来看,这些成员之间都因共有某些特征而相似,从而相互联系。这种范畴模式也符合原型理论的标准模式,即"中心—边缘"模式。这种范畴模式下,词的偏离义与理性义之间至少存在一个共有特征。

第三种范畴模式:

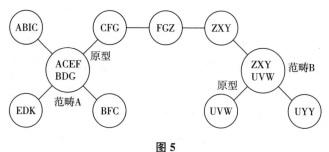

图 5

图 5 中的字母代表特征。由此图可见,每一范畴有一中心区,即由最好的样本或最突出特征组合构成的原型。在离中心区或近或远的地方有一些范畴成员,它们与中心区原型共有若干个特征,但在这些成员之间不一定有共同特征。这种范畴模式不仅能解释同一范畴下成员之间"家族相似性关

系",而且能解释不同范畴下成员之间"家族相似性关系"。这种模式说明,词的偏离义既可能是范畴 A 理性义的偏离,也可能是范畴 B 理性义的偏离。①

一、意识流语篇语义偏离性的特点

(一)意识流语篇语义偏离性语句少

意识流语篇语义偏离的语句不多,主要是因为语义偏离多发生在辞格等修辞手段中,而辞格等修辞手段在意识流语篇中不能多用。辞格等修辞手段可能会影响心理活动的真实感,心理活动真实感的实现往往借助于朴素自然的常态话语,所以意识流语篇中华丽优美的语句不多,更多是没有雕琢的流水账似的语句。高行健说:"意识流语言通过具体的、细微的感受,引导到意识与下意识的心理活动,能造成一种异乎寻常的真实感,它切忌浮华的词藻和抽象的议论。脱离人物自然的心理活动的通常的修辞手段,往往会败坏这种朴素的语言所达到的真实感。"②冯广艺先生也认为:"辞格的运用者,首先对他所要利用的言语材料是十分明确的,他十分清楚运用辞格和不用辞格具有不同的表达效果,因此,他采取变异手段使非辞格变为辞格是出于一种表达的需要。英国语言学家雷蒙德·查普曼指出:'修辞格在文学作品中不是得心应手地信手拈来的。作者再三斟酌,反复推敲,以便通过语言跟读者建立联系。'因此,即使是通常运用的修辞格也都是精心选择的产物,也可以说是变异的产物。"③

意识流语篇语义的偏离性主要表现为句义偏离和词义偏离。句义偏离表现为在句子的表层语义与其所在语篇语境不协调时,句子就不能使用其表层语义,而要使用其深层语义,这时句子语义就发生偏离。词义偏离表现为在词的理性义与其所在语篇语境不协调时,词就不能再使用其理性义,而要使用其偏离义,这时词义就发生偏离。通常来看,大多数意识流语篇都是使用句子的表层意义或词的理性义,而不是使用句子的深层意义或词的偏离

---

① 徐志民:《欧美语义学导论》,上海:复旦大学出版社,2008 年,第 208~211 页。
② 高行健:《没有主义》,香港:天地图书有限公司,2003 年,第 30 页。
③ 冯广艺:《变异修辞学》,武汉:湖北教育出版社,2004 年,第 226 页。

第四章 意识流语篇的语义特性

义。只有当句子的表层意义或词的理性义与其所在语篇语境不协调时,就要考虑使用句子的深层意义或词的偏离义,而这类句子通常是诗化的句子或是超常组配的词,句子诗化或超常组配的词又常常与修辞手段相联系,而意识流语篇常常不能多用修辞手段。所以,从理论上讲,意识流语篇语义偏离的语句总体上不会太多。下面通过比较一组"蒙太奇"语篇来论析语句义的偏离,如:

(1)辫子呢辫子?丈八蛇矛。一代不如一代!皇帝坐龙庭。破的碗得须得上城去钉好。谁敢抵挡他。(鲁迅《风波》,载《鲁迅文集全编》第 27 页)

(2)现实象胶水般粘在记忆中。母亲手里的芭蕉扇,扇亮了银河两旁的牛郎织女星。落雪日,人手竹刀尺围在炉边舞蹈。(刘以鬯《酒徒》第 12 页)

例(1)是典型的蒙太奇式意识流语篇,虽然句子的表层意义相互之间跳跃很大,但每个句子使用的仍然是表层意义。读过这篇小说的读者都知道,例中出现的句子,其实都已经在上文中出现过,有了上文的语境,该语篇就自然连贯了。而例(2)也是蒙太奇式意识流语篇,只不过句子的表层意义已经与其所在语篇语境不协调了,这时就要使用句子的深层语义,即"过去的事清晰留在记忆中,夏天,母亲边摇扇边给我讲牛郎织女的故事。冬天,围在炉边教我学习认字:人、手、竹、刀、尺"。这就是诗化的句子,且它们都使用了辞格手段,第一句"现实象胶水般粘在记忆中"使用了比喻辞格;第二句"母亲手里的芭蕉扇,扇亮了银河两旁的牛郎织女星"使用了夸张辞格;第三句"落雪日,人手竹刀尺围在炉边舞蹈"显然使用了拟人辞格。因此,可以看出,意识流语篇的句子绝大部分使用的是其表层意义,极少的句子使用的是其深层意义,因此语义偏离性语句不会太多。

(二)意识流语篇语义偏离性程度低

在意识流语篇中,如果句子或词的语义偏离幅度大,则句子的诗化程度或词的组配变异程度也会更大,而这些"诗化"和"变异"的修辞手段都是意识流语篇所不常用的,所以意识流语篇即使用了"诗化"的句子或变异组配的词,语义偏离程度也较小。意识流语篇语义的偏离性程度较小,主要指句子的深层语义对其表层语义的偏离幅度小,或指词的偏离义对理性义的偏离幅度小。在意识流语篇中,句子或词的语义偏离程度较小,一是因为句子或词的语境范围小。它们大多是受相邻的上下文语境制约,尤其是词语的语义偏离主要受句内语境或相邻的句外语境的制约。二是由于句子的深层语义与表层语义,或词的偏离义与理性义之间都存在密切的联系,前者是后者基础上的偏离,离不开后者。如:

(3)就某种意义上,思想的范围比空气还大。用小刀割一块思想,放在实验管中,从它的组织去认识无限大。(刘以鬯《酒徒》第172页)

(4)这一种的荒谬就犹之有如冲驰在枪林弹雨,火炮硝烟之处,而了无所惧的自以为只须要穿着上一件薄衬衫就可以防护蔽害,纤毛不伤一样的"纯然""洁白"可笑!(王文兴《背海的人》第33页)

例(3)中,"用小刀割一块思想,放在实验管中,从它的组织去认识无限大"显然是拟物辞格的诗化句子,诗化句子的表层意义与其所在语篇语境不协调,这时就要偏离句子的表层意义,寻找其深层意义。这种诗化句子的深层语义也有点模糊,但大致可以被解读为"可以单独对某一思想进行分析,从它的内在规律去发现思想的意义"。例(4)中,"纯然"与"洁白"的表层语义显然与其所在的语篇语境也不协调,只有把"纯然""洁白"理解为"单纯""幼稚"时,它们才与其所在语篇语境相一致,这时"纯然""洁白"使用的已经不是它们的理性意义,而是偏离意义了。可见,在语篇语境和理性意义的制约下,句子和词的语义偏离程度比较小。

二、意识流语篇语义偏离性的表现

意识流语篇语义的偏离建立在词义偏离基础之上。词义可以分为语言义和言语义,语言义是词在静态系统下的意义,也就是通常所说词的理性义;言语义是词在动态系统下的意义,多为词的偏离义。语言义是对言语义的抽象概括,具有普遍性;而言语义是对语言义的具体运用,具有个别性。利奇把"意义"分为七种,包括理性意义、内涵意义、社会意义、情感意义、反映意义、

第四章　意识流语篇的语义特性

搭配意义和主题意义。理性意义属于语言义,其他六种意义与言语义有交叉,比如内涵意义的某些方面类似于言语义,在具体运用方面,"很清楚,在讨论内涵的时候,我实际上谈的是人们在使用或听到一个词语时,这个词语使人所联想到的'真实世界'中的经验","内涵意义经常随着文化、历史时期和个人经历的变化而发生很大的变化","主观上或客观上认识下的所指事物的任何特点,都对表示该所指事物的那个词的内涵意义有一定作用"①。广义上所谓"词义偏离",实际上指对语言义的偏离,即词的理性意义的偏离,是以语言义为参照系而产生的言语义。这种言语义一般来讲并不能游离出语言义的范围,但言语义具体是什么则主要由语境来决定。语境包括上下文语境、情景语境。上下文语境通常也叫"言内语境",而情景语境则叫"言外语境",词义的偏离受言内语境影响较大,如果对词义偏离按其语境制约因素做区分,主要有以下两类:

（一）句内语境制约下的语义偏离

索绪尔认为,语言是一个系统,在语言状态中一切都是以关系为基础的,而所谓"关系"则体现为组合关系和聚合关系。组合关系是把"在现场"的两个或几个要素连接在一起,它以语言的线条特性为基础;聚合关系是把"不在现场"的有某种共同点的要素在记忆里联合起来,它以心理联想为基础。因此,"语言各项要素间的关系和差别都是在两个不同的范围内展开的,每个范围都会产生出一类价值……二者都是语言的生命所不可缺少的"②。言语中的词义是在语言系统中生成的,因此,词义的确定也受到组合关系和聚合关系的制约。组合关系促使词要考虑其他词的存在,并使它与其他词保持意义的协调性;聚合关系促使词要考虑除理性义之外的各种偏离义,以及理性义与偏离义之间的关系。在意识流语篇中,词义的偏离受到组合关系和聚合关系的制约,具体表现为,它既要受与其搭配的词制约,也要考虑与其理性义的联系。另外,词义的偏离又多发生在词与词的超常搭配中,超常搭配的词在

---

① ［英］杰弗里·N.利奇:《语义学》,李瑞华等译,上海:上海外语教育出版社,1987年,第17~18页。
② ［瑞士］索绪尔:《普通语言学教程》,高名凯译,北京:商务印书馆,1980年,第170~171页。

语义上相互制约,正如冯广艺所认为:"在超常搭配里,有时前项对后项有语义制约作用,有时后项对前项有语义制约作用,二者在语义上往往是互相制约。"①词义的偏离是受其超常搭配词制约的,如果从句法结构关系来划分超常搭配词的关系,可分为以下几种:

1. 相邻词制约下的词义偏离。

(1)并列关系相邻词制约的词义偏离。并列关系主要指相互搭配的词之间具有语法上的并列关系。从收集到的语料来看,意识流语篇并列的搭配词之间不仅语法上存在并列关系,语义上也存在相近关系,但其中的一个搭配词的意义明显不是其理性义,而是其偏离义,而偏离义生成是受其搭配词制约的结果。可以看出,除理性意义之外,词义还有潜在意义,潜在意义被激活需要语境的作用,语境的约束促使原本理性意义不相关联的相邻词有相关或相似的潜在意义,即相邻词之间在理性意义上属于不同原型,且拥有不同的语义特征,但在边缘范畴中二者存在交集或具有"家族相似性",从而使原本两个不同原型范畴的词在语义上形成关联,通常表现为一个相邻词受另一个相邻词理性意义的制约,从而使与其相关或相似的潜在意义被激活。这就是说,两个相邻词中至少要有一个词始终保持理性意义的存在。如下:

(5)人,还可以有ㄗㄚˊ(咱)们人的确"灵魂"的自由,你尽尽可以爱想什么就无羁无绾的任便想它来了的个的ㄕㄜㄇㄜ(什么),这不比的个"言论自由"它要扩敞得多。(王文兴《背海的人》第41页)

(6)你在没有"自由"的时候你只纯纯专神一志地去为ㄉㄠ(到)那争逐这一把"自由"而予以奋斗,只专心去做单单兀兀一样体事。(王文兴《背海的人》第42页)

例(5)中,变异短语"无羁无绾"中的"绾"意思是"把长条形的东西盘绕起来打成结"②。显然,在该短语中"绾"不可能是这个意思,由于"绾"是和"羁"搭配,而短语中的"羁"可以从其句子语义的一致性上推知,其使用的是理性

---

① 冯广艺:《汉语修辞论》,武汉:华中师范大学出版社,2003年,第123~125页。
② 中国社会科学院语言研究所词典编辑室:《现代汉语词典》(第7版),北京:商务印书馆,2017年,第1350页。

第四章 意识流语篇的语义特性

义,那么"绾"与"羁"在词义上一定相互制约,又由于二者语法地位相同且修饰同一中心词,那么二者的词义就可能存在相近,而"绾"的偏离义中也有"束"的意思,因为"打成结"就类似于"束"。于是,在与"羁"相互制约下,短语中"绾"的意义是"约束"。从修辞的角度来看,"无羁无绾"可以被看作仿拟"无拘无束"而来,"绾"自然是"束"的意义。所以当"无羁无绾"出现时,既感到陌生,又似曾面熟。例(6)中,变异短语"单单兀兀"可以看作由两个部分整合而成,其一是"单单",其二是"兀兀",二者在语义上有相似之处,即都表示"单独"的意思,"单独"是"单"的理性义,是"兀"的偏离义。"兀"偏离义的生成,主要受"单"的理性义制约,因为"兀"的理性意义是"高高地突起"[①],而"高高地突起"就有"单"的义素特征。因此,当"兀"与"单"并列搭配时,这一意义得到激活。

(2)偏正关系相邻词制约的词义偏离。搭配词的偏正关系有状中关系和定中关系,状中关系多是副词与动词的搭配,定中关系多是形容词和名词的搭配。一般认为,在词语正常搭配的过程中,它们的语义特征不能相互抵触,即它们的理性意义能够相互组合,如果状中关系为副词与动词组合,则形容词与动词的理性意义能够相互组合,定中关系中的形容词与名词的理性意义也能够相互组合。相反,处于偏正关系的两个超常搭配词,如果在词义上全部使用它们的理性意义,则出现两个词理性意义相互抵触的现象,这时就需要找出其中一个搭配词的潜在意义,即用此搭配词的偏离义,词义发生了变异。词偏离义的生成,一方面要受到搭配词的制约,另一方面也要考虑与其理性义的联系。

(7)爷的昭昭面世的摊子上边犹还朗朗耀耀的写到着的专与人"解梦"来的。(王文兴《背海的人》第43页)

(8)有一天报纸上提到了现时阵世界上所藏的原子弹之"丰盛",丰盛得都足足然都可以把个整个地球都给爆掉。(王文兴《背海的人》第106页)

[①] 中国社会科学院语言研究所词典编辑室:《现代汉语词典》(第7版),北京:商务印书馆,2017年,第1392页。

例(7)中,状中关系"朗朗耀耀的写到",其中"朗朗耀耀"显然是临时编造的状态形容词,显然使用了偏离义,因为"朗"表示"光线充足;明亮"①,而"耀"则指"光线强烈地照射"②,某种意义上也可以当作"明亮",那么"朗朗耀耀"可理解为"明亮",而"明亮"显然不能与"写到"的语义互相协调一致。这时应考虑与"朗朗耀耀"理性义相联系的偏离义,同时也考虑搭配词"写到"的制约,那么其偏离义应为"清清楚楚"。一是"清清楚楚"与"明亮"有语义上的联系,可被看作其引申义;二是"清清楚楚"能够修饰、限制"写到",语义上协调一致。例(8)中,定中关系的"原子弹之丰盛",实际上是定语后置,修饰语为"丰盛",其理性义为"丰富(指物质方面)"③,显然与原子弹不相匹配。实际上,"丰盛"应使用与其理性义相联系的偏离义,即"多",就可以与"原子弹"匹配了。

2.非相邻词制约下的词义偏离。非相邻词之间在句中存在一定距离,语境范围相对相邻词而言有所扩大,但一个词义的偏离总是相对另一个明确的词义,这种语境制约下的词义偏离就是一个词与另一个词的相对关系。在意识流语篇中,非相邻词在语法上多表现为主谓关系。主谓关系的两个词超常搭配,如果其中一个词使用的是其理性义,另一个必定使用的是其偏离义,此时两个词的语义搭配得当完全是相互选择的结果。从修辞视角来看,词的偏离义得到突显,符合文学语言的蕴藏特征,实现表达与接受的某种修辞效果,当然脱离这种特殊语境,则词的偏离义消失,又回归到它的理性义。在非相邻词制约下使用偏离义的词多为谓语,因为主语多为名词,而名词词义有"具体事物对应性"④,通常指称的对象较为单一、明确,与动词搭配时偏离的可能性较小。如:

---

① 中国社会科学院语言研究所词典编辑室:《现代汉语词典》(第7版),北京:商务印书馆,2017年,第778页。
② 中国社会科学院语言研究所词典编辑室:《现代汉语词典》(第7版),北京:商务印书馆,2017年,第1527页。
③ 中国社会科学院语言研究所词典编辑室:《现代汉语词典》(第7版),北京:商务印书馆,2017年,第387页。
④ 葛本仪:《现代汉语词汇学》,济南:山东人民出版社,2001年,第154页。

第四章 意识流语篇的语义特性

(9)有卖马票的女孩想赚一毫子,感情与理智开始作一个回合的摔跤。(刘以鬯《酒徒》第52页)

(10)因是,爷便只好就就非如此不可,不得不自己一个人"自个说自个儿个话"……狺狺的独个个的个凄吠。(王文兴《背海的人》第63页)

例(9)中,使用了拟人辞格,主语"感情与理智"指称人的主观抽象物,而与谓语"摔跤"的搭配对象多指人,受主语要素的制约,谓语"摔跤"不再表示"体育运动项目之一,两人相抱运用力气和技巧,以摔倒对方为胜"①,只表示一种偏离义"较量"或"斗争",这种修辞效果要远远强于直接使用"较量"或"斗争",因为这两个词的理性意义与主语"感情与理智"的理性意义是完全搭配的,文学语言的蕴藏特征大大削弱。例(10)中,从辞格视角来看,使用了拟物辞格,形成了主谓之间的超常搭配,由于谓语"吠"只用来专指"狗叫",所以与主语"爷"形成语义上的不协调。"爷"作为名词指称的现实对象确定,此种语境下,只能迫使"吠"脱离其理性意义,转向寻找偏离义,所以"吠"不可能再表示"狗叫",它必须产生新的具体言语义,即它必须发生语义偏离,受表示人的主语"爷"的制约,"吠"的偏离义应是"喊"。

(二)句外语境制约下的语义偏离

1.相邻句制约的词义偏离。相邻句制约下的词义偏离有一个鲜明的特点,即偏离词所在句子本身并不是变异句,这时搭配词使用的也都是理性义,如果此句再被放回其所在的语篇中,那么此句意义就不能够与语篇其他语句意义相协调,因此搭配词还不能使用其理性义,而要考虑其偏离义。此时偏离义的确定,不是来自其搭配词的相互制约,而是由语篇语境制约,更主要是由其相邻语句制约。因此,就某一词的理性义而言,在句子范围内它属于一个语义场,如果把它放在大于句子的范围,它的理性义则可能属于另一个语义场。此时,这种理性义已不匹配新语境,需要寻找词的其他意义,而其他意义的确定更多需要考虑它的修辞意义,而不是理性意义。

---

① 中国社会科学院语言研究所词典编辑室:《现代汉语词典》(第7版),北京:商务印书馆,2017年,第1221页。

(11)可是,是一个"人物"也不能当几钱大钱使,没的的来得的的它生意还是一样见一样样子的没的生意,——以是,是以故,"名声"它是空的——所以,相士他还是 是 一个"艺术家"。那天,那可是确实是一个"黄道吉日",——一天子的时间里头那一日一共有四人之众前来"求诊"。(王文兴《背海的人》第66页,引文中空格为原文所有)

(12)唯一的麻烦是来之之自于"草药摊",对"草药摊"说来:这是他的,——毫无问题,确确实实实实在在十分"了不得了不得"的——"生死存亡"之争。(王文兴《背海的人》第81页)

例(11)中,"相士他还是一个'艺术家'",词义偏离集中在"艺术家"一词上。从句子本身来看好像没有什么大问题,因为"相士"某种意义上也可以被看作一个艺术家。这时"艺术家"的理性义为"从事艺术创作或表演而有一定成就的人"[①],以这种理性义理解"艺术家"的句义却与语篇其他语句意义不相容。因为前几句主要是讲相士是一个有"名声"而没钱的"人物",如果突然又说其是一个艺术家,显然与前几句意义不协调,这时就需要撇开"艺术家"的理性义,寻找其偏离义。"艺术家"的偏离义可以通过其相邻语句推知,此句"艺术家"的偏离义应理解为"穷人",该句使用了借喻的修辞意义。"求诊"也是受其相邻语句的制约,因为"求诊"在句子中并无变异现象,产生词义偏离是由于其相邻语句的制约,所以"求诊"依据上文可理解为"求卦"或"算卦",也是一种蹩脚的借喻修辞意义。例(12)中,语义偏离词"草药摊"是指"他",这可以轻松地从其相邻的下句"对'草药摊'说来:这是他的"来推知。因为"他"以经营草药摊为生,以"草药摊"来指代"他",显然是用某人的职业来借代某人,使用了借代的修辞意义。

2.非相邻句制约的句义偏离。非相邻句制约的句义偏离主要是指在受整个语篇制约下的句子语义偏离。相对于词的理性义和偏离义而言,句子的语义可以分表层语义和深层语义,表层语义是句子本身的意义,深层语义也

[①] 中国社会科学院语言研究所词典编辑室:《现代汉语词典》(第7版),北京:商务印书馆,2017年,第1551页。

就是句义的偏离义。句义的偏离义"是句义中不由义位的组合表达的意思,换句话说它是句子'字面意义'以外传递给听话人或读者的内容,也可以说它是话语意义减去句义基本义后剩余的部分"①。在整个语篇语境下,在句子的表层语义与语篇语境不协调时,句子的语义开始发生偏离,句子语义在语篇语境制约下就必须使用其深层语义,也就是类似于词的偏离义。如:

(13)轮子不断地转。湘桂大撤退。空气走不进车厢。一家报馆的总编辑被挤死了。恐慌。恐慌。恐慌。(刘以鬯《酒徒》第14页)

(14)头发被一双粗壮的手扭住,千万根尖针同时刺向头皮。就在这时脑袋被猛烈地一提,重重地砸向办公桌的一角。黑色的天空迸裂出无数道金光,世界在末日里发出最后一声轰响。一切都静下来静下来静下来。(陈洁《大河》,载《中国意识流小说选(1980—1987)》第119页)

这两例都是诗化的句子,从表层语义来看好像十分松散,这些语句的意义似乎连贯不起来,这时候就要考虑整个语篇语境,从而找出语句的深层语义。如例(13)中,"轮子不断地转"隐喻为"大脑的运转",即"回忆",而"空气走不进车厢"则转喻为"车厢拥挤",这样语句意义就协调相容了。因此,我们可把整个语篇理解为:不断的回忆浮现脑海,(抗战期间)湘桂大撤退时,交通十分拥挤,一家报馆的总编辑在车厢里被挤死了,(大家)都十分恐慌。同样,例(14)中,从文字的表层语义来看十分费解,这时只能从深层语义上理解。"千万根尖针同时刺向头皮"可转喻为"头发被扭住时的疼痛",而"黑色的天空迸裂出无数道金光,世界在末日里发出最后一声轰响"则隐喻为"眼冒金星,昏死过去"。我们可把整个语篇大体理解为:头发被一双粗壮的手扭住,疼痛难忍,这时被抓住的脑袋重重地磕在办公桌上,眼冒金星,昏死过去,一切都变得十分安静。

三、意识流语篇语义偏离性的功能

意识流语篇的偏离性,实际上映现的是意识活动的选择性特征。威廉·

---

① 贾彦德:《汉语语义学》,北京:北京大学出版社,1999年,第304页。

詹姆斯认为:"意识永远总是对它的对象的一部分比对其他部分更关切,并且意识在它思想的全部时间,总是欢迎一部分,拒绝其他部分,换言之,意识总是在选择。"①意识活动的选择,一方面选择有用的新内容,另一方面选择超前的形式。当选择到的新内容没有新的形式与其匹配时,便不得不借用相似或相关的旧形式,这时在旧形式下便出现新的内容,这种新内容相对于旧形式所表示的原有内容而言,就具有了偏离性。这种现象被陈望道先生称为"内容过重",即"当一种新内容才始萌生或者成长的时期,总觉得没有适应的形式可以把它恰当地传达出来,原有形式的遗产纵然多,也觉得不足以供应付"。同时,意识活动也选择超前的形式,表达内容没有变化,但使用超前的形式来表达同一内容,这样新形式相对于旧形式而言便是一种偏离。这种现象被陈望道先生称为"形式过重",即"内容有些涸竭的情形,单想从形式这一面取胜,便是一个将近没落的形式过重时期。对于形式,像斗测七板似地,竭力求其工巧,而于内容却是死守旧见,不事开展"②。意识活动这两个方面的选择都会形成语篇语句意义的偏离,从而真实映现意识活动的选择性特征。从修辞功能来看,词义的偏离主要来自语句的超常搭配,句义的偏离主要来自"诗化"的句子,这两种类型的语言都具有特殊的表达效果和审美功能。

意识流语篇语义的偏离性符合意识活动的选择性特征,主要表现为句义的偏离和词义的偏离。句义的偏离指句子在语篇中使用了深层意义,而不是其表层意义;词义的偏离指词在语篇中使用了偏离义,而不是其理性义。句义和词义只有在一定语境制约下才能产生偏离,这种偏离多同修辞手段相联系,而修辞手段会影响语篇表现意识活动的真实性。因此,意识流语篇的偏离性语句不多,而且偏离程度不大。

---

① [美]威廉·詹姆斯:《心理学原理》,唐钺译,北京:北京大学出版社,2013年,第81页。
② 陈望道:《修辞学发凡》,上海:上海教育出版社,2001年,第41~42页。

第五章　意识流语篇的语用特征

索绪尔在谈到词的意义和价值时,认为:"要借助于在它之外的东西才能真正确定它的内容。""任何要素的价值都是绕着它周围的要素决定的。"[①]与索绪尔同时代的维特根斯坦更为明确地指出,"词在实践中的使用就是它的意义"[②]。在词的阐释上,不论是索绪尔形而上的"价值",还是维特根斯坦形而下的"意义",都在某种程度上隐喻了语言离不开它周围要素的支撑。在一定条件下使用词,也许才能更好地发现它的价值和意义,这表明了意识流语篇在语用研究上的重要性。在意识流语篇语言使用的过程中,人物在自说自话状态下没有其他交际对象,因此受外界交际制约因素影响较小。在这种语用条件下,语言强调了个性,这种语言个性往往具有强烈的个人体验,漠视语言规则的存在,从而形成了对语言一般交际规则的偏离。在语用私语化方面,由于这种标记性话语不考虑其他交际对象,自我明白即可,所以它常常偏离合作原则,具有私语化的倾向,这是对语言社会性的适度偏离;在语用投射性方面,它强调自我个性,突显自我性情,在语言规则示弱的条件下,把人物心理秩序尽可能投射到语言结构中,彰显意识流动的鲜活个性。这种遵循象似性原则的话语,具有投射性意义,也是在一定层面上对语言符号任意性的适度偏离。

---

① [瑞士]索绪尔:《普通语言学教程》,北京:商务印书馆,1980年,第161页。
② [奥]维特根斯坦:《哲学研究》,陈嘉映译,上海:上海人民出版社,2001年,第168页。

第一节 私语化:偏离合作原则

意识流语篇的私语化是一个相对于语言社会性而存在的概念,社会性则预设了语言是交际活动的产物,语言也只有在交际使用中存在和发展,在使用中共同遵守语言的游戏规则和基本的交际原则,这种语言活动一般来说属于人的意识活动。意识流语篇是人内心独白的产物,这一内心独白更多属于前意识和潜意识,在语言上处于未形成语言层次,也是人以自我为交际对象的言语活动。因此,内心独白在语言规则和交际原则的遵守上不同于逻辑意识层面上的一般言语活动,它更多是一种非逻辑前意识和潜意识层面上的特殊言语活动,在语言规则和交际原则的遵守上具有私语化倾向。

一、意识流语篇私语化的实质

意识流语篇私语化指语篇在运用过程中所表现出来的自说自话,其实质是未形成语言层次的意识活动,仅仅是个人的内心独白。罗伯特·汉弗莱认为:"意识中有两个层次可以非常容易地被区别开来:即'(已形成)语言层次'和'未形成语言层次'。……未形成语言层次不象语言层次(无论是口头语言还是书面语言)那样具有交际基础,这是它区别于语言层次的显著特征。……我所说的'意识'……尤其包括那些未形成语言的意识层次。"[1]意识流语篇更多映现的是"未形成语言的意识层次",即"大量的非理性的无逻辑的下意识、潜意识构成的意识"[2]。一般认为,语言形成于意识层次,即自己能察觉的心理活动,它属于人的心理结构的表层,它感知着外界现实环境和刺激,用语言来反映和概括事物的理性,而"未形成语言层次的意识层次"则属于前意识和潜意识。前意识又称"下意识",是调节意识和无意识的中介机

---

[1] [美]罗伯特·汉弗莱:《现代小说中的意识流》,程爱民、王正文译,长沙:湖南人民出版社,1987年,第4页。

[2] 张德林:《现代小说美学》,长沙:湖南文艺出版社,1987年,第203页。

制,它可以被回忆起来,能召唤到清醒意识中的潜意识,它介于意识与潜意识的层次中间,既联系着意识,又联系着潜意识,使潜意识向意识转化成为可能。因此,前意识具有语言的特征,也有非语言的特征,从整体来看属于部分"未形成语言的意识层次"。潜意识则是在意识和前意识之下受到压抑的没有被意识到的心理活动,代表着人类更深层、更隐秘、更原始、更根本的心理能量,它也是人类一切行为的内驱力,它包括人的原始冲动和各种本能,以及同本能有关的各种欲望。潜意识具有原始性、动物性和野蛮性,不符合社会道德和理性,无法进入意识,不被个体所觉察,属于完全"未形成语言的意识层次"。不论是属于前意识的部分"未形成语言层次",还是属于潜意识的完全"未形成语言的意识层次",这些意识活动由于都缺乏现实交际的基础,因此它没有明确的表达对象,也不会考虑修辞表达手段和表达效果。从语篇运用角度看,这种未形成语言层次的意识活动表现为语篇的私语化特征,其实质是未形成语言层次的意识活动不具有现实交际的基础,却有利于在意识流语篇中表现人物个性张扬的意识流动。

二、意识流语篇私语化的体现

在意识流语篇中,把"未形成语言的意识层次"以语言形式转化出来,往往有两种不同的语言特征,这是由语言反映前意识或者潜意识来决定的。在反映前意识活动时,因前意识处于意识与潜意识的中间地带,联系清醒的意识,因此部分前意识能够具有语言特征;而在反映潜意识时,由于潜意识是完全"未形成语言的意识层次",如果以象似性语言来表现潜意识,则这种象似性语言具有独特性,成为语言中的少数,其遵循的原则必然偏离语言规则。语言在现实中是交际工具,交际成为语言最基本最本质的功能,合作原则成为语言交际遵守的准则之一,因此,呈现意识流语篇的私语化特征集中体现为偏离以交际为基础的合作原则。关于合作原则,格莱斯认为,为确保交际的顺利进行,交际双方必须相互配合,共同遵守以下四条准则:一是数量准则(Quantity maxim),使自己所说的话达到所要求的详尽程度,不能使自己所说的话比所要求的更详尽;二是质量准则(Quality maxim),不要说自己认为不真实的话,不要说自己认为缺乏足够证据的话;三是关系准则(Relation maxim),说话要贴切,与目标相关联;四是方式准则(Manner maxim),避免晦涩的词语,避免歧义,说话要简要,说话要有条理。如果人们交际时都能遵循这些准则,就能够以最直接、最有效的方式完成交际。格莱斯把交际看作人类有目的性、合理的社会行为之一,因此,上述的各条准则并非只在进行交际时需要遵守,在从事其他的社会活动时也同样适用①。可见,合作原则在交际活动中具有普遍性。而未形成语言层次的意识流语篇会偏离以交际为基础的合作原则,表现出私语化特征,集中体现为以下四个方面。

(一)偏离数量准则

在合作原则中,信息传达一般要有一定的数量限制,信息既不能过多,也不能过少,信息要适合表达的需要。在文学语言中,提供的信息过多或过少,都会产生一定的修辞效果,提供的信息过多,则会突出相对应的意识活动,因为从语言象似性来看,语言成分越多则对应的意识活动越复杂;相反,提供的信息过少,即语言成分越少则对应的意识活动越简单。在意识流语篇中,反映前意识和潜意识的"未形成语言",理论上认为它没有具体的现实交际对象,不必讲究语言的交际效果,只需完全忠实于个人心理活动,因此极可能偏离合作原则,映现在语篇中的信息数量往往不是过大就是过小。如:

(1)宋喜,很文明很文明很有礼貌很知礼节的,把脸别转了过去。……好了好了,算了算了,他只是一个小矮人,不要去跟总共通通加起来不过仅只有三寸那一点高来的的小矮人他去计较来的个他的。(王文兴《背海的人》第110页)

(2)因此,——穷拉乱拉东牵西扯了大约近一个钟头又十七分钟,十八分钟,十九分,廿,廿许,廿几——分钟,结果还是是落了它了个的的了个的的的"席饭终—酒客散",仍旧是就是连一条"渔"都没有钓着它钓了到到了到。(王文兴《背海的人》第65页)

例(1)中,"很文明很文明很有礼貌很知礼节的"一句,显然为表现"宋喜"的"知书达理"提供了过量的信息,"文明""礼貌"和"礼节"意义相近,使用其

---

① 何兆熊:《新编语用学概要》,上海:上海外语教育出版社,2000年,第154~155页。

中的部分词语即可,而这几个词语的相继连用,必然在"文明""礼貌"或"礼节"的程度上起到了强调作用。结合语篇来看,宋喜是个女性,面对几个男性粗俗的动作,她其实是不得不"文明""礼貌"而且"知礼节"。例(2)中,"大约近一个钟头又十七分钟,十八分钟,十九分,廿,廿许,廿几——分钟"显然也提供了过量信息,完全可以用适当的信息来表述,语篇虽然提供的信息过量但恰到好处地表现了人物无聊状态下的心理时间。上两例语篇提供信息数量过多,会违背数量准则,如果提供信息的数量不足也会偏离数量准则。如:

(3)那个家伙像刘,不是。失望!他乡遇故知。刘,幼年的同学,快乐的时期,一块跑得像对儿野兔。中学,开始顾虑,专门学校,算术不及格,毕了业。一百五,独身主义,不革命,爱国,中国有进步。水灾,跳舞赈灾,孙白得两张票;同女的一块去,一定!(老舍《丁》,载《老舍小说全集》第325页)

(4)自由市场。百货公司。香港电子石英表。豫剧片《卷席筒》。羊肉泡馍。醪糟蛋花。三接头皮鞋。三片瓦帽子。包产到组,收购大葱。中医治癌。差额选举。结婚筵席……(王蒙《春之声》,载《中国意识流小说选(1980—1987)》第7页)

例(3)中的蒙太奇式语言跳跃性很大,十分像非逻辑性意识活动,从正常交际语言判断,文中的语言成分省略过多,显然属于"未形成语言",不符合交际的需要,其违反合作原则中的数量准则,因此人物提供的信息数量有限,语篇句子成分省略过多,语篇的连贯主要依赖上下文语境,但这种借助于上下文语境对句子进行猜测性的理解也往往容易出现语义的不确定性。例(4)中,作为新时期意识流文学经典语句,当初其出现引起不小的争议,主要原因是看不懂,看不懂显然是文中提供的信息过少,这种蒙太奇式语言画面感十足,通过画面的拼接才能更好地掌握意义,显然这种话语用来交际会带来许多困难,除非经过专门训练,掌握了这种语言生成模式。这种话语是个人心理活动的选择结果,心理活动过于关注新信息,忽略了与旧信息的呼应,信息筛选过于集中,所以语篇提供的信息也不足,而这种不足信息的补阙除要依赖上下文语境外,还要依赖人物所在的情景语境,这样语篇才能连贯。

(二)偏离关系准则

陈新仁认为:"无论是书面语篇还是口头语篇,连贯性都是语篇可理解的前提。从篇章角度谈的连贯性实际上就是从意义角度所说的关联。对于书面语篇来讲,由于作者生成语篇和读者理解语篇之间在时间和空间上都存在较大距离,作者和读者之间也不可能进行即时的互动,所以如果书面语篇的段落与段落之间不连贯,就直接造成意义上的不关联,读者就会很难理解。"[①]在合作原则中,关系准则要求语篇表达要贴切,要与目标相关联,才能保证语言交际的成功进行。由于意识流语篇是人物的内心独白,没有外在交际对象需要考虑,因此语篇的连贯性不强,具有非逻辑性、跳跃性等私语化特征,从合作原则来看,偏离了关系准则。而事实上,意识流语篇为了表现人物在某种状态下的意识活动,语篇语句往往也并不是完全围绕相关目标展开,甚至有些杂乱无章,或没有任何中心可言。如:

(5)我亲爱的美丽而又贫瘠的土地!你也该富饶起来了吧?过往的记忆,已经象烟一样,雾一样地淡薄了,但总不会被彻底地忘却吧?历史,历史;现实,现实;理想,理想;咔——咔——咣气咣气……喀郎喀郎……沿着莱茵河的高速公路。山坡上的葡萄。暗绿色的河流。飞速旋转。(王蒙《春之声》,载《中国意识流小说选(1980—1987)》第8页)

(6)戏剧落幕了。灰色。声音极难听。阳光是不要钱的。一杯加了糖的啤酒。思想关在笼子里。呼吸迫促。跑百米的运动员用劳力换取失望。桥。香港与九龙之间应该有一座铁桥。雨量稀少。一对年轻人在皇后道握手。(刘以鬯《酒徒》第173~174页)

例(5)中,由人物的慨叹到火车发出的响声,再联想到莱茵河及其周围美景,最后到人物在高速公路上的感觉,语篇内容从连贯性来看,跳跃幅度较大,语义间缺乏必要的铺叙、伏笔,表现意识的不断流动,符合意识流动的状态。但从交际效果来看,其偏离了合作原则的关系准则,使语句间关联程度

[①] 陈新仁:《汉语语用学教程》,广州:暨南大学出版社,2017年,第61页。

不大,目标性不强。而例(6)中,语篇为人物醉酒状态下的意识跳动,语篇关注的中心点较多,但这些中心点之间不存在连贯性,也没有任何语篇中心目标,仅表现人物心理活动的极端混杂,完全是不同的意识流片段的彩点闪显。正是这种对合作关系准则的偏离逼真映现了意识活动的真实。

(三)偏离方式准则

在合作原则中,方式准则属于表达方式上的要求,包括说话人避免晦涩的词语、避免歧义、简明扼要、要有条理性等,从信息传递视角看,主要为了避免信息在传递过程中耗损过大,在遵循语言经济原则的前提下,保证交际双方顺利完成信息交流。如果交际双方语言"晦涩""歧义""啰嗦""无序",则显然违背语言交际原则,相对于日常交际语而言,其编码过程更为复杂,单位语言所承载的信息量减少,其解码过程也十分困难,接受的信息要远远小于表达的信息或接受具体单位语言耗时较长。如果从文学语言的"有效修辞话语的语言美""审美效果的情感体验""修辞审美的人本性"[①]等方面判断,这些语言表达方式则可能化腐朽为神奇,它们虽然违反了日常语言交流方式,但是符合文学语言的特征。在意识流语篇中,意识流语言主要考虑对心理活动的真实反映及意识活动没有外在交际对象这一现实,往往偏离合作原则中的方式准则,故意模拟"未形成语言的意识层次"的含糊、破碎、杂乱等,通过语言象似性尽可能还原心理活动的真实,可谓"失之东隅,收之桑榆"。这种对方式准则的偏离主要体现为以下几个方面:

1. 文白混杂。文白混杂往往体现的是人物个体的语言风格。意识流语篇是不同人物个体意识活动的映现,因此当人物个体具有不同的文化素养背景时,其表达方式就有不同的个人语言风格,文化修养高的人有可能使用晦涩的古语词或文言句式等,使语句文白混杂。如《背海的人》中的人物"爷",曾是一位"诗人",国学功底也不错,因此在他的意识流动中不时跳跃出文言词语和文言句式,形成文白语句杂糅的表达方式。如:

(7)既不能求其"止于至善",所以你也该宽宥原谅这里的四处布撒遍了垃圾,此处其极目所至之处垃圾弃地之多的确是无复出其

---

① 张春泉:《论接受心理与修辞表达》,北京:中国社会科学出版社,2017年,第72~79页。

右者也——这里确实是会叫人以为究竟是它生生出许多垃圾着来还是它则是根本是一处所垃圾的货存堆积地方。(王文兴《背海的人》第18~19页)

上例中的"止于至善""宽宥""极目所至之处"和"无复出其右者也",则分别是文言词和文言句式,而把它们用在白话文中,则出现文白夹杂的语言表达形式,而在日常交际语中,这种偏离方式准则的"晦涩"表达一般被当作"语病"对待,而用在意识流语篇中却恰好印证了意识流语篇的私语化特征,用以表现不同文化背景下人物个体意识活动的真实状态。

2.语境含糊。在日常交际语中,单一语境条件下词义、句义往往单一,词义、句义模糊或歧义则往往受制于语境不确定。语境变化在语言层面则主要有词语选择、成分多少、排列组合的不同等,词语选择不同则语境相异,词语多寡则生成大小不同的语境,词语排列组合不同则形成差异性语境。在意识流语篇中,为了实现心理真实的修辞效果,通过象似性语言再现意识流动的过程变化,这种象似性语言映现了"未形成语言的意识层次",理论上认为其不具备日常交际语的特征,没有遵守语言交际的合作原则,其语境由于词语重复、句子成分过多、组合异化等因素影响而含糊不清,从而在修辞意义上增加不确定性。如:

(8)还有一尊像,名字叫做:李太白。而且他居然的的个还是一名将军他来的的的的的个。这样说起来,说不定我——单星子——那一天也有坐进到庙祀里头去纳享永世不停血食代代不息的机会来了的的的的的的个的的的的的。还有《封神榜》小说里头的角色,也住进到庙之中,庙之里边,它来的的的的的的的的的的的的个。(王文兴《背海的人》第91页)

(9)从爷的这一个四四方方的,这一间房间里惟孑止一个可以透气的囱孔洞洞空空里望出去,能够看到一隅角的平平海域,其里有一柄略略较见遥远的离海岸的,孤伶伶只仅仅这么一个的,如若像是一只握紧拳头的骨嶙嶙瘦臂挺擎在海洋坦坦水平面之上的,岩礁。(王文兴《背海的人》第31页)

例(8)中,口语词"的个""的"大量出现,真实表现了醉酒状态下混乱的意识流动,在句子中此类词语大量出现却严重干扰了语言表达,这种语言表达方式肯定不适合交际,它是对方式准则的严重偏离,它一方面表现了语篇的私语化特征,另一方面也使语篇修辞意义变得不确定起来。例(9)中,"岩礁"前的定语尤其长,即"一柄略略较见遥远的离海岸的,孤伶伶只仅仅这么一个的,如若像是一只握紧拳头的骨嶙嶙瘦臂挺擎在海洋坦坦水平面之上的",这显然异于语言常规组合,如此异化的组合方式丰富了修辞意义,加之整个语篇词语组合的异化,如"惟子止""洞洞空空""一柄""孤伶伶只仅仅这么一个""坦坦"等,显然偏离了合作原则的方式准则。

3.语义重复。在语言交际中,语义重复导致信息冗余过剩,不符合语言经济原则,是一种语言资源浪费。语义重复是由于其不简练的语言表达,虽然在交际的合作原则中偏离了方式准则,但在修辞表达效果上可以生成陌生化,使接受过程的时间延长,使语义重复内容得以突显,如下例近义词语的重复使用。

(10)至若旁的那一些什么黄色,红色,棕色,黑色,等等,也一统一概尽没得,光光独独只惟有似这么样的一只翩跹翱翔,随意来随意去的黯郁幽黑的傲鹫。这一只鹫鹰成日里止只见它不分是晴抑还是雨——(除掉下大雨)——都一直不息不止不中不断的在港湾里的上首匝旋回绕。——何以哉仅只惟单独零零就即才壹只,而非为两只,壹双,壹合对?另外的那一只推测起来讲不定是疾病病得它给病死了,或者说不定它是被受及打猎的人的铳火射击中伤后落羽而乃丧身云了的。(王文兴《背海的人》第23页)

例中,"光光独独只惟有似这么样的一只翩跹翱翔"和"仅只惟单独零零就即才壹只,而非为两只,壹双,壹合对",前句中"光光""独独""只""惟有",后句中"仅""只""惟""单独""零零"以及"两只""壹双""壹合对",都是异形同义或近义词语,它们偏离方式准则,即表达不简洁。

4.缺乏条理。在合作原则中,语言表达的条理性多指具有逻辑性,既是句子内部的逻辑性,也是句子之间的逻辑性。有了逻辑基础,语句才能连贯,从而保证交际的顺利进行,通常认为这样的语句属于无标记语言;相反,语句内外处于无序状态,这样的语句往往不适宜交际,但具有某种文学修辞效果,一般具有特定的语用目的,它属于有标记语言。在意识流语篇中,意识活动具有非逻辑性特征,表现这种真实意识流动的象似性语言也具有非逻辑特征,对这种语言无论编码与解码都存在一定困难,语义不连贯是这种非逻辑语言的显著标记,再现了特定语境下的特定心理活动。如:

(11)爷在这儿大概算是他们所诚恳信奉的另个一座菩萨——活菩萨难道？不错的不错,菩萨确确实实是不怕多……在这一个地方开幕经营一堂□□庙了树建了起来了的话,这个地方的所住在这儿的这一些人一定也会照信照下拜不稍稍误。(王文兴《背海的人》第20页,引用时省略部分文字,□表示看不清的字)

(12)他——甚且,望即为,远洋渔ㄔㄨㄢˊ(船),也,会,带着他的圆饭团,到天北,地南,这一个,世界,的茫茫浑浑,噩噩噱噱去。
(王文兴《背海的人》第355页)

例(11)中,"活菩萨难道？不错的不错",显然是由于过度省略而使语句缺乏内在的逻辑性,而"在这一个地方开幕经营一堂□□庙了树建了起来了的话"一句中,简直语义就不通,"一堂□□庙"既是句子的宾语,又是句子的主语,而其作"兼语"时句子又不能成立,正是这些缺乏条理性的表达方式映现了意识活动的特殊状态。例(12)中,语篇的表达方式变形很大,尤其是缺乏条理性,该语篇的意思应为"他甚至希望远洋渔船也会带着他的圆饭团到这一个茫茫世界的天南地北去",而由于语篇表达方式的无条理性,使该意识流语篇呈现出极强的私语化特征。

(四)偏离质量准则

在合作原则中,语言要求具有真实性,即不说假话或不说缺乏有力证据的话,这样方能保证交际合作的顺利进行,而有时为了实现某种特殊的表达效果,往往可以对质量准则进行偏离。在意识流语篇中,为映现某种特殊的表达,也常使用偏离质量准则的方式,主要表现为超常组合。刘焕辉先生指出:"一般的组合规律,是话语组织的基础。违背了这一般规律,不仅影响达意,甚至不合事理,不能成话。但在一定语境中,出于特定表达需要,又可突破一般的组合规范,作出超常规的组合,收到特殊的表达效果。"①如:

(13)空气凝结成固体,正当行人走进黑森森的时候。思想是稻草,突然忘记昨日的风雨以及逝去的蝉鸣。(刘以鬯《酒徒》第72页)

(14)心理病专家说史特拉文斯基的手指疯狂了,却忘记李太白在长安街上骑马而过。太阳是蓝色的。当李太白喝醉时,太阳是蓝色的。当史特拉文斯基喝醉时,月亮失去圆形。我的思想也醉了,我想。(刘以鬯《酒徒》第24页)

例(13)中,"空气凝结成固体"和"思想是稻草"分别是拟物和暗喻的辞格,从质量准则来看,这种语句表达的内容是不真实的,但这种不真实的内容实现了语言的特殊表达效果,映现了某种语境下特殊心理活动,同时,语篇看起来更具有诗化的意蕴,使语篇充满语言的张力。而例(14)中,"手指疯狂了""太阳是蓝色的""我的思想也醉了"等语句肯定也偏离了表达客观事物的真实性。这些话语都映现了人物意识活动和真实体验,呈现出语篇的私语化特征。

意识流语篇的私语化语用特征违反了合作原则,这些私语化意识流语言多属于"未形成语言的意识层次",即前意识和潜意识。前意识与表示理性的意识有联系,表现前意识的语言偏离合作原则的程度较小;潜意识受到意识的拒斥,表现潜意识的语言偏离合作原则的程度较大,极端情况下可能完全相悖。这种私语化特征的意识流语言,不能够很好地用于社会交际,它拒绝了语言的社会性。这种私语化特征的语言可以从四个方面把握考量:"第一,从这种语言的内容来看,这种语言的内容只为说话者自己所理解;第二,从这种语言所指称的对象来看,它所指称的是说话者当下的私人感觉;第三,从这种语言的参照系来看,这种语言不以外在的公共可观察的对象为参照系;第四,从这种语言的性质来看,它具有私密性和不确定性,是完全无法交流的,是其他人完全无法理解的,甚至说话者本人也难以把握。在这个意义上,这

---

① 刘焕辉:《言语交际学》,南昌:江西教育出版社,1986年,第272~273页。

种语言由于无法实现交流和沟通的目的甚至不能称之为真正的语言。"[①]这种"不能称之为真正的语言"在维特根斯坦看来,"只有说话者知道的东西,是指他当下的私人感觉。因此别人不能理解这种语言"[②]。"未形成语言的意识层次"的事实与社会交际所需语言的要求相悖,导致私语化意识流语言偏离了语言交际过程的合作原则,保持着私语化语言特征的独特性。极端私语化的意识流文本在接受上具有相当难度,这也是意识流文本饱受诟病的根源所在。

第二节 投射性:遵循象似性原则

索绪尔认为语言符号具有任意性,但这种任意性是一个连续统,存在程度的差异,有绝对任意性和相对任意性,相对任意性是能够论证的理据性。可见,"只有一部分符号是绝对任意的;别的符号中却有一种现象可以使我们看到任意性虽不能取消,却有程度的差别:符号可能是相对地可以论证的"[③]。索绪尔指出符号构成的理据性主要表现为组合关系和聚合关系,即"句段的分析越是容易,次单位的意义越是明显,那么,论证性就总越是完备"。"相对地可以论证的概念包含:(1)把某一要素加以分析,从而得出一种句段关系;(2)唤起一个或几个别的要素,从而得出一种联想关系。任何要素都要借助于结构才能表达某种观念。到现在为止,单位在我们看来都是价值,即系统的要素,而且我们特别从它们的对立方面去考虑;现在我们承认它们有连带关系,包括联想方面的和句段方面的,正是这些关系限制着任意性。"[④]索绪尔分析出理据性来源于心理的作用,因为"人们的心理给一大堆符号的某些部分带来一种秩序和规律性的原则,这就是相对论证性的作

[①] 韩秋红、王艳华、庞立生:《现代西方哲学概论》,北京:北京大学出版社,2010年,第212页。
[②] [英]维特根斯坦:《哲学研究》,李步楼译,北京:商务印书馆,1996年,第243页。
[③] [瑞士]索绪尔:《普通语言学教程》,高名凯译,北京:商务印书馆,1980年,第181页。
[④] [瑞士]索绪尔:《普通语言学教程》,高名凯译,北京:商务印书馆,1980年,第182~184页。

用"①。从整体来看,索绪尔认为部分符号存在理据性,具体表现为符号构成具有组合关系和聚合关系,这是由于心理上的秩序与规则投射到了符号上,心理活动与符号构成具有某种程度的象似性,在词、短语和句子层面也是如此。正如吉冯(Givón)曾提出"今天的词法曾是昨天的句法",朱德熙、石定果、苏新春等曾论证过字法、词法、句法之间的结构关系是一致的。②③④ 可见,意识流语篇在语言使用中也反映了这种心理象似性投射。

一、意识流语篇投射性的实质

意识流语篇的投射性指语篇在运用过程中表现出来的某种象似性关系。其实质是语篇与功能之间、语篇与现实之间存在着象似性关系。西蒙(Simone)曾对象似性话语进行了语用分析,认为话语类型不仅与目的⑤(功能)之间存在一定的象似性,而且与现实之间也普遍存在象似性。⑥ "因此从语用角度来分析象似性原则,就自然会得出这样的推理:某话语类型与某特定交际目的(功能)之间存在较高的对应性,这就是象似性话语,可用来解释特定的语用行为。如果话语与现实之间不存在拟象关系,就很难,或不可能产生言语行为中的取效行为,这就形成了可从语用角度探讨语言符号象似性的理论和实践基础,同时也向我们提出了可从语用角度探讨语言符号象似性的问题。"⑦

特定"话语类型"与其功能之间存在象似性,而且与现实之间也存在象似性。前者具体表现为语言形式与意义存在象似性,因为"按照功能主义语言学的观点,一定的结构体现一定的功能,语言的结构是语言为实现语言的功能而自我调适的结果,语言结构是经验结构或概念结构的模型,因此形式和

---

① [瑞士]索绪尔:《普通语言学教程》,高名凯译,北京:商务印书馆,1980年,第182～184页。
② 朱德熙:《语法讲义》,北京:商务印书馆,1982年,第32页。
③ 石定果:《说文会意字研究》,北京:北京语言学院出版社,1996年,第164～167页。
④ 苏新春:《论会意字与复合词的共同生成机制》,载《暨南学报》,1994年第2期。
⑤ 这里讲的"目的"指"功能",即使用话语或语言单位的目的。
⑥ Simone. Raffaele. *Iconicity in Language*. Amsterdam:John Benjamins,1994:153.
⑦ 王寅:《象似性原则的语用分析》,载《现代外语》,2003年第1期。

意义之间的联系不是任意的,是'象似的',有理可据的"①。即"语言用来(即其'功能'是)传递思想,表达态度等。……科学语言的'功能'是以一定的方式表达一定的经验样式"②。作为特定"话语类型"的意识流语篇与其功能以及现实之间存在象似性,即通过语言形式投射非逻辑性心理活动,并通过心理活动投射现实。张炼强先生指出:"不能因此就说句式的运用和心理活动是全然无关的,相反,各种思想都力求有和它相吻合的语言形式,句式的运用往往是由它所表达的意义内容来决定的,所谓句随意转,因而句式的运用,也往往要受到心理活动的制约。"③意识流语篇在运用过程中,实质上是对非逻辑心理活动的投射,并通过心理活动投射到现实世界,这一投射遵循着象似性原则。

二、意识流语篇投射性的体现

所谓"象似性",是相对于任意性而言的,是指语言形式和内容之间有一种自然的联系,两者的结合是可以论证的,是有理据的,其组合结构直接映照人的经验结构。而"经验"一般是指人对客观世界的感觉和认识,或人的头脑反映客观世界而形成的各种概念和概念结构。④ 当表达形式与表达内容具有象似性时,表达形式也就真实投射了人的认知经验,而认知经验由于真实映现了现实,所以表达形式也就真实投射了现实,即"外界的事物与'观念'相对应,人的'心'由这些观念构成,观念对应着词语,词语构筑成话语"⑤。这种表达形式与表达内容的对应性也是语篇的象似性。

意识流语篇的象似性主要是表达形式与心理活动(表达内容)之间存在象似性,主要有语音象似性和句法象似性两种类型。语音象似性属于影像象似性,句法象似性属于拟像象似性。皮尔斯从符号学的角度把象似符号分为

---

① 沈家煊:《不对称和标记论》,南昌:江西教育出版社,1999年,第326页。
② [英]戴维·克里斯特尔:《现代语言学词典》,沈家煊译,北京:商务印书馆,2000年,第151页。
③ 张炼强:《修辞论稿》,北京:人民教育出版社,2000年,第97页。
④ 沈家煊:《句法的象似性问题》,载《外语教学与研究》,1993年第1期。
⑤ 张国宪:《现代汉语形容词功能与认知研究》,北京:商务印书馆,2006年,第13页。

影像象似符(image)、拟象象似符(diagram)和隐喻象似符(metaphor)三种。影像象似符是符号对指称对象的直接模仿,二者在共有属性上的简单象似,一般通过视觉或听觉系统便可识别。拟象象似符是符号与指称对象在关系上的象似,即符号成分之间的关系和其指称对象成分之间的关系在结构上象似。①② 语言符号也可以分为影像象似符和拟象象似符,语言符号的象似性也就有影像象似性和拟象象似性。影像象似性是直接对指称对象的模仿,如听觉上表现为对声音节奏或声音的模仿。拟象象似性指关系象似,即语言符号构成成分之间的关系象似于人的经验结构。意识流语篇在运用过程中投射了非逻辑性意识活动,它遵循象似性原则,体现为语音象似性和句法象似性。

(一)遵循语音象似性

1.节奏象似性。语音象似性,"主要包括拟声、语音象征和节奏三种类型"③。目前,对拟声象似性研究较多,而对节奏象似性研究较少,节奏象似性虽然可以映现人物意识活动的缓慢、湍急,但由于节奏是依附于语言符号,而语言符号的显著特点是线条性。因此,符号线条性排列掩盖了节奏的特点,导致节奏往往没有一个明显的外在形式,它一般只能通过阅读者来把握,而阅读者的差异影响了节奏的真实体验。如果借助于文字的空间排列和标点作用来映现意识活动的节奏,也许更为接近人物表达的真实心理。比较典型的意识流语篇,如王文兴的《背海的人》,常常通过文字的空间排列和标点的作用来映现人物心理活动的节奏。如:

(1)是在,这里,——爷看到,这一个傅少康,踏着ㄅㄠˊ(薄)薄木拖,停站,ㄗㄞˋ(在),那和儿。立即(心)的,傅少康,他很热ㄒㄧㄣ(心)的,邀,爷,到—他的—家里ㄑㄩˊㄗㄨˋㄛˋ(去坐)。—爷,——于是,便,跟他,ㄗㄡˇ(走)了,到里边,ㄑㄩˋ(去),——爷,是的,爷—就是,这样,ㄏㄜˊ(和)他,熟络,起来了的。(王文兴《背海的人》第332页)

---

① 丁尔苏:《语言的符号性》,北京:外语教学与研究出版社,2000年。
② 黄华新、陈宗明:《符号学导论》,郑州:河南人民出版社,2004年。
③ 辛献云:《篇章象似性与英诗汉译》,载《解放军外国语学院学报》,2006年第4期。

上例中为了映现人物心理意识流动的节奏,借助于标点符号和文字空间排列的空格形式,借助的符号主要是逗号和破折号。而逗号一般是用来表示句子中间的停顿,主要用在句子中主语和谓语之间、动词与宾语之间、句子内部状语后边或复句各分句之间的停顿。而例中的逗号主要不是这些用法,它几乎成了表现语气节奏的标记符号,如用在介词短语、定中短语等本不该停顿的地方。而破折号一般表示声音延长,如象声词后用破折号,也可以用在音节之间,而例中的破折号是前有逗号或后有空格,显然这些破折号不完全表示声音的延长,它实际上和句中的逗号一样,主要还是表现语气节奏的标记符号。而例中的空格,无疑也会使阅读速度放慢以体现节奏。于是,本是线性排列规范完整的语句变成了真实体现语言节奏的"破碎"语句。这种"破碎"基础上的语篇又投射了意识流动快慢缓急的实际状态。

另外,还有通过句子成分的重复排列来模拟音乐发出的节奏,而这种音乐节奏式的语篇也投射了意识活动的规律。如:

(2)蛮子你别忘了你喜欢的那首歌"我的心属于我"你别忘了小时候把芙蓉花瓣捋下来算算好运气你别忘了不相信人并不是你的特长你别忘了还有一些事情你想都不会想到。(刘索拉《蓝天绿海》,载《意识流小说》第51页)

上例中的句子音乐性很强,"这长长的句子犹如一章节奏鲜明的乐谱,每一段从'你别忘了'开始,各是三拍一节,总共四节,而最后的省略号又意味着这样的节拍具有无穷的延续性与回旋性,这些音乐感很强的节拍打击出来的是浓郁的叙述情绪"[①],而"音乐主题的循环咏唱和叠式发展的形式很符合潜意识的重叠、交织、滚动式的运行特征。意识流作家采用这种回环往复式的手法彻底打破了传统叙事的直线型结构"[②]。可以看出,通过句子成分的重复排列表现出音乐节奏,而这种音乐节奏又是对意识活动某种状态的模拟,因此这种具有节奏性的语篇投射了人物意识活动,具有节奏象似性。

2.拟声象似性。语音象似性主要是拟声,拟声是对客观事物发出声音的

[①] 李荣启:《文学语言学》,北京:人民出版社,2005年,第42页。
[②] 吴晓都:《叙事话语流变:叙思、叙意》,载《国外文学》,1996年第2期。

近似模仿,它与客观事物的声音存在的实际状态联系密切。陈望道先生称拟声为"象物音",并发现了其中存在的象似性。即:"象物音中有字音仿佛像事物的声音的,如'滴'字的音,同雨下注阶的音相近,'击'字的音同持械敲门的音相近,'流'字的音同急水下注的音相近,又如'湫'字的音近于池水的声音,'瀑'字的音近于瀑布的声音之类(参看刘师培《中国文学教科书》第一册),也有发音的动作仿佛像事物的,'如大字之声大,小字之声小,长字之声长,短字之声短,又如说酸字口如食酸之形,说苦字口如食苦之形,说辛字口如食辛之形,说甘字口如食甘之形,说咸字口如食咸之形'(见陈澧《东塾读书记》卷十一)。""象似符的所谓'相似性'并不是客观的、基于逻辑的,而是一个'心理事实',即感知中的相似性"①。拟声是人物心理所感知到的声音,而不是客观现实的声音②,因为拟声存在于人物内心体验并以意识活动的方式呈现出来,它类似于语言中的"音响形象",即"不是物质的声音,纯粹物理的东西,而是这声音的心理印迹,我们的感觉给我们证明的声音表象"③。拟声主要有拟人声和拟物声。拟人声是模拟人发出的各种声音,拟物声则是模拟物体发出来的声音。如:

(3)窗子上有一块块树叶的影子,风一吹它们就一跳一跳地发出鬼一样的声音。咚咚咚咚。什么东西一记一记地撞着胸膛。嘘——。不能发出声音啊,不能让值班的老张头听到啊。(陈洁《大河》,载《中国意识流小说选(1980—1987)》第129页)

(4)老一辈人正在一个又一个地走向河的那边。咚咚咚咚,噔噔噔,嘭嘭嘭,是在过桥了吗?联结着过去和未来,中国和外国,城市和乡村,此岸和彼岸的桥啊!(王蒙《春之声》,载《中国意识流小说选(1980—1987)》第6页)

例(3)中,"咚咚咚咚"主要是模拟人心脏跳动所发出来的声音,这种拟声投射了心理上的"声音印迹",以突出人物夜深人静之时偷拿食堂猪腿时的紧

---

① 陈望道:《修辞学发凡》,上海:上海教育出版社,2001年,第240页。
② 王铭玉:《语言符号学》,北京:高等教育出版社,2004年,第403页。
③ [瑞士]索绪尔:《普通语言学教程》,北京:商务印书馆,1980年,第101页。

张心情,似有夸张成分在内。例(4)中,模拟事物发出的声音可以直接作用于听觉系统,这是语篇投射意识活动体验的最好方式,人物把听到的声音作为内心流动意识的一部分,并由这种拟物声联想开去,由火车发出的声音联想到"桥"、又想到各种各样的"桥",等等。从外部物体发出的声音作用于人的意识活动,意识活动又以该声音为基点流动下去,这样不知不觉人物意识活动就真实地映现在眼前。应该说,通过拟声的语音象似性来投射意识活动,意识流语篇相对于其他语篇而言体验性更显著一些。

(二)遵循句法象似性

维特根斯坦在讨论语言与世界的关系时,认为"语言是世界的图像"①,"图像以一定的方式互相联系,这表明事物也是这样互相联系的。图像成分的这种联系称为图像的结构,这种结构的可能性称为图像的摹绘形式。摹绘形式是事物如图像的成分那样互相联系的可能性"②。维特根斯坦关于逻辑形式的观点证明了语言与世界具有同构关系,实际上也是今天讨论的句法象似性雏形。句法象似性指句法结构与人感知世界的经验结构或概念结构相映照,或者说句法成分之间的关系与人感知世界的经验结构成分之间的关系相对应。它一般包括顺序象似性、数量象似性、距离象似性、对称象似性等。意识流语篇投射意识活动遵循了句法象似性,体现如下:

1. 顺序象似性。顺序象似性指"句法成分的排列顺序映照它们所表达的实际状态或事件发生的先后顺序"③,包括在时间顺序、空间顺序、认知顺序、心理顺序等方面的象似性。时间顺序和空间顺序主要是外部世界中客观事物的实际状态,认知顺序和心理顺序主要映现了主观认知过程和心理活动顺序。其中心理顺序,利奇(Leech)认为,是指句法成分排列的顺序体现事件在人物头脑中自发出现的顺序,包括对人实际心理状态的模仿④,这里的心理状态也是指意识活动。人的心理状态实际上是流动变化的,意识流语篇的句法成分排列的顺序则投射了这种流动的心理状态。心理意识流动的状态是

---

① 沈梅英:《维特根斯坦哲学观视角下的语言研究》,杭州:浙江大学出版社,2012年,第9页。
② 涂纪亮主编:《维特根斯坦全集》,石家庄:河北教育出版社,2003年,第192页。
③ 沈家煊:《句法的象似性问题》,载《外语教学与研究》,1993年第1期。
④ Leech. G. N. & M. H. Short. *Style in Fiction*. London: Longman, 1981.

复杂的,这种复杂的心理活动在句法成分的排列中可以被投射出来。所以说,"语言单位哪个放在前边,哪个放在后边,固然受到语法规律的支配,但是从感知的角度说,这往往为某一语言单位和其他相关的语言单位的内在联系所制约"①。这一"内在联系"在意识流语篇中主要表现为心理顺序,如语句成分倒装和语言内容的不断调整所形成的同义词语重复等,都是对心理实际状态的投射,"如将对比成分、疑问成分、强调成分置于句首,也是遵循'将说话人急于表达的、对听话人而言预测度较低的信息首先说出'的顺序象似原则"②。

(5)回家去?——我绝对不嫁给那个人的,——你要我,难道是,嫁给那一个人他?(王文兴《背海的人》第254页)

(6)而且也不必担心她致于不给你说话的所需要的时间,而且她也不致于会打岔了你,中间打断掉你。(王文兴《背海的人》第201页)

此两例中出现了语言成分排列顺序不合句法规范的情况,如例(5)中的"你要我难道是嫁给那一个人他"中"他"的最佳位置应在"那一个人"前,而不是其后,而例(6)中的"她也不致于会打岔了你"读起来拗口,可能与"打岔"是不及物动词有关。此两例句法成分顺序的颠倒或位置错误,其实是投射了人物心理活动的真实状态,意在把急于表达的信息先说出来,再把预测度高的代词"他"和"你"最后说出。

除词序较特殊的句子的顺序象似性投射了人物意识活动之外,语义相近词语使用时的不断调整所形成的重复,也投射了思维中对词语不断选择的过程,真实映照了意识活动的顺序象似性。句子、词语不断被选择、替换往往是基于思维受阻不畅的情况,比如下例人物在醉酒状态下重复应用词语。

(7)也并不就能够算是它是"不灵"——这只能够说是没曾介经过"综合相"的步骤,……然之,如果倒返它反转反过来说,其所得的

---

① 张炼强:《修辞论稿》,北京:人民教育出版社,2000年,第83页。
② 沈家煊:《句法的象似性问题》,载《外语教学与研究》,1993年第1期。

应证应验的了个的结果如若倘是"灵"的话——一样的也—不能
《又'(够)又当之它尸'(是)人确正正的"灵"。(王文兴《背海的人》第 48 页)

(8)然后,她把头靠到椅子的,这把椅子的,椅背靠上面,闭合起了其眼。(王文兴《背海的人》第 255 页)

例(7)中,出现多处用词重复,从词的选择来说,表达某个意思一般会选择某个恰当的词,其他词虽然与该词的语义等方面相近,但一般来说不能替代该词。人用词来表达意识活动的时候,也存在词语选择的过程。如"反转"和"反过来","应证"与"应验","如若"与"倘是",各组词语虽然是近义词,但还是存在语义上的区别。语义相近词语重复是词语选择不断调整的结果,这一重复的排列顺序真实投射了意识非清醒状态下的活动顺序。例(8)中,"她把头靠到椅子的,这把椅子的,椅背靠上面"一句,本可用"她把头靠到这把椅子的椅背靠上面",而文中先出现"椅子的",接着又补加定语"这把",显然这样重复的目的是潜意识中想把话说得更清楚,于是,语篇真实投射了意识活动时存在顺序不断调整的状态。

语篇突显强调成分所形成的顺序象似性可以投射意识活动,突显强调成分一般通过话题来实现。句子可以分为话题和述题两部分,话题处于句首,通常强调突显的成分,因为从认知的"图形—背景"模式来看,图形一般是注意的焦点,而背景则是图形的衬托。在句子中,"图形"多由主语充当,"背景"多由宾语充当,而主语的位置又多是"话题"的位置,因此,话题多为"图形",是关注的焦点所在。在意识活动过程中,人物无意识中为了强调某一成分往往会不自觉地把这一成分置于话题位置,把强调成分置于话题有时受语法制约,即某些词不能作主语,于是又不得不把它置于非话题位置进行重复。这种成分位置的变化实际上投射了意识活动的变化过程。如:

(9)这一件,蔡素贞,的这一件事,虽然,爷觉得,是有对不住她,这一个人,的地方,……如果要是这样的话,都难过不起来。大概,爷,——爷大概不是个好人。(王文兴《背海的人》第 269 页)

上例中,"这一件"只是指称性的数量短语,和副词"大概"都是先放在句首而后又重复,明显也是想予以强调。如果没有把"这一件"或"大概"放在句首话题位置,仅放在定语位置和状语位置,那么这些词语可能会被一眼带过而不被重视。这看似无意识的心理活动实际上也是人物所强调对象在语篇中的顺序象似性投射,语篇中围绕这两个"话题"展开的议论便是证明。

2.数量象似性。数量象似性指句法成分越多则表示的意义越复杂或程度越强、性状越深等;相反,句法成分越少则表示的意义越简单等。可见,"量大的信息,说话人觉得重要的信息,对听话人而言很难预测的信息,表达它们的句法成分也较大,形式较复杂"[①]。数量象似性的认知基础是:语符量一多,就会引起接受者更多注意,导致接受者心智加工较为复杂,占用更多的接受时间。在接受过程中感受或体验不一样,此时自然就传递了较多信息。数量与空间这两个概念是连通的,数量多了,所占空间也就大了,在视网膜上所形成的映像图也就较大。因此,在意识流语篇中,有时为表达某种复杂的意识活动状态而使用长句子和长短语,或通过词语的重复来强调其程度等,都是利用了数量象似性的认知原理。

在意识流语篇中,长句子和长短语一般成分较多,即句子越长则句子成分越多,句子构成也越复杂。句子成分多且构成复杂,则句子的语义也复杂,而复杂的语义实际上投射了人物意识活动的复杂状态。作为长短语同样投射了人物意识活动的复杂状态。如:

(10)而说实在的,a 除掉因为的是这么样的一个不肯予同这一些不上品的小诗人相并立的理由它了的个的之以外,b 爷为什么不也去摆脱掉那一种可以说没有文字足可以形容得上来的写作的那一种痛苦? c 爷不是说的在创作的过程的时候有甚么痛苦产生——创作的当时不会有甚么痛苦这类的那一种感觉——爷是说的那一种在创作失败了之后的那一种的个的痛苦。……d 像这样子的个低落而复且又消沉若斯之然的现状相要接连着到的的个的来的约两三周那么长的时间之那么样长的那么的的的个的的的之久。(王文兴《背海的人》第 96~97 页)

[①] 沈家煊:《句法的象似性问题》,载《外语教学与研究》,1993 年第 1 期。

上例中,有一个长句子和两个长短语:长句子有 b;长短语有 a 和 d。b 主谓句"爷……摆脱……痛苦",是因修饰限制语比较长而形成的长句子;a 介词短语"除掉……以外"和 d"像这样子……",则是由于句中成分过多或虚词数量过多所形成的。长句子和长短语由于成分过多使语篇明显变得复杂起来,复杂的语篇又投射了作为"诗人"意识活动的复杂状态。长句一般用来陈述逻辑严密的庄重内容,面对"创作"这一理性严肃话题,在物质社会挤压下被边缘化的"诗人"愁肠百结、爱恨交加、酸甜苦辣等人生感慨自然喷涌而出,意识活动的复杂性在语言长度上呈现出来。

词语的重复则意味着数量的增加,而词语数量的增加主要是为了突出程度的增强或性质状态的加深,以投射心理的某种实际状态,从而突出人物觉得重要的信息。通过词语重复来实现数量象似性只是单一句法成分在量上的加大,一般不影响句法结构的复杂性,其语篇强调功能突显,恰恰也说明了这一信息在人物心理上难以预测,因为"言语的超切分单位的数量与信息的可测度相关,难以预测的信息和所要表达它的语言形式成正比,容易预测的信息,则其形式很少出现或被省略"①。词语重复主要有单、双音节词和多音节词几种形式。单、双音节词语的重复如下:

(11)——而且问题在你万万万万万万也没有想到的那一种时候,好比是,你坐在公共汽车的上头。(王文兴《背海的人》第 96 页)

(12)随即,再发萌申生之新变生了出来了的的了个事实,爷,一段很长很长很长很长很长的拖长的时程,打自楼梯顶顶头上一溜溜滚跌滑滑落了下来了个了了个了个了的……久久久久久而久之之长长漫漫一大段时间…… ————（王文兴《背海的人》第 43 页）

例(11)和例(12)中,单音节词"万""久"和双音节词"很长"重复,其实是强调每个词在程度上的加强,联系各自所在的句子来看,"万"重复表示"根本没有想到",而"很长"和"久"重复表示时间之长超出预料。这些词重复出现则暗示在人物心理上这些信息都难以预测,超出了人物的心理预期,是人物

---

① 张晓慧:《句法象似性及其在文学中的文体效果》,载《菏泽学院学报》,2008 年第 3 期。

在心理上的异常感觉。如例中单音节"久"字的重复显然强调时间之长,但这种"久"也只是从楼梯滚下来的时间,滚下来所用的物理时间不可能太长,只不过在人物心理上感觉时间久罢了,毕竟从楼梯上跌落下来的恐惧感会被放大,在文中它以句子成分数量的增加来投射心理知觉上程度的增强或心理时间的延长。

除了单、双音节的词语之外,还有多音节词语重复,主要为三音节及以上,它们的重复同样也是强调、突出心理的某种异常状态。管道隐喻将语言形式视作容器,将其所表达的意义视作容器中所装的内容,容器越大所装内容就越多,即语符越多,所表达的意义就越多、越突出。三音节和四音节词语形式较长,其"容器"本身已经较大,重复后"容器"再次加大,所以其表达的同一意义越多、越突出,实际上投射了心理关注程度的大幅提升。如:

(13)说起"六祖",爷倒以为:——如若你要来称呼之谓一个宗教家,反倒不如称呼之为一个<u>了不起了不起</u>之复又且之了不起的诗人。(王文兴《背海的人》第94页)

(14)巧不巧,下雨,蛮大的雨的,爷踩在像黄,湿湿的,粉粉底,豆蒸糕上,一踩一个盛满了水的深杯杯,……像这样子的<u>反反复复反反复复</u>蹭蹭行行了有一阵长,爷感觉,——的确是的,——累;真累死了人。(王文兴《背海的人》第203页)

例(13)中,三音节词"了不起"重复是对"了不起"语义的加强,人物"爷"对禅宗六祖慧能大师更看重其"诗人"身份,因为人物"爷"现实中是一位诗人,从诗人专业的角度看,对佛经的了解肯定没有对诗歌的了解多,强调诗人的"了不起"也符合人物的认知心理。例(14)中,四音节词"反反复复"重复同样也使该词语在语义上得以强调,人物"蹭蹭行行"过程中的"反反复复",不仅身体劳累,而且心理上也累,那种雨中蹭烂泥的烦躁情绪自然流露出来。

3.对称象似性。对称象似性是指在概念上同等重要和具有并列关系的信息在语言表达上具有对称性[①],即相同或相近的语言形式的并置意味着概

[①] 赵艳芳:《认知语言学概论》,上海:上海外语教育出版社,2001年,第161页。

念的相同或并列。一般认为,语言内容往往受到语言形式的遮蔽,语言形式往往不能够很好地把呈现的内容完整地表达出来,语言的对称象似性主要受语言的线条性制约。正如张敏所言:"语言里有很多对称的概念要表达,如相互的关系、同时发生的事件、互相依存的事件、交替出现的事件等等。但人类语言有一个本质特征,似乎使得对称性成为语言里最难用象似方式表达的概念之一,它即为索绪尔的第二条原则:语言的线性原则。"①在意识流语篇中,为了把语言对称象似性很好地表现出来,只能使用一些有些蹩脚的方式来表现,把同等重要或并列的概念——用顿号隔开。如:

(15)你看到八十多个红白相间的脑子在抽搐蠕动着,无数的平面象窗玻璃一样在虚空里碰撞着、交叉着,生出了无数的直线、角、定理和定律、革命的和反革命的、道德的和非道德、留兰香型的和水果香型的、牙膏、肥皂、洗衣粉、泡沫聚乙烯塑料……(莫言《欢乐》,载《意识流小说》第172页)

例(15)中,长句"生出了无数的直线、角……"中以"顿号"把同等重要的概念并列起来,这些概念之间的位置可以相互调换而不影响语义的表达,因为这些概念相互之间不存在直接或间接的语义关系。

对"同时发生的事件、互相依存的事件、交替出现的事件"这些对称的概念,也可以通过蒙太奇式表达手段来实现。如:

(16)蔚蓝的黄昏笼罩着全场,一只 saxophone 正伸长了脖子,张着大嘴,呜咆地冲着他们嚷。当中那片光滑的地板上,飘动的裙子,飘动的袍角,精致的鞋跟,鞋跟,鞋跟,鞋跟,鞋跟。蓬松的头发和男子的脸。男子的衬衫的白领和女子的笑脸。伸着的胳膊,翡翠坠子拖到肩上。整齐的圆桌子的队伍,椅子却是零乱的。暗角上站着白衣侍者。酒味,香水味,英腿蛋的气味,烟味……独身者坐在角隅里拿黑咖啡刺激着自家儿的神经。……独身者坐在角隅里拿黑咖啡刺激着自家儿的神经。酒味,香水味,英腿蛋的气味,烟味……

---

① 张敏:《认知语言学与汉语名词短语》,北京:中国社会科学出版社,1998年,第167页。

暗角上站着白衣侍者。椅子是零乱的,可是整齐的圆桌子的队伍。翡翠坠子拖到肩上,伸着的胳膊。女子的笑脸和男子的衬衫的白领。男子的脸和蓬松的头发。精致的鞋跟,鞋跟,鞋跟,鞋跟,鞋跟。飘动的袍角,飘动的裙子,当中是一片光滑的地板。呜呜地冲着人家嚷,那只 saxophone 伸长了脖子,张着大嘴。蔚蓝的黄昏笼罩着全场。(穆时英《上海的狐步舞》,载《新感觉派小说选》第 164~165 页)

上例中,前后两段内容完全相同,只不过语句顺序正好相反。这些由不同事件构成的意识流语篇,其成分形式与意义具有相对完整性,由于这些概念是对称的,因此它们犹如魔方的模块一样,可以在其前后位置上进行任意调整而不影响整体效果,这种具有对称象似性的语篇投射了意识多维活动中并列的概念。

"既然人以语言的方式拥有世界,那么语言结构便在某种程度上反映了人所认识的世界的结构"[①],语言的象似性是一种客观存在,映现了人的经验结构,经验结构介于语言与客观世界之间,也是维特根斯坦所说的逻辑的可能世界,"逻辑上的可能世界与现实世界之间必定存在某种东西,否则仍然无法使现实的东西进入逻辑。因而,这种东西就只能是我们思想的创造物"[②]。人的经验结构象似于客观世界的结构,即"事实要成为图像,必须与被摹绘者有某种共同的东西。在图像与被摹绘者中必有某种共同的东西,由此前者才能成为后者的图像。图像为了能以其自己的方式正确地或错误地摹绘实在而必须与实在共同具有的东西就是它的摹绘形式"[③]。语言结构通过人的经验结构同客观世界产生象似性,即"语言和世界的同构"[④]。意识流语篇在使用过程中具有投射性的特征,其实质是语篇、心理活动、客观现实之间存在着象似性,集中体现为语音象似性和句法象似性。在意识流语篇投射心理活动的过程中,"语言作为一种信息传递工具有其本身的局限,那就是只能用线性

---

① 谭学纯、朱玲:《广义修辞学》,合肥:安徽教育出版社,2001 年,第 52 页。
② 韩秋红、王艳华、庞立生:《现代西方哲学概论》,北京:北京大学出版社,2010 年,第 206 页。
③ 涂纪亮主编:《维特根斯坦全集》,石家庄:河北教育出版社,2003 年,第 193 页。
④ 韩秋红、王艳华、庞立生:《现代西方哲学概论》,北京:北京大学出版社,2010 年,第 205 页。

序列来映现无限多维的概念空间,失真是必然的"①。为减弱这种失真,意识流语言须进行较大变异,以不同于日常语言的方式存在。

---

① 沈家煊:《句法的象似性问题》,载《外语教学与研究》,1993年第1期。

第六章　意识流语篇的书写形趣

在《修辞学发凡》中,陈望道先生曾谈到西方现代派文学中的文字书写变异,认为:"国外未来派等近代派的艺术家,也颇注意于文字的直接的刺激力。像未来派就曾主张'在一页里,用三四种颜色不同的墨汁,二十种式样不同的字模'来印刷,以直接刺激人们的感官。他们除了盛用摹声语言和数字记号之外,就要算这一种用印刷上各种可能的技术使文章极度的绘画化的主张最引人注意。"[①]谭永祥先生以此为基础进一步明确,认为"形趣,是利用字形图符与书写款式所体现出来的情趣"[②],分为"字形趣"和"图符趣"两类。一般认为,内容决定形式,形式为内容服务。而现代新批评、俄国形式主义等则认为,语言除了所指外,不同的能指形式及其组合形式也具有不同的意义,同时通过能指可以更多反映一定的心理情感、感性体验、形象认知等。这往往是文学语言的使命所在,因为在语言接受过程中,接受者过多关注语言符号的所指,忽视能指,忽略了能指自身所携带的形象、体验、情感等诸多要素,这是语言符号的能指作为文学资源的一种浪费。因此,开发语言符号的能指这一宝藏成为包括意识流文学在内的现代派文学的自觉行动,书写形式变异从而成为现代派文学的特点之一。作为表意体系的汉字在构造过程中使用了象形、指事、会意和形声,因此汉字在文学修辞层面具有形象性、象似性、蕴藉性

---

① 陈望道:《修辞学发凡》,上海:上海教育出版社,2001年,第173页。
② 谭永祥:《汉语修辞美学》,北京:北京语言学院出版社,1992年,第507页。

等诸多特点。这些特点促成了汉字成为视觉语言的要素之一,将大大提升汉字的感官刺激功能,从而生成特定的修辞意义,与理性意义形成互补。在语言符号中,能指与所指的关系具有任意性特征,也为能指形式变异和组合形式变异提供了可能空间。在意识流语篇中,了解这两种形式的变异将有助于把握其内容。实际上,典型的意识流语篇书写形式常有较多变异,如乔伊斯的《尤利西斯》中就存在能指形式及其组合形式的变异。如:

(1) It soared, a bird, it held its flight, a swift pure cry...of the high vast irradiation everywhere all soaring all around about the all, the endlessnessnessnessness...

译文:升上去了,鸟儿高空翱翔,呼声迅捷纯洁,⋯⋯高处那光照四方万物翱翔一切周围一切包容,无穷无尽无尽无尽⋯⋯①

(2) Full voice of perfume of what perfume does your lilactrees. Bosom I saw, both full, throat warbling. First I saw. She thanked me. Why did she me? Fate. Spanishy eyes. <u>Under a peartree alone patio this hour in old Madrid one side in shadow Dolores shedolores</u>. At me. Luring. Ah, alluring.

译文:圆润嗓音芬芳什么香水你的丁香树。胸脯我看见了,两个丰满的,歌喉中啭鸣。我初次见到。她谢我。她和我怎么?缘分。西班牙风韵的眼睛。独自在梨树下古老的马德里院子里这时光一边有荫,桃乐丝,伊,桃乐丝。望着我。迷人的。啊,勾人心魄。②

例(1)中,"endlessnessnessnessness"是一种单个符号的能指变异,象征着诱人的歌声在四周飘荡回旋,余音绕梁,久久不绝。乔伊斯有意将后缀"-ness"接连重复4次,不仅强化了歌声的魅力,也映现了人物在虚无缥缈的精神世界中如痴如醉的心态。例(2)中,画线句子则是符号能指组合的变异,两个画线句子中,错乱的句法结构着重突出了人物茫然不知身处何地的混乱思绪,"'嗓音、芬芳、香水、丁香树'这几个意象的跳跃出现恰当地表现出了主

---

① [爱尔兰]詹姆斯·乔伊斯:《尤利西斯》,金隄译,北京:人民文学出版社,1997年,第432页。
② [爱尔兰]詹姆斯·乔伊斯:《尤利西斯》,金隄译,北京:人民文学出版社,1997年,第431页。

第六章　意识流语篇的书写形趣

人公此时的心绪"①。

但从我们搜集到的语料来看,国内意识流语篇书写形式的变异存在很大差别,内地(大陆)有几个典型的短的意识流语篇,如王蒙的《春之声》、陈洁的《大河》、李陀的《七奶奶》《余光》等很少有书写形式的变异;香港刘以鬯小说中意识流语篇《酒徒》《刘以鬯小说自选集》等存在一定变异,变异幅度较大;而台湾王文兴的意识流长篇小说《背海的人》的书写形式变异极大,导致阅读困难,这些书写形式变异主要表现为语言符号的能指及其组合形式的变异。

第一节　意识流语篇形趣中的字体字形

语言符号由能指和所指构成,在书面语中,文字作为能指与所指共同构成语言符号,而能指与所指的任意性关系为文字书写形式的变异提供了前提,作为能指的文字书写形式的变异并不影响它与所指的关系。索绪尔曾在论述符号价值时以棋子来比喻这种关系,认为:"假如在下棋的时候,这个棋子弄坏了或者丢失了,我们可不可以用另外一个等价的来代替它呢?当然可以。不但可以换上另外一枚卒子,甚至可以换上一个外形上完全不同的棋子。"②意识流语篇作为现代派文学尤其重视文字符号形式的发掘,以期尽可能通过调动能指功能实现文学意义上的表情达意,其中包括字体字形的变异。因为"物质——黑的或白的油彩、大理石、钢琴的音色或者任何别的东西所加在形式上的束缚,没有被觉察到。艺术家如何最充分地运用形式,物质本身最多能提供什么,这二者之间好像还有无限的周转余地。艺术家直觉地对物质的不可避免的专制投降了,把它的暴性和自己的观感容容易易地熔合起来"③。

---

① 仝亚辉:《〈尤利西斯〉的意识流语言变异与翻译》,载《解放军外国语学院学报》,2004年第5期。
② [瑞士]索绪尔:《普通语言学教程》,高名凯译,北京:商务印书馆,1980年,第156页。
③ [美]爱德华·萨丕尔:《语言论》,北京:商务印书馆,1985年,第189页。

一、字体不同的形趣

"字体",一般指"同一种文字的各种不同体式,既包括历时的不同体式,也包括共时的不同体式"[①]。语篇中一般都使用相同的字体,通常为宋体,而如果语篇中使用了其他字体,如黑体和楷体,那么这不同的字体,除了产生的视觉效果不同外,同时它也具有语篇语用的目的。如相对于宋体文字而言,黑体字本身的加粗加黑无疑能引起视觉的注意,从而可以达到突显的目的,此时的宋体字成为了"背景",黑体字就变成了"图形",同时,突显的黑体字还可用来标记不同时空类型的语篇。黑体字一般多用于词或不长的句子,如果黑体字使用偏多,且使用黑体字的语篇与其他非黑体字语篇又存在非显性连贯时,那么这种黑体文字就不仅是用来突显,还有标记的功能,即标记黑体字语篇可能是特殊的语篇,而非黑体字语篇则可能是一般的语篇。如:

(3)从她嘴呵出来的气息,也有兰之芬芳。**阿弥陀佛**"睁开眼来看我。仔细看看。你会喜欢的。一定会。"**不能看她绝对不能阿弥陀佛阿弥陀佛阿弥陀佛**柔唇印在面颊上。面颊痒得需用手搔。**啊哟这是怎么一回事我的心怎会这么快阿弥陀佛阿弥陀佛阿弥陀佛糟糕我的心跳得更快了冬冬冬……好像在打鼓阿弥陀佛阿弥陀佛阿弥陀佛**"和尚,睁开眼来,看看我!"**不能看绝对不能看她是妖怪她不是美女她是妖怪变成的美女她不是真正的美女她是妖精她不是女人她不是人唇唇相印。**[②](刘以鬯《蜘蛛精》,载《刘以鬯小说自选集》第151页)[③]

以上黑体字除了能够引起视觉的注意,达到突显的目的外,它还用来标记黑体字的语篇不同于非黑体字的语篇,即黑体字语篇是意识流话语,非黑体字语篇为人物或叙述者话语。意识流语篇主要是人物的内心独白,如果不予以标记,在语篇没有使用引导语"某人说"、双引号等情况下,这两种不同类

---

① 张斌主编:《新编现代汉语》,上海:复旦大学出版社,2002年,第89页。
② 本节因为是讲"字形与字体变异",所以部分例子的字体没有转为楷体,而使用了原文形式。
③ 刘以鬯:《刘以鬯小说自选集》,天津:百花文艺出版社,2001年。

第六章 意识流语篇的书写形趣

型的语篇并置会造成语篇的跳跃幅度极大,甚至难以辨认,而黑体文字的使用,则标记出了不同的语篇类型,降低了语篇的识别难度。因此,此例语篇中的黑体字主要具有标记的功能,标记出黑体字是意识流语篇。

黑体字标记的意识流语篇一般都不可能太长,而楷体字却可以用来标记整段的意识流语篇。于是,通过意识流语篇文字的楷体标记,实现了视觉突显和语篇标记的双重功能,即使意识流语篇与上下文语篇存在明显的不连贯,也可以因为这种字体标记的作用而降低语篇识别的难度。如李陀的《七奶奶》中就有类似的文字形式,这种使用了楷体的语篇就从其他段落中分出来,自成一个段落。因此,这种楷体文字的意识流语篇相对于文中其他语篇就较为突显,而且楷体的标记性降低了语篇识别的难度。如下例的中间一段:

(4)……她想喊,可一阵咳嗽震得她全身乱颤,就好像有人抓住她肩膀,不管死活地使劲摇晃她。就这样,她还是想喊,可就是出不来声。

那是常六伯说的。常六儿这人从来不说不着斤不着两的话。有一家人的煤气罐不知道怎么漏了气。这家人还都上班了,家里一个人都没有。那是个单元楼,也不知道多少层,反正挺老高。漏出来的煤气跑满了一屋子,然后顺着阳台漏出去,又跑到楼下阳台,又顺着这家阳台跑进屋里。……

自打那天她晕过去之后,她就一直再没见过那煤气罐。他们把它放在小厨房的北墙根了,这样,就是小厨房的小门大敞着,她也一点儿瞧不见。……(李陀《七奶奶》,载《中国意识流小说选(1980—1987)》第205~206页)

使用不同字体实现突显,有时甚至以字为单位,即相邻的几个字使用完全不同的字体,这种极端的用法在意识流语篇中也可以遇到。在这种情况下,不同字体的使用更多是突显语篇的语用目的。如下例中的短语"一个样",虽然只有三个字,但三个字却分别使用了三种不同的字体。

(5)她的两只脚上穿到着的个袜子也都一只是**一个**样——一只

脚上是长统的麻纱袜,袜统子都一层更又一层的迭迭次次重积了起来了来了的,另外一只是那么的一只深沉暗绿色的短短袜统的小袜子……(王文兴《背海的人》第 136 页)

语篇中的短语"一个样"分别使用了三种不同的字体,其中的"一"使用了黑体字形、"个"字使用了近似手写体,"样"使用了宋体,三个字使用了三种完全不同的字体。短语"一个样",本来已经使用了加黑、下划线和着重号,再使用三种不同字体,因此给人的视觉冲击就更明显了。更重要的是,"一个样"中三种不同字体的使用具有语用目的,主要是暗示"两只袜子"各不相同,这样就通过字体的各不相同实现了语篇的表达效果。

二、字形变化的形趣

作为能指的文字外形变化并没有影响它在语言中的价值,正如棋子不论是木质,还是象牙的,它的价值都是一样的。意识流语篇重视文字这一形式,通过文字的各种变异以期激活人们长久以来对能指的遗忘,在视觉印象上拖延阅读时在文字上的扫描速度,目的是通过文字视觉印象找出蕴藉在文字中的文学隐喻、象征等丰富的内涵,以期更好地传情达意。因此,索绪尔在论述文字与音响的形象时,也不得不承认:"在大多数人的脑子里,视觉印象比音响印象更为明晰和持久,因此他们更重视前者。""文学语言更增强了文字不应该有的重要性。"[①]

(一)放大原有字形

放大字形指对同一种字体的文字字号进行放大,书面文字一般所用的字号都是一样的,但在意识流语篇中,为了表达某种特定的语篇意义,往往会对一些文字的字号进行放大处理。放大字号后的文字与其他小字号的文字排列在一起时就显得十分突显,而根据认知的"突显原则"[②],人的注意力更容易观察和记忆事物比较突显的方面,因此突显的文字就成了视觉中的"图形",而其他文字则成了"背景"。于是,突显的文字有力地刺激了视觉感官,

---

① [瑞士]索绪尔:《普通语言学教程》,高名凯译,北京:商务印书馆,1980 年,第 50 页。
② 赵艳芳:《认知语言学概论》,上海:上海外语教育出版社,2001 年,第 99 页。

留下深刻的心理印迹。放大的字形有时并不仅仅是为了刺激视觉感官,它在语篇运用过程中也是有标记的,这种标记性文字在语篇中的语用目的有时需要结合上下文语境才能发现。如:

(6)……自,爷的**偷**,**抢**,以来,爷,在**深坑澳**,——这一个,深坑澳,——是的,这一个深坑,里头,一应的支消,一概是用"**赖**"ㄌㄜ(的),也就是说,吃的,使的(虽然还有3块钱,也是等于没有),还有买ㄐ丨ㄡˇ(酒),买烟,——都是用**赊账**买来的。就是,爷,**找**长头发,——找长头发**痛快一下**,——爷都是,靠,**赊账**来着的的。

爷,是的,你,这个时候,爷想:——爷**豁**出去了——爷,**现刻**,都已经,整个儿脱底啦,——爷,何也,是的,何不ㄙㄨˋ(索)性大大**豁**出去?(王文兴《背海的人》第360页)

上例中六处放大的黑体字相对于其他文字而言,对人的视觉刺激较为明显,给人留下深深的印象,放大的黑体字犹如"图形"被突显,而其他文字则成了"背景"。而文字字号放大的语用目的显然是为了强调地点和人物特征,"深坑澳"是人物"爷"所在地方的名称,放大"深坑澳"实际上是强调"深坑"。如"这一个深坑"的单独列出,也暗示人物将要葬身"深坑"之中,因为"深坑"象征着"墓穴"。而"赖""赊账""豁"的放大强调了人物无赖的特征,暗示这种无赖的人将为世俗所不容,在与人物命丧"深坑澳"的下文语篇连贯起来时,这几个文字字号放大的语用目的就比较清楚了。

(二)变体汉字相互更换

汉字有异形、简体、繁体、异体等几种"变体"形式。异形字指书面语中并存并用的同音、同义而书写形式不同的字,目前在中国内地(大陆)还有少量异形字是允许存在的。简体字是相对于繁体字而言的,也是繁体简化后的汉字,目前中国内地(大陆)通常使用简体字,港澳台及海外华人社团大多使用繁体字,也有部分使用简体字。异体字通常指与规定的正体字同音、同义而写法不同的字,异体字在内地(大陆)经过多次汉字规范后,使用极少,是不允许存在的,而港澳台受过传统教育的部分群体还在使用异体字,但在公共交际领域出现也较少。因此可以判断,异形字如果在内地(大陆)文学作品中出现,假设没有特定的语境也不视为修辞性文学语言,可视为语言文字使用的差异或习惯;在台湾文学作品中一般使用繁体字,如果简体字突然出现,形成繁简并用的情况,则可视为一种修辞性文学语言;异体字一般都拒绝使用,如果文学作品中有意使用,则是一种文学语言的修辞方式。在意识流语篇中,如果异形汉字、繁简体汉字与异体汉字同时使用,那么它们不同的"能指"往往会引起视觉的注意,强化了视觉方面的感知体验,体现了人物的某种意识流动状态。如:

(7)这等于在说:这一个房东,凭空,一凭白,就"干"赚了30元,这一个,一他一,一,点,没付出,就赚30圆,而,——在另一方面,——(王文兴《背海的人》第341页)

(8)爷转身走开,但是,怕她随后会追跟上来,就把她留在地上的两只鞋子抢了舒走,一直抱在爷的胸口的前方,像风一样,——飞般的,——冲下了楼去,

……爷也望着前面的地方。这后,爷拿起来她的,一只,左边的手,——她的手实在之是,极之以是,以然的,平凡,——(王文兴《背海的人》第246页)

例(7)中的"元"和"圆"都可以用来作货币单位使用,意义上没有多大区别,因而是一对异形字,二者前后的对比无疑会引起视觉注意,通过"元""圆"增强了对钱的特殊认知,通过前后异形字的对比及反复,强调了房东的不劳而获及此时人物内心的愤愤不平。例(8)中的异体字"舒"与简体字"拿"在文中语义完全相同,二者共存,对比意味明显,对比的内容往往得以强调。通过同一汉字能指不同来引起视觉注意,从而实现语用目的,即突出人物内心试图以"拿"来掩盖对"抢"的回避。在文学的意识流语篇中,这些"变体"汉字适当使用可以映现人物此时此地真实的意识活动,增强语篇表达效果,但对用字规范的语篇来说,这些"变体"汉字出现可能误导阅读,尽可能不用或少用。

(三)自造汉字更换原字

传说,汉字为仓颉所造。然而,自行造字在语言规范的过程中一律被禁止,正如语言一样,"对使用它的语言社会来说,即不是自由的,而是强制的。

第六章 意识流语篇的书写形趣

……已经选定的东西,不但个人即使想改变也不能丝毫有所改变,就是大众也不能对任何一个词行使它的主权;不管语言是什么样子,大众都得同它捆绑在一起"①。语言具有社会强制性,不会以个人存在而存在,也不会因某一社群存在而存在,正如语言不存在阶级性一样。文字作为语言的物质形式,同样具有社会强制性,禁止个人造字行为。在意识流语篇中,却有自造汉字的现象,这主要是为了映现某种特殊的意识活动,实现既有文字所不能达到的表达效果。自造汉字也不是无理据的,它往往具有一定的现实应用基础,一般为民间手写体的简写形式,只不过这种过简手写体并没有纳入文字规范,使用范围有限,属于"言语共同体"②或"想象共同体"③。如:

(9)他,就从,他的,皮夹子里头,钎出五‖丂("张"字的手写体)整々,々々々(手写体,表重复)的拾块面‖丂,——拿出来,送,交给爷。(王文兴《背海的人》第 317 页)

(10)宗教问题,也没有了机会,可以,厂丆ˊ(和)他,讨论一古幺ˇ(讨),和他棍棍实实,辩它来亻个—巜丂(个),"高","下",来了的个的个。(王文兴《背海的人》第 321 页)

例(9)中,"五张"的"张"显然是日常所用手写草体,现实生活中还有不少人使用,但由于它没有纳入规范字的范围,因此也是属于自行造字。这种所造汉字由于有一定的现实基础,因此它相对原来的汉字"张"来说偏离程度不大,可以被看作"张"字的异形。另外,在"整"字重复上使用了类似于注音符号"々"的形式,这种符号形式和"张"字手写草体一样,也具有一定的现实社群基础,一般使用过此符号的人都可以辨认出来。例(10)中,"个"的繁体字为"個"或为"箇",而"亻个"可能属于某社群的手写简化字,可以列入自造汉字。这种所造汉字对原字也是偏离不大,因为所造字的两个构件中就有一个是"个"字,按照汉字形声造字的构形方式,或是读"个"的音,或是与"个"的意义有联系。用自造汉字更换原字在语篇中无疑能够满足视觉猎奇的需要,拖

---

① [瑞士]索绪尔:《普通语言学教程》,高名凯译,北京:商务印书馆,1980 年,第 107 页。
② 严明:《话语共同体理论建构》,上海:复旦大学出版社,2013 年,第 118 页。
③ 庞弘:《草根传媒文化的视觉语言分析》,载《学术界》,2017 年第 10 期。

延视觉在能指上的停留时间,也映现特定文化类型人物的意识活动,如例中人物是一位受过高等教育严格训练而穷困落魄的诗人,其行为类似于孔乙己的"回"有四种写法一样,衬托出作为诗人"爷"的骄傲与炫耀,也衬托了其迂腐的一面。

(四)错别汉字更换原字

错别字一般在字形字义分辨不清的情况下容易出现,如果在不知道原字的情况下临时使用同音字替代,该同音字也属于错别字,前者一般是无意识的语言行为,后者是特殊语境下有意识的语言行为。使用错别字的无意识行为多为使用者精神状态异常的疏忽行为。精神状态异常一般表现为过于紧张、放松、意识活动受限等,使用错别字的有意识行为从语用角度判断则是话语含义的揭示,也是一种修辞行为,在文学作品中多表现为特定语境的语义构建,是一种文学语言细读的需要。在意识流语篇中,为了映现人物特殊状态下的意识活动,有时也可以使用个别错别字,这时错别字的使用与当时语境条件下的意识活动相吻合,如人物在醉酒状态或精神状态较差时。用错别汉字更换原字一般发生在合成词中。通常采用音同的汉字更换原汉字,或者用音近的汉字更换原汉字。如:

(11)——此时,爷的眼睛,——远远地,——凝注在,驻视,隔着操场的一棵柚加里树上边。(王文兴《背海的人》第245页)

(12)但是它来了的的的,——她,这一个时候,正在,大量地出血! 真的在出血! 但是她,仍然还是,清醒到来着的,——没有人,会真的,昏失过去。(王文兴《背海的人》第248页)

(13)爷没有,从来没有,喜欢过一个衣穿寒寒的女孩子。——红头发,跟那个,小花脸儿,——又该怎么说?(王文兴《背海的人》第246页)

例(11)的"驻视"、例(12)中的"昏失"和例(13)中的"寒寒",显然是利用了汉字音同、音近的特点进行的错别字更换,正确的词语是"注视""昏死"和"寒碜"。除了"驻"与被更换字"注"语音完全相同外,"失""寒"与被更换的汉字"死"和"碜"只是语音近似。由于这种音同、音近的字与原字具有语音上的某种联系,所以用错别字更换原字后,其偏离程度不是很大。错别字一般也不是随意使用的,例中"驻视"比"注视"更能突显出人物的神态,"驻"是"停留"的意思,通常用来表示停的时间长,这样就把人物专注的神情描摹出来,而"注视"只是一种简单的描述,因为这个词相对来说较为熟悉,使用时更多关注其理性义,而"驻"除了理性义之外,还具有一些形象义。而"昏失"和"寒蹇"结合语篇语境来看,更多映现了人物酒后意识活动的混乱不清。

(五)更换原有词的汉字

词一般都由固定的汉字组成,而在意识流语篇中常用其他汉字来更换原有词的汉字。更换原有词的汉字也是有理据的,用来更换的汉字与原有词的汉字或存在字形上的联系,或存在概念上的联系,所以用来更换的汉字只是对原有词汉字的适当偏离。原有词汉字被更换映现了意识活动非逻辑性状态,在语篇效果上也会吸引视觉的注意,延长视觉感知时间。原有词的汉字被更换主要是更换原有词部分汉字,如双音节词通常更换一个汉字,保留一个原汉字。用来更换原有词的汉字与被更换的汉字之间大多存在语义的共同特征,或者语义上的"家庭相似性"。这些双音节词又大多是一些联合型的复合式合成词,而复合式合成词都是由词根与词根组成,词根之间主要存在语义上同义、类义、反义等关系。因此,更换联合型复合式合成词中的一个汉字往往并不影响对原有词的理解。如:

(14)她却,浑不知道,——一整个,人,浸淫在幸福的海没之中。爷,这时,在心的里头,——有点儿不很,不怎么样,欢然,——想着别的一些个事,在心的里面,——。(王文兴《背海的人》第 245 页)

(15)第二天,想想、非要叫它来厷𠮷(腻)的个的一个改弦变局的个的来的的的个个不可了——(王文兴《背海的人》第 65 页)

例(14)中的"海没"和"欢然"是对原有词汉字更换一个汉字后形成的,而根据上下文语境可以推测出原有词是"海洋"和"欢乐",由于"海洋"和"欢乐"都是联合型复合式合成词,它们的词根语义大多属于"类义"或"同义",在上下文语境作用下,更换原有词一个汉字并没有影响原有词语义。当然,原有词被更换一个汉字后能够保留原义,是因为受到语境的制约,只能放在语篇语境中才能保持其原义,如果脱离语境,被更换一个汉字后的原有词可能就不知所云了。例(15)中,"改弦变局"是用"变局"替换了成语的后两个字,原来成语可能为"改弦易辙",原成语为联合结构,前后两部分引申语义相近,因此把"易辙"替换为"变局"并不影响整个成语的语义表达,替换后的成语产生陌生化的效果,也符合人物混乱的意识状态。

(六)更换数字的大小写

数字虽然个体数量不多,但数字排列组合后却是无限的,数字使用的频率也相当高,与人生活联系密切,息息相关。汉语中的数字也有大小写的区分,大写的如壹、贰、叁等,小写的如一、二、三等,或为十个阿拉伯数字,大、小写数字一般都有一定的使用场合,不能随意乱用,尤其不会在表达同一语义时进行混用。在意识流语篇中,大小写具有不同的字形,把小写的数字更换成大写,或把大写的数字更换成小写,于是,本来是熟悉的数字表达式被换成了另一形式,或两种不同语体状态下数字形成"混搭",这样就与原来的心理图式相背,吸引了接受者的注意力。大小写数字的混用,也是人物意识活动的真实状态映现。如:

(16)那么这一个世界就能够转好过来肆分之壹,——由于,所有,所有的,一切,巜历丶(盖)简易了肆分之一。(王文兴《背海的人》第277页)

(17)我怎么不会,——我一上去,——我就,前ㄅㄢ(边),翻它五十个而来了的的,——再,后面,翻它个来的50个,我翻得像飞那样的快。(王文兴《背海的人》第294页)

例(16)中的"肆分之壹"和"肆分之一",一般认为此数的表达原型为"四分之一",全部改为大写或部分改为大写,都会与人原有认知图式相背,这种不伦不类的怪异感觉一方面实现了文学语言的陌生化效果,另一方面与人物凌乱的意识流动相统一,从中可以看出人物对传统大写数字表达的偏爱,衬托出人物受过良好教育,与人物实际教育背景一致,增添了文学的真实性感受。例(17)中的"五十个"和"50个",都出现在同一语篇中,这两种数量短语用在同一语句中,形成了鲜明对比,这种对比无疑会引起接受者视觉关注,并

第六章　意识流语篇的书写形趣

引起不同的感知体验,主要映现了人物不清醒的意识活动,从而形成不断变换或纠错的反复行为。

三、语码转换的形趣

在语用学研究领域,"语码转换就是两种甚至多种语言之间,或某一通用语言和某一语言的变体或方言之间的换用"[①]。从符号学研究领域看,不同系统的语言能指可以指向同一所指,这种不同系统中的能指转换也可视为一定意义上的语码转换的延伸。在此意义基础上的语码转换应用于意识流语篇中,主要有以下两种。

(一)字母符号更换汉字

在汉语意识流语篇中,以字母作为能指较多出现在英语、汉语拼音中,但一般不会出现太多,因为相对于汉语来说,英语是另外一种语言系统,用汉语语言系统进行思维时,插入英语语言系统则需要一个转换过程,这种语言系统的转换过程无疑影响着正常思维,因为"语言优先说"认为,语言联系着客观世界与人的认识,处于二者中间,从而"语言制约和规定认识"[②],使用日语的人会认为彩虹由七色构成,使用英语的人会认为彩虹由六色构成。可见,选择某种语言系统后一般不会轻易转换为另一种语言系统,而且会选择最熟悉、最得心应手的语言系统,母语往往处于优先的地位。由于在意识流语篇中不宜大量使用两种不同的语言系统,一般以词为替代单位,或把汉字转换为拼音,或用英语替代汉字,这其中也以感叹词居多,并具有一定的语篇功能。如:

(18)—爷,也就,也确实不知道究尽,到底上是究竟是因为的个的ㄉㄜ(的)甚 mehh,爷只就在这一刹时候不识不觉之中得意了起来—(王文兴《背海的人》第64页)

(19)爷大声说:——"Hey——Hey——我,单星子,漂洋渡海,自大陆来到了,到了这一个,台湾……都来都来 Hey———Hey——!

[①] 何自然、冉永平:《新编语用学概论》,北京:北京大学出版社,2009年,第227页。
[②] 张国宪:《现代汉语形容词功能与认知研究》,北京:商务印书馆,2006年,第12页。

我,单星子,……(王文兴《背海的人》第63页)

(20)我望着她,点了点头。她就在我对面坐了下来,目光直直地盯着我。"你就一个人吗?"她再一次问。我没有回答。她皱着眉头在想别的事情。于是,我垂下眼睛,装着专心致志地端详杯里的咖啡。

Nestle,Nestle,

I nestle her in my aims(我把她抱在怀里)!

nestle down in bed(安卧床上)!(叶曙明《大都市综合症》,载《中国意识流小说选(1980—1987)》第440页)

上例中,从上下文语境可推断"mehh"是汉字"么"的拼音形式和国际音标中送气标记字母"h"的合体,而"Hey"则是感叹词"嘿"的英语单词,"mehh"可以被勉强看作汉语拼音字母的直接更换,"Hey"则是英语对汉字的直接替换。通过拼音字母"mehh"替换汉字"么",汉语语言系统在词的层面突然转换让人感到十分突兀,符合整个语句怪异表达的需要,放在这一怪异语句中反而得体,同时"hh"表示送气不断延长。"Hey"则是与"漂洋过海"相匹配,把人物得意之情溢于言表,在语音上直接加深了感知体验外,不同语言系统的视觉感受及语音直接拼读所带来的新鲜感,都大大增强了表达效果。例(20)中,直接使用了英语,而且是乱用,"nestle"是雀巢咖啡的商标名称,认为商标带有很浓的性的意味,因为它的图案是三只小鸟和一个窝儿,于是年轻女子的到来,在潜意识里就有一股意淫的冲动,人物是一位受过良好教育的艺术家,所以很好地体现了文化人心中潜伏的魑魅魍魉。

(二)注音符号更换汉字

汉语注音符号类似于汉语拼音,主要在台湾地区使用,它和汉字一样都可以用来指称概念,当指称不同概念时,它具有不同的能指,注音符号在语篇表达中可以替代汉字行使汉字语义的功能。因注音符号这一"陌生面孔"的突然出现而延迟视线的移动速度,使人的体验感知停留在能指本身,而不像通常那样滑向所指,这样就完成了文学的审美功能。在语言试验较为前卫的意识流语篇中,常常在汉字中夹杂一些注音符号,这些注音符号多以字或词的形式出现,整句都使用注音符号的情况较少,这可能由于汉字的同音字太多,使用注音符号较多会带来语义识别的困难,影响表达效果,而字或词使用

第六章　意识流语篇的书写形趣

注音符号,因语言单位较小,语义相对来说较为明确,同时又在上下文的语境作用下,一般不会妨碍语篇的正常表达,但也会增加语篇的识别难度。如:

(21)爷,敲了半天之门,也没 ㄐㄧㄢˋ ㄓㄠˊ（见着）有 ㄖㄣˊ（人）前来 ㄎㄞ ㄇㄣˊ（开门）。——而后,爷,适在要走的时候,——看到,有一个人,爬上为,是工人,——他要整理花圃。ㄘㄨㄥˊ（从）他那里,才知道了,原来这一位 ㄕㄣˊ ㄈㄨˋ（神父）,他,回国去去啦……(王文兴《背海的人》第321页）

《背海的人》共上、下两册,书中大量使用了注音符号,每一页几乎都能见到注音符号,本该用汉字而用注音符号替代,显然也是利用了符号能指与所指之间结合的任意性特征,通过改变文字能指,引起视觉注意,并使人的感知体验暂时停留在能指上,从而实现审美。因此,适当使用注音符号可以调节视觉对单一汉字能指反映的迟钝,增加注意的程度,延迟视线的移动速度。在意识流语篇中,也有一些注音符号没有声调,而缺少声调的注音符号更增强了注意的程度,在同音字较多的汉语体系中,相同注音符号的能指拥有更多对应的所指,识别难度加大。如:

(22)好些人瓮入了,ㄓㄜ（这）,办公室 ㄋㄟ（内）,ㄉㄡ（都）面面相觑,ㄉㄡ（都）想 ㄊㄢˋ（探）知这个,ㄐㄧㄡ ㄐㄧㄥˋ（究竟）是怎么回子事。(王文兴《背海的人》第329页)

上例中的"这""内""都""究竟"的"究"等注音符号都没有声调。由于汉语的同音字太多,如读作"ㄓㄜ"的就有32个字,所以没有声调的注音符号不仅要把四个声调都试读出来,有时还要考虑轻声,这样就可能因注音符号语义不能及时确定而延迟视线移动的速度。但由于上下文语境的作用,加之注音符号又多为字或词,未有声调的注音符号一般也都可以被识别出来,只不过识别难度要大于有声调的注音符号罢了。

语言符号能指与所指之间的任意性关系,为现代派在形式主义上做足文章提供了条件,不论是在字体混用、字形变异方面,还是在运用过程中的语码转换方面,意识流语篇深挖汉字在能指上的潜力,释放汉字在视觉形象上的魅力,从而完成表情达意并使审美价值、文学理念等得到传播。意识流语篇在汉字能指上的开发大大拓展了形式主义研究空间,一度被忽视的汉字能指研究重新回归文学视野。同时也应注意,汉字能指不论如何"七十二变",都不能脱离语言社会性这一轨道,不能违背语言规则在交际过程中的强制性和约束性,逃出这一"如来佛手心"的汉字能指的改变都将是无意义的。所以在意识流语篇中汉字外形的变化总是与规范汉字的原型保持某种家族相似性,虽然带来了认知的难度,但绝不会影响表达与接受过程的信息传播。

第二节 意识流语篇形趣中的标点符号

标点作为语言表达的有机组成部分,每一个不同的标点都有自己的独特作用,正如吕叔湘和朱德熙所说:"我们必须首先有一个认识:标点符号是文字里面的有机的部分,不是外面加上去的。它跟旧式的句读号不同,不仅仅是怕读者读不断,给它指点指点的。每一个标点符号有一个独特的作用,说它们是另一形式的虚字,也不为过分。应该把它们和'和''的''呢''吗'同样看待,用与不用,用在哪里,都值得斟酌一番。"[①]标点除了常规用法之外,它还有修辞的表达功能。陈望道在《标点之革新》一文中说"标点可以神文字之用"[②],即巧妙灵活地运用标点符号,除了产生语篇上的表达效果外,往往还有特殊的语篇功能。标点符号的变异用法体现了这种修辞功能的表达,陈望道称这种修辞功能明显的标点为"修辞上的标点",并认为在现代文艺中是"不乏其例"的,"文艺作品中这类修辞上的标点往往在用来调和音节的同时,还用来刻画有关人物的语调神情;有时甚至主要不是用以调整音节,而是用以表现和显示人物腔调情态的"[③]。事实上,意识流语篇中就有很多这种标点符号的修辞应用形式。

---

① 吕叔湘、朱德熙:《语法修辞讲话》,北京:商务印书馆,2013年,第282页。
② 陈望道:《陈望道全集》,杭州:浙江大学出版社,2011年,第29页。
③ 陈望道:《修辞学发凡》,上海:上海教育出版社,2001年,第173页。

一、混用标点符号

标点符号具有不同的功能,每一个标点符号在语句中功能不一样是语句选择的结果。一般来讲,在语句中一处只能使用一种类型标点符号,如果混用多种标点符号,则可能是"修辞上的标点",是一种有标记形式,需要发掘标点符号在文本中的修辞意义。混用标点符号是指针对语句一处地方,连续使用两种及以上标点的情况。主要表现为强调、突出同一个词语,关注这个词语的多种修辞意义,从而接连使用多种标点符号,或在线性排列上,接连使用两种及以上不同的标点符号,摆脱常规认知模式,以赋予表现特定语境下语句的修辞意义。在通常的语篇中,如若强调某一词语,可使用着重号或下划线等予以标出即可;而在意识流语篇中,为了实现某一词语特殊的语篇意义,常常对该词语使用多种不同标点符号,这种标点符号的用法已经突破了常规,形成了标点符号使用的变异。如:

(1)还有女人①——我曾经在码头上面看到过一个,只见她手指抓之紧握中合手牢牢紧紧的一只坏之而复且双旧之了的的太阳伞。(王文兴《背海的人》第 57 页)

(2)一丝不掺杂的个的"不灵"。(引者注:"不"下是三条下划线,上一条粗,下两条细;"灵"下是手工的三个反向的"顿号")……"俟最后终极的个的底结果不灵"(双下划线,上条粗,下条细)……会真的个真的它真真正正的会"有"("有"字下有三条线,上条粗,下两条细)——(王文兴《背海的人》第 49 页)

例(1),"女人"这个词使用了三种不同的标点符号,"女"字下使用了"单下划线"和着重号,而"人"字下则使用了"双下划线"。例(2)中,第一个"不灵"使用了两种不同的标点符号,"不"字下是三条下划线,上一条粗,下两条细;"灵"下是创造符号,类似三个反向的"顿号";第二个"不灵"使用了"双下划线",但两条下划线不同,上条粗,下条细;第三个"有"字下是三条下划线,

---

① 本节例中文字下的着重号,除另外说明外,其他均为原文所有。

上一条粗,下两条细。不同标点符号的混合使用具有不同的视觉感知效果,也暗示了人物内心中对"女人"和"不灵"敏感和意识的选择,多种标点符号的并置具有"整体大于部分之和"的意义,于是,所要强调、突出词的语义内容便丰富起来。

在线性排列上,多个不同标点符号接连使用也是混用的表现形式。从规范的角度讲,不同的标点符号一般很少接连使用,因为每一个标点符号的功能都是不同的,接连混用后到底要表现的是哪个标点符号的功能,可能就不及用一个标点符号清楚。而对意识流语篇来说,这种趋向模糊的语义表达也许就是其追求的结果,或许可以通过标点符号功能来隐喻人物意识流动的状态,揭示人物真实的内心想法,为剖析人物心理从标点符号方面提供直观支持,因为标点符号除了提供音节停顿变化外,在表现语气语调方面更为直观。如:

(3)……①偶然只来一个,不然两ㄍㄜ(个),至多也止有四个(——那一天——……!)……(王文兴《背海的人》第55页)

(4)再,——过了一ㄎㄜ(刻),——他,ㄊㄨ(突)的又跳起,他问道,——:"eh,—厕所在那里,——"(王文兴《背海的人》第346页)

例(3)中的"那一天"后接连用破折号、省略号和感叹号。破折号可表示语音的延长;省略号可表示沉默,说话断断续续,欲言又止等情况;感叹号表示语气强烈,以此传达强烈的情感。文中接连三个标点符号混用在一起,表现了人物意识流动的复杂曲折,是意识流动过程中的延迟和变化,是醉酒状态下的混乱状态。例(4)中的"问道"后接连用了逗号、破折号和冒号,也是人物意识流动的真实过程,刻画了人物说话时的迟疑神态。这三种不同标点符号组合后的功能也不能视为简单相加,它们符合"整体大于局部之和"的完形心理,但这三种标点符号"整合"后的意义可能变得复杂模糊起来。

二、使用单一标点符号

单一标点符号就是整个语篇中使用一种标点符号,这个语篇一般至少为

---

① 该例首尾两个省略号为引者所加,因没有全部引用,故省略。

第六章 意识流语篇的书写形趣

一个长的语段,如果语段较短,那么也存在使用单一标点符号的情况,因此,此处讨论单一标点符号使用就是在较长语段出现的情况。由于在较长语段中出现单一标点符号不符合通常标点符号的功能应用,是一种特殊语境条件下的极少发生的情况,因此,它是一种话语标记,填补文字功能所遗漏下的空缺。所以,一般认为标点符号在语篇中都有其特定的位置和功能,这种特定的位置和功能相对来说是固定的和规范的。而在意识流语篇中,有一些标点符号出现在不该出现的位置上,该位置上的标点符号的功能受到削弱,或不再仅仅承担原来的功能,而是兼容了其他语篇功能。在这种语境下标点符号饰演的角色不再是纯粹单一的,更多成为语篇的某种标记,具有形式标记的作用。这种情况也是标点符号变异的一种形式。如:

(5)电车没有二等——十二点一刻——满街白领阶级——汽车里的大胖子想到浅水湾去吃一客煎牛排——喂!老刘,很久不见了,你好?——安乐园的烧鸡在戏弄穷人的欲望——十二点半——西书摊上的裸女日历最畅销——香港文化与男性之禁地——任剑辉是全港妈姐的大众情人——古巴局势好转——娱乐戏院正在改建中——姚卓然昨晚踢得非常出色——新闻标题:一少妇梦中遭"胸袭"——利源东街的声浪——蜕变——思想枯竭症——两个阿飞专剒死牛——橱窗的诱惑——永安公司大减价——贫血的街道——有一座危楼即将塌倒了——莫拉维亚写罗马,台蒙伦扬写纽约,福克纳写美国南部,乔也斯写都柏林。——香港的心脏在跳动——香港的脉搏也在跳动——电车没有二等。(刘以鬯《酒徒》第59页)

(6)……①那流动的黄沙在呼啸声中淤积起来,然后渐渐隆起,便又流淌下来,成了个波浪,一个个的波浪起伏,波动开去,发出不是呼呼而是嗯嗯的声响,像是在唱,在流沙底下有谁在唱,嗯嗯的带一种哭腔,你想赶紧把它挖出来,这声音就在你脚底,你想捅开个口子,把这郁积的声音释放出来,谁知那声音你刚触摸到,就钻了下

---

① 该例中两处省略号为引者所加。

去,不肯往上走,活像一条鳗鱼,你一心想抓住它,就只能总是似乎提到那滑溜溜的又捏不住的末梢,你扣着扣着,双手扒沙,本来,在河边上,只要扒到尺把深,就有水渗出来,清凉的滤过了的清亮的河水,现在却只有冰凉的沙砾,……(高行健《给我老爷买鱼竿》第255页)

破折号一般是标明行文中解释说明的语句或表示语意的转换、跃进,或语音的中断、延长等,而上例中破折号的这些功能却好像不明显,它更多用于划清意识流片段间的界线,避免产生混淆。因此,例(5)中的破折号已失去其作为标点所具有的常规功能,转变为一种意识流片段间的标记。如果缺少这种标记性的标点符号则意识流片段间的关系较为混杂,这一段将相当难以读懂,而添加破折号后意识的转换就很清楚了,而这些功能可以被看作破折号本身原有功能的弱化,或破折号("事项列举分承,各项之前也用破折号")功能的变异,因为例中已不再具有此单一功能,而是又增添了其他功能。在高行健的意识流语篇《给我老爷买鱼竿》中,每个段落几乎都是逗号从段首用到段末,这种极端的用法在现代派文学作品中时有出现。例(6)为一长段语篇中截取的片段,全段共1489字,除了插入的非意识流片段中有较短祈使句用了一个感叹号和段末的一个破折号外,段中所有的标点符号都是逗号。这肯定是一种标点符号的有标记现象,逗号原有功能受到一定弱化,增添了新功能。逗号主要用来表示一般性停顿,即话语在进行过程中并未结束,例中的逗号则用来隐喻梦境中的意识流动不断,远未结束。

三、重复标点符号

重复,目前包括两种情况,"既指必要的、有积极效果的重复,也指多余的、无积极效果的重复"[①]。作为积极效果的重复一般被当作一种修辞手法,属于广义上的中性概念;作为消极效果的重复主要从"表达"角度判断,属于狭义上的贬义概念。在文学作品中,重复明显是一种修辞方式,其功能为对某一方面程度的强调或性状上的加深,从而"突出语意重点"[②]。因为从数量

---

① 谭学纯、濮侃、沈孟璎:《汉语修辞格大辞典》,上海:上海辞书出版社,2010年,第65页。
② 倪宝元主编:《大学修辞》,上海:上海教育出版社,1994年,第266页。

第六章　意识流语篇的书写形趣

象似性来看,重复的内容越多则其外在形式越多,文本中占用空间就越多,因而越容易引起视觉感知上的注意,在接受过程中自然所占用的时间也越多。重复主要表现为文字上的连续出现,标点符号的重复一般出现不多,在现代派文学作品中标点符号的重复则是对其常规的突破,具有积极的修辞功能。如:

(7)是该说谎还是讲真话?良心的内部里面的个大大的冲突和挣扎。良心!——"……嗯……嗯……有一点……有一点……人不能十全十美…… …… ……"(王文兴《背海的人》第67页)

(8)再为他相一"相"他的个的个个人自个儿他来的的个力亡(的)吉庆祸福·—— —— — —!……①爷就开始"相"他的脸,爷向来一贯的个的均是"相人先相脸"!!—— —— —— ——— —脸相待相不出它个所以然它的个的了个的来了的个的的的的,……(王文兴《背海的人》第72页)

(9)盘古入睡后,做了一个梦,梦见黑黑黑黑黑……

一片错黑。

睡了很长很长很长很长很长很长很长很长很长很长很长很长的一觉后,盘古醒了,睁开眼睛观开,展现在眼前的仍旧是黑黑黑黑黑……………………………………………………………………………………………

一片昏黑。(刘以鬯《盘古与黑》,载《刘以鬯小说自选集》第154页)

例(7)中,省略号连续重复,前面使用的五个省略号,结合语篇来看,属于

---

① 该例中两处省略号为引者所加。

正常,形容边说边想,断断续续,即"一方面表示词语的停顿,一方面又表示声音的延长,说的话断而未断。有人在这里用破折号,那也不能算错。不过假如要区别这两个符号,那么可以说:凡是'戛然而止'的宜用破折号,凡是'余音袅袅'的宜用省略号"①。句末连续用了四个省略号,表示时间的延长,也是一种思考过程,这种时间主要表现为心理时间,意在说明在人物心理上时间大大延长了。例(8)中,"感叹号"与"破折号"连续重复。前者表示强烈的感情,因为感叹号表达情感较为强烈,重复后情感更强烈,而后者则表示"顿挫取势",即"表示比逗号更长的停顿,可是跟句号的性质又不同,没有隔断的作用。如果用逗号,就不能表示语气的不连贯;如果用句号,又不能表示意思的连贯"②。在句中重复使用破折号,主要强调语气连续和语义连贯下的停顿时间之久,表现心理时间之久,破折号由长到短的重复出现也隐喻了"停"而"未断"的意识之流。例(9)中,省略的内容为"黑",很有视觉的冲击力,也为下文盘古打破这一"黑"世界而累死埋下伏笔。

四、自造标点符号

正如语言一样,标点符号也具有社会强制性,不允许随意创造,在此条件下才能保证标点符号的交际功能,因为标点符号类似虚字,虚字是语言系统的有机部分,标点符号亦为该系统的有机部分,系统内的标点符号存在随意创造的可能性空间较小。实际上,标点符号的创造一般发生在文学语言的修辞层面,有时为了传达某种修辞意义,进行标点符号的临时创造也是允许的,但也不是随心所欲地创造,它需要特定语境,并且是标点符号原型的变体,即在规范标点符号基础上有所变化,否则就会不知所云。因此,从创造出的标点符号来看,这些标点符号总能看出其原型的身影。事实上,这种所谓创造的标点符号就是对原有规范标点符号的能指变形,一般通过放大、添加等方法来改变能指外形,从而营造陌生化的能指,实现突出、强调的功能,不过少数标点变形的步子还是走得相当远罢了。如:

---

① 吕叔湘、朱德熙:《语法修辞讲话》,北京:商务印书馆,2013年,第340页。
② 吕叔湘、朱德熙:《语法修辞讲话》,北京:商务印书馆,2013年,第330页。

第六章 意识流语篇的书写形趣

　　(10)甚么意思？厂丫(哈)?? 爷不知道,爷完全莫名其妙↘(引者注:此标点为作者创造)通达天地星芒象况的判令言相铁嘴应该看得出解说得出来了它了个的的方始才对。(王文兴《背海的人》第43页)

　　(11)然之,如果倒返它反转反过来说,其所得的应证应验的了个的结果如若倘是"灵"的话——一样的也—不能巜又ヽ(够)又当之它尸ヽ(是)人确正正的"灵"。(王文兴《背海的人》第48页)

例(10)中创造的类似逗号的标点符号可以被看作逗号的严重变形,这种创造的标点符号具有和逗号一样的语篇功能,但创造出的标点符号从能指上更加吸引人的眼球,因为它是陌生化的,也可以从逗号的一般停顿来推测这种创造的逗号加大了停顿力度,表现人物惊骇,停顿时间要稍长一些,至少从心理时间来说是符合常理的。例(11)中的"灵"字下的三个点,其实也是对着重号的变形,具有和着重号一样的强调功能,着重点一般只有一个,而三个"着重点"就更加强调"灵"在人物心理上的分量,也是意识流动过程中的突显内容。可以看出,创造标点符号实现语篇修辞意义,必须具有一定的理据性,否则大家都看不懂,那是任何阅读都不能容忍的事情。

在意识流语篇中,标点符号变异有混用、单一使用、重复、自造等几种方法,这几种变异只是用法上的变异,换句话说,在变异过程中主要还是使用了原有规范的标点符号,并没有脱离规范标点符号的系统,即使变异较大的自造标点符号也没有脱离规范标点符号的原型。如果把标点符号看作由能指与所指构成,那么这些变异也只是在能指上些许变化而已,并没有动摇标点符号的所指;相反,通过混用、单一使用、重复、自造等方法,反而强化了这种所指,生成"整体大于局部之和"的功能、效果。使用标点符号变异主要还是聚焦其特殊语言功能,通过标点符号变异弥补文字在"副语言"等方面的不足,从而更为真实细腻地表现人物情感、心理变化,在标点符号层面能够投射人物意识活动的实际状态,以突出修辞意义为意识流语篇服务。

第三节　意识流语篇形趣中的文字图形化

　　现代派文学在叙述中除利用文字所指外,还对文字能指组合变异进行实验,以发掘文字直观形象、隐喻、象征等功能。其实,从文字最初的形成过程来看,"在原始文字阶段,文字和图画大概是长期混在一起使用的"①。"经历漫长发展,大量新石器时期的刻划符号和图形符号的积累,以及传情达意功能的逐步完善,为汉字的产生奠定了基础"②。文字和图画二者之间的界限也并非截然分明,因为"我们所接触到的整个自然界构成一个体系,即各种物体相联系的总体……这些物体处于某种联系之中,这就包含了这样的意思:他们是相互作用着的,而这种相互作用就是运动"③。文字与图画的融合,古人在文学作品中尝试过,主要利用了文字能指形式的变异:"神智体"有苏轼的《晚眺》、尤孟娘的《闺怨》;"回文体"有《盘中诗》《璇玑图》《龟形诗》《方胜诗》等。先人最初利用文字能指组合变异生成图画的智慧给现代人以启迪。在现代派文学创作中,文字图形化以传递特定的情感体验渐趋成为形式主义的表现手段之一,人们认识到通过文字能表情达意,同样通过图形也能够表情达意。图形与文字是表情达意的两种方式,其功能能够互补,文字图形化则是二者较好的结合途径,在相互依存中充分发挥各自的优势,弥补双方的不足。游顺钊说:"语言能力受到损害时,感官认知制约就重新浮现,并且会使童年时期的自然词序或它的各种变体重新显露。"④图形属于视觉范畴,是视觉语言的研究对象,即"视觉语言是以特定的图形样式来表达人的情感世界,以特定的形象——具象或抽象等形象元素作为媒介,通过非固化的外部形式组织来表现作者内在广阔的情感精神"⑤。从整体来看,视觉语言"着眼

---

① 裘锡圭:《文字学概要》,北京:商务印书馆,1988年,第2页。
② 黄德宽:《古汉字发展论》,北京:中华书局,2014年,第11页。
③ 恩格斯:《自然辩证法》,《马克思恩格斯选集》(第4卷),北京:人民出版社,1995年,第347页。
④ [法]游顺钊:《视觉语言学概要》,北京:商务印书馆,2014年,第65页。
⑤ 班石:《视觉语言探议》,载《浙江万里学院学报》,2008年第4期。

第六章 意识流语篇的书写形趣

于视觉方面","包括一切可从视觉方面进行研究的信息"①。在意识流语篇中,存在利用文字能指组合变异生成图形,从文字图形化角度来补充视觉语言的功能。

一、颠倒文字的图形化

文字以线性排列组合而成,一般文字方向为水平和垂直,主要便于视觉阅读,如果把水平方向的文字倾斜九十度、一百八十度或二百七十度,则文字会左右倾斜或颠倒,这种文字一般出现在艺术设计中,此时的文字已经赋予了视觉语言的元素,不再是完全意义上用来阅读的文字。因此,在文学作品中出现非水平方向组合的文字时,我们更多应从视觉语言的角度去观察,解读文字图形化后生成的意义。文字本身的所指不应成为唯一关注点,所指可能已经融入了文字图形。我们应把文字组合后形成的图形看作一个整体,以观察图形的视角结合文字所指,找出图形的价值意义。一般来看,文字图形传递的信息较为直观,偏向人的感觉、体验、情感等主观性表达,具有象征、隐喻等功能,所以文字图形传递的信息有时不确定,具有模糊性,意识流语篇尤其如此。

(1)现实世界是:

东半球的人这样站

西半球的人这样站 (刘以鬯《副刊编辑的白日梦》,载《刘以鬯小说自选集》第138页)

(2)只有黑,没有白。

心平气和的时候,眼前的黑,好像排列过的一样,并不乱。他未必能够见到不乱的情景,但在感觉上,那一片昏黑是不乱的:

黑黑黑黑黑黑黑黑黑黑黑黑黑黑
黑黑黑黑黑黑黑黑黑黑黑黑黑黑
黑黑黑黑黑黑黑黑黑黑黑黑黑黑
黑黑黑黑黑黑黑黑黑黑黑黑黑黑

---

① 徐志民:《语言理论探微》,上海:上海人民出版社,2018年,第227~228页。

但是,心烦意乱的时候,周围的黑就会乱成这样:

(刘以鬯《盘古与黑》,载《刘以鬯小说自选集》第155~156页)

上述两例中,对文字所指意义的解读已退居次要位置,通过文字组合成的图形获得的感知也许更重要,例(1)传递的信息比较明确,它把东西半球空间位置的上下对称以文字图形方式完美地诠释出来,直观地强调了对称,也象征着二者的不同,为下文人物意识出入梦境与现实之间埋下伏笔。在例(2)中,有序颠倒的"黑"字和无序且大小不一的"黑"字,分别组合成不同图形,前者隐喻了盘古的心平气和,后者隐喻了盘古的心烦意乱,通过"黑"字组合的图形化以省去对人物两种心态描写的大段文字,并以直观方式呈现在读者眼前,从而更容易把握盘古处于黑暗中起伏的心境,也为盘古下定开天辟地的决心做铺垫。

二、重复文字的图形化

重复文字有词语的重复和字的重复。词语重复一般表现为数量增加,意义得以突显。如果词语重复数量过多,一方面表现意义突显,另一方面通过重复文字生成的图形也可以看出其他意义,这种其他意义已不是拘泥于重复词语本身的意义,文字图形已成为一种有意味的形式,其他意义就蕴藏于这种"意味"之中。在字的重复中,当字本身又是词时,字的重复与词语重复一样具有相同的意义突显等功能;而当字只是语素不能成为词时,至少在现代汉语中已不作为词看待时,该字的重复不完全是意义的重复,由该字重复所生成的图形带来视觉冲击的效果,还有其背后的意义解读。这种意义解读也许可以归为韦恩·布斯所谓"文学趣味的类型"[①]。

---

① [美]韦恩·布斯:《小说修辞学》,华明、胡晓苏、周宪译,北京:北京联合出版公司,2017年,第116页。

第六章 意识流语篇的书写形趣

（3）继续砍劈。

砍劈。……

当"天"与"地"分开时，盘古精力耗尽，浑身颤抖，死了。（刘以鬯《盘古与黑》，载《刘以鬯小说自选集》第159页）

（4）……你懂了吗要剪裁剪裁结构不行让我告诉你你否则就刷刷刷刷然后咔嚓剪裁你大概不知道怎么回事所以你总发表不了喔剪裁那玩艺儿可真好剪裁就是规范你又超出规范因为你没有剪裁所以你超出规范剪裁剪裁裁裁裁裁裁裁规规范范范范范范剪裁就象刷刷刷刷刷刷刷刷刷刷刷刷刷刷刷咔嚓（北村《构思》，载《中国意识流小说选（1980—1987）》第427～428页）

例（3）中，词语"砍劈"重复了40次，显然仅解释为意义强调已不足以完全表现文本价值，从满眼"砍劈"所组成的图形中，既看到了盘古勇猛的砍劈动作，也体会到了盘古对黑暗的怒气，感受到了盘古开天的执着，这一神话能够流传千百年，既有韦恩·布斯所谓"认知的兴趣"和"审美的兴趣"，更有"人性的兴趣"。这一人类精神内核影响着一代代人，培育着人不畏艰险、执着向前的品质。例（4）中，词语"剪裁""裁""刷"和字"范"重复，其中"裁""范"和"刷"连续重复，从声音上看可以隐喻词语尾音的延长，其中"刷"仿拟撕退稿单的声音，借指被退稿，意味着投稿人希望的破灭，"刷"字重复无疑似利刃划在投稿人心头上的声音，投稿未被录用是每一个经历者的痛苦回忆。从文字图形上看，这些重复文字犹如立在前进路上的栅栏，这些栅栏是按标准规范安装的，犹如过滤网，滤掉了创作人的天真个性，也暗示"范"的标准正确，"裁"的符合要求，"刷"的天经地义，投稿人那种天塌地陷的精神打击只不过是"刷"的一声而已。

三、字间空白的图形化

语言具有线性特征,在口语表达中,音节是一个接着一个出现的,如果音节之间出现停顿,则表现为说话时间上的停延。汉语停延分为生理停延、逻辑停延和强调停延[①]。在书面语表达中,语言以文字的形式排列出现,停顿在文字中往往以标点符号的形式出现,较短停顿用逗号等,较长停顿用句号等,声音延长用破折号等,这些是语言停顿在空间上的表现。可见,在口语和书面语中,语言停顿都有各自的表现方式,这些方式显然具有社会性。在现代派文学意识流语篇中,文字或语句之间出现长度不等的空白,较长的有八个字节以上,可以肯定这种文字间的空白明显已超出了标点符号的功能,视之为画作中的留白也许更为合适,因为留白能够予人以想象,此处无物胜有物。对这种文字间的"留白",其出现之初,还是被保守地看待,"缺字处不是脱落了铅字,更不是'开天窗'。据说,也是一种新手法。又据说,这种手法在国外已经是不新的了。那么,算是我少见多怪"[②]。谭永祥也认为,它可以被看作修辞"形趣"中"一种'全方位'的表现","似乎可以作为正确运用形趣时的鉴戒"[③]。

(5)苔丝茫然地环顾着,金色落叶层层叠叠又厚实又松软。是啊,金色落叶。不过那到底是　　　我弄不明白　　　哦,这真可怕!我想一想都会脸红的!……(引者省略)不过我还是搞不懂　　　脸烫得这样厉害。我简直没有办法再说下去了。……(引者省略)金色落叶。是啊金色落叶。她真的在森林里那么她为什么不自杀呢?(陈洁《大河》,载《中国意识流小说选(1980—1987)》第127页)

(6)爷,自个儿陷在　　爷的　　自个儿的污烟厂ㄨㄟˋ(秽)气　之中,这　一　种的　痛苦,常,长达　几分钟之长。(刘以鬯《背海的人》第276页)

---

① 吴洁敏,朱宏达:《汉语节律学》,北京:语文出版社,2001年,第39页。
② 曹河:《少见多怪论》,载《杂文报》,1986年6月1日。
③ 谭永祥:《汉语修辞美学》,北京:北京语言学院出版社,1992年,第532页。

例(5)中有四处语句间空白,每处空白有八个字符大小,这些空白都出现在人物想法拿不准的情况下,可被视为思考过程中的停顿。如果把整个语段看作一个画作,对空白处的留白则可以进一步发挥想象:结合人物作为一个未嫁的老姑娘来判断,对男女之间的关系既有规范的约束,又有本能的向往,二者的矛盾对立使其"简直没有办法再说下去了";作为意识流语篇,空白处也可被视为人物的意识流动短暂"中断",这种"中断"是通过图形化直接看出来的,更具直观可视性,而不是通过标点符号的意义间接表现出来。例(6)主要是一句之内的文字间空白,结合人物醉酒状态,作为文字图形更能直观看出人物说话的断断续续,从空间视角能够判断意识流动的"空白"状态,如果换作叙述性语言进行描写,将打破这种直观的真实状态,因为叙述者描写话语的插入将把视角拉到人物心理之外,使叙述话语与接受者之间保持一定距离,而文字间空白能够省去这些叙述话语,还把人物说话的神态直接呈现出来。

四、无标点文字的图形化

在现代派文学中常有无标点文字出现,无标点文字被称为"标点符号的相对零形式"[1],亦被称为"无标情绪语"[2]。无标点文字比较适宜表现"以直接内心独白手法描写的绵延不断的意识流程"[3],或"表现作者或作品中人物的意识流动,反映出其意识发展变化的连续性和完整性"[4],因此,"表现意识流就更是无标点文字独领风骚的功能了"[5],成了意识流语篇语言文字的标配之一。乔伊斯的《尤利西斯》第十八章全是无标点文字。由于无标点文字,"于目赏之时刺激人的视觉,在耳听之际刺激人的听觉,凸现出特殊的视觉形象和听觉形象,使人强烈地感受到这种标点手段的新颖奇特之处,从而达到

---

[1] 曹石珠:《"无标点文字"不否定标点符号存在的价值——关于〈标点符号的客观基础及其修辞作用〉的质疑》,载《修辞学习》,1991年第3期。
[2] 曾毅平:《论"无标情绪语"的艺术修辞美》,载《修辞学习》,1990年第4期。
[3] 曹德和:《无标点文字运用的条件、范围和量度》,载《城南师范学院学报》,1994年第4期。
[4] 姚晓波:《无标点文字的形式与作用》,载《锦州师院学报》,1992年第4期。
[5] 田懋勤:《关于"无标点文字"和它的修辞作用》,载《语言教学与研究》,1989年第1期。

作者所企及的独特的修辞效果"①。无标点文字实际上成为了一种视觉语言,以文字图形方式直观呈现意识流的不间接性和连续流动性。如:

(7)他开始讲他的构思目光象两把尖利的刺刀透穿我的皮肉小心地听着双耳渐渐鸣响好象哪里还有一个世界心就恹恹地软而又轻微地颤动发抖四肢麻痹起来他的语音渐渐亮起来我激动得哆嗦你不知道他的构思多么好动人象电地火在运行千年奔突的岩浆终于找到喷口你无法形容它的美妙它的恢宏以及博大似魔怪如此高大的精灵它扶摇而上那样铺盖整个视野倾覆下来的气势如此之博大精深如狂风巨浪莫大的快感和畅快那时你的身体秋叶般发抖发抖以及颤栗掏空了五脏六腑如此的颤栗你再感觉你听那生命的脉动清泉的潺流似脆清的竖琴贯透心灵美妙的舒意与透彻空间与时间静止了呵如此的伟大征服就感到周身微尘般迸散哦天哪(北村《构思》,载《中国意识流小说选(1980—1987)》第424~425页)

上例中的文字完全可以使用标点,但表达效果要远远逊色于无标点文字。有标点时,视觉专注文字的意义,这段文字无疑成了对人心里感觉的描写;而转化为无标点文字,视觉将专注于文字的图形。由于文字表现了人物心里感觉,体现了人物意识活动状态,在阅读过程中,首先将会把这段无标点文字视作人物流动的意识,这一流动意识像喷泉一样涌出。从这一意识喷涌过程中,我们可以观察到人物亢奋激动的精神面貌,联想到人物外在平静与内心翻腾的矛盾张力。语言是精神的表层结构,意识活动外现于语言,那么意识的千头万绪、百感交集也必然外化为书面语形态,所以"有人从'视觉感受'的角度肯定了无标点的功用"②。

五、蒙太奇式文字的图形化

蒙太奇为法文 montage 的音译,原为构成、装配之意,在电影艺术中,指

---

① 曹石珠:《论标点符号的相对零形式》,载《佳木斯教育学院学报》,1991年第3期。
② 广泉:《关于"无标点文字"》,载《语文建设》,1987年第6期。

第六章　意识流语篇的书写形趣

"把片断的镜头剪辑成连贯的影片"①。在现代派文学中,蒙太奇式文字常常意味着逻辑关系杂乱、语意关系并列的一系列组合文字,它与传统辞格中的"列锦"有相同部分,列锦强调名词和名词短语的并列,而作为一种现代派文学变异语言,其语法结构范围远远超出了名词及名词短语。由于蒙太奇式文字在表现过程中太过杂乱,在新时期文学出现之初受到质疑,被指责诟病多多,主要表现为各语句之间语义联系不明显,甚至杂乱到南辕北辙。其实,看待蒙太奇式文字,应跳出单纯的语言思维模式,把这类文字以图形方式进行组合和理解。实际上,这类文字被称为"蒙太奇"已经暗示了文字的图形化。"蒙太奇"一词本来就是视觉艺术的专用术语之一,从视觉语言角度把所组合文字看作图形的粘贴、拼接,其意义是"整体大于局部之和",通过概念的转喻或隐喻投射生成整合意义。这种整合后的意义,"正如两组不同的电影镜头叠加在一起,产生一加一大于二的效果一样"②。在意识流语篇中,蒙太奇式文字起步较早。

(8)黑漆漆的,不知是日是夜。赵家的狗又叫起来了。狮子似的凶心,兔子的怯弱,狐狸的狡猾,……(鲁迅《狂人日记》第8页)

(9)失眠,胃口呆滞,贫血,脸上的红晕,神经衰弱;没成熟的肺痨呢!还有性欲的过度亢进;那朦胧的声音,淡淡的眼光。(穆时英《白金的女体塑像》,载《新感觉派小说选》第260页)

(10)二加二等于五。酒瓶在桌面踱步。有脚的思想在空间追逐。四方的太阳。时间患了流行性感冒。茶与咖啡的混合物。香港到了第十三个月就会落雪。心灵的交通灯熄灭了。眼前的一切为什么皆极模糊。(刘以鬯《酒徒》第193页)

(11)自由市场。百货公司。香港电子石英表。豫剧片《卷席筒》。羊肉泡馍。醪糟蛋花。三接头皮鞋。三片瓦帽子。包产到组,收购大葱。中医治癌。差额选举。结婚筵席……(王蒙《春之声》,载《中国意识流小说选(1980—1987)》第7页)

---

① 冯广艺:《蒙太奇式句群的组接规律》,载《鞍山师专学报》,1992年第4期。
② 李春华、李勇忠:《语言蒙太奇模式的认知理据》,载《西安外国语大学学报》,2013年第4期。

蒙太奇语言主张从图画视角处理文字，这一主张在中国文学中有相似传统，如马致远《天净沙》中也有蒙太奇语言的身影，从"枯藤老树昏鸦，小桥流水人家，古道西风瘦马"看，全部都是一个个有画面感的名词并列。这一文字图形手法在现当代小说中继续发扬，从未中断，虽然它的名称及其内涵已有所差异。以意识流语篇视角观察，从中国现代第一篇白话小说1918年《狂人日记》到1934年《白金的女体塑像》、1962年《酒徒》，直到1980年《春之声》，也都出现过蒙太奇式文字，尤其是其画面感和跳跃性特征，相当契合人的心理感性认知和意识流动。这类文字的表达与接受以图形化方式整体把握更为得体，因为仅从语义方面很难找到这些语句间的内在关联。

文字图形化属于"形趣"修辞，主要利用文字组合产生某种图形，依托视觉图形表达特殊修辞效果。在意识流语篇中，视觉图形主要包括文字方向变化、重复、字间空白、无标点文字、蒙太奇式文字等类型，它们的修辞功能紧紧围绕心理活动展开，符合人物意识流特征。文字图形能够提升对语言文字的感性认知，从视觉方面拓宽对语言文字的理解把握，体验语言文字更多的魅力，填补语言文字在直观感知上的不足，弥补语言文字功能的短板。文字图形化能够在意识流语篇中应用，得益于文字能够组合成一定视觉图形，读者通过识别图形找出其修辞意义。这进一步说明，文字组合可以用来表意，文字组合的图形也可以用来表意，它的表意是通过文字图形的"能指"实现的，有时这一能指还处于重要位置。

第七章　意识流语篇的广义修辞应用

　　谭学纯在《广义修辞学》一书中认为,修辞功能可以从三个层面进行研究,即"修辞作为话语建构方式:修辞技巧""修辞作为文本建构方式:修辞诗学"和"修辞参与人的精神建构:修辞哲学"[①]。在修辞技巧层面,它是传统修辞学研究的战略重地,包括选词、炼句、韵律、辞格、谋篇、风格、语体等,老一辈修辞学家在此领域取得了丰硕成果,也是新一代修辞学人学术发展的必备基础。在修辞诗学层面,"主要研究修辞话语建构向语篇建构延伸的诗学关联,即作家的修辞策略如何借助相应的修辞处理转化为语篇叙述的动能"[②]。语篇的修辞处理取决于作者能在多大程度上摆脱其自然语义构成的语篇叙述压力,重建语篇的修辞语义,为语篇叙述注入能量。在修辞哲学层面,强调"人是语言的动物,更是修辞的动物"[③],人受到语篇修辞影响后往往会产生系列"言后行为",通过改变人的情感、思想或行动而影响人的生存,即"变异的语义通过改变认知而影响人的生存"[④]。本章将从修辞技巧、修辞诗学和修辞哲学三个方面,以案例方式阐释意识流语篇的广义修辞应用,从现实应用层面近距离接触并直观加深对汉语意识流语篇的感知。

---

① 谭学纯、朱玲:《广义修辞学》,合肥:安徽教育出版社,2001 年,第 28～59 页。
② 谭学纯:《问题驱动的广义修辞论》,北京:人民出版社,2016 年,第 127 页。
③ 谭学纯、朱玲:《广义修辞学》,合肥:安徽教育出版社,2001 年,第 59 页。
④ 谭学纯:《问题驱动的广义修辞论》,北京:人民出版社,2016 年,第 128 页。

第一节 修辞技巧:意识流语篇的复叠现象

从修辞技巧层面看,传统修辞研究主要集中在辞格方面。以此为参照,意识流语篇修辞技巧研究将以复叠辞格为对象。严格说来,意识流语篇的辞格现象总体不算突出,主要是由于辞格需要一定的文学素养和语言雕琢,而语篇中不是每个人物都是文学高手。语言雕琢也比较费时费力,不符合语言的经济原则,对于不需要考虑外部交际因素影响的人物内心独白来说犹如画蛇添足,如把辞格强加在人物内心独白中则语言失真度较大,但不排除个别辞格使用频率较高的情况,复叠便是其一。复叠在意识流语篇中使用较多,主要因其修辞功能适合表现人物意识流动,是人物在心理活动过程中自然选择的结果。

一、复叠的范围界定

修辞学界一般认为,复叠指"复辞"和"叠字"[①]。语法学界对"复叠"的范围界定通常要宽,主要指"叠合""重叠"和"重复"[②],实际上语法学界的划分不仅包括了"复辞"和"叠字",也涵盖了"反复"和"繁复"两类辞格。鉴于"叠合"和"重叠"属于词法和句法层面,学界对此做过深入细致的考察,研究得较为透彻,又结合意识流语篇中人物意识流动变化快、不确定等多样化特点及其修辞现象待研究的实际,本书拟采用修辞学界对"复叠"的广义界定,即"有意识地重复使用某个词、短语、句子的一种辞格"[③]。

二、复叠的类型

复叠的类型一般包括连续复叠和间隔复叠。在意识流语篇中,这两种类

[①] 陈望道:《修辞学发凡》,上海:上海教育出版社,2001年,第173页。
[②] 李宇明:《汉语量范畴研究》,武汉:华中师范大学出版社,2000年,第299~300页。
[③] 倪宝元主编:《大学修辞》,上海:上海教育出版社,1994年,第265页。

第七章 意识流语篇的广义修辞应用

型也有变异的特殊形式,或是重复内容出现的次数一般较多,连续三次及以上次数的重复较为常见,或是重复内容之间没有标点符号予以隔开,以并列的形式连续出现。这种形式的复叠在语义上不仅关注其文字的自然语义,而且探讨这些文字所形成的修辞语义,这些修辞语义的表达符合心理活动的特征。

(一)连续复叠

连续复叠主要指相同的词、短语或句子,连续不断地使用,中间没有其他词语出现。在意识流语篇中,除少数二重连续复叠外,三重连续复叠及多重连续复叠相对较多,或是首次出现的"本体"成分与其后出现的"复体"成分之间没有停顿,这种复叠形式从语言的象似性来看更符合意识流动的真实状态。正如威廉·詹姆斯在《心理学原理》中所说,意识不像链条、锁链之类一节一节地拼接起来,它更像一条川流不息的河流、一个没有拼接痕迹的整体。当然不加标点符号的复叠与心理活动相符。一些复叠为强调心理活动的异样常常通过"本体"与"复体"语言成分之间的停顿节奏来实现,因为有停顿,所以结构比较自由,停顿时间可长可短,构成复叠的语法单位也就可长可短。

(1)啊哟这是怎么一回事我的心怎么会跳得这么快阿弥陀佛阿弥陀佛阿弥陀佛糟糕我的心跳得更快了冬冬冬……好像在打鼓阿弥陀佛阿弥陀佛阿弥陀佛(刘以鬯《蜘蛛精》,载《刘以鬯小说自选集》第151页)

(2)西门子公司规模巨大,具有一百三十年的历史。我们才刚刚起步。赶上,赶上!不管有多么艰难。哞,哞,哞,快点开,快点开,快开,快开,快,快,快,车轮的声音从低沉的三拍一小节变成两拍一小节,最后变成高亢的呼号了。(王蒙《春之声》,载《中国意识流小说选(1980—1987)》第3页)①

例(1)是刘以鬯的无厘头短篇意识流小说中的情节,反映了唐僧在蜘蛛精撩拨下的心理活动,"阿弥陀佛"和"冬"的复叠象似于人物特定情景下心理

---

① 例中着重号为引者所加,只标注复叠"本体"部分,下同。

不停歇的流动。复叠成分间无标点符合不间断流动的整体特征,把原本想象基础上的心理活动以更为直观的形式呈现出来,多侧面表现意识流语篇复叠的修辞意义。例(2)中以"快"作为重复单位,出现俄罗斯套娃式复叠,从"快点开""快开"到"快",从三音节到单音节,音节越来越少,每段音节所用时间越来越少,通过音节由多到少的变化显示节奏变快,隐喻了心情的急切性。这强调了在不间断情况下意识流动快速的特点,也是人物想要突显的内容,这与小说文本的主题完全吻合。

(二)间隔复叠

间隔复叠就是同一语法单位分开运用,中间隔着其他语言成分。这种类型的复叠通常是通过添加或更换句子中的某一部分来实现:或在后续的语句中通过对前边的"本体"添加不同的语言成分,从而达到中心词语的间隔反复;或在后续句中,更换前句的某一成分,从而造成所保留成分的间隔反复。前种类型的间隔复叠通过不断添加语言成分来细化缩小"复体"的内涵意义,从而递进式表述逐渐明晰,突出了要强调的内容。后种类型的间隔复叠实际上是意识活动轨迹的一种表现形式,当意识活动以立体多维呈现时,它可能是点射状、散点状等多模态出现,但由于语言具有平面的线性特征,它只能以这种替换重复的方式来表现多维立体的意识活动。例如:

(3)不要脸!我就是说她不要脸!这种事儿顶顶不要脸了!虽说阿强发起火来会揍我几下,但这种事儿我是绝对不会去干的!(陈洁《大河》,载《中国意识流小说选(1980—1987)》第130页)

(4)金色的星星。蓝色的星星。紫色的星星。黄色的星星。成千成万的星星。万花筒里变化。希望给十指勒毙。谁轻轻掩上记忆之门?HD的意象最难捕捉。抽象画家爱上了善舞的颜色。潘金莲最喜欢斜雨叩窗。一条线。十条线。一百条线。一千条线。一万条线。疯狂的汗珠正在怀念遥远的白雪。(刘以鬯《酒徒》第32页)

例(3)中,从三个感叹句的内容来看,第二个感叹句通过添加"我就是说她"来予以肯定"不要脸"这一内容,而第三句通过添加"这种事儿顶顶"来进一步细化证明"不要脸"的内涵意义。复体后面的转折复句内容恰好验证了

第七章　意识流语篇的广义修辞应用

这一点,即人在情急状态下,会急于把认为重要、突出的内容先说出来,然后再进一步细化证明这一内容,以实现信息的完整性。例(4)中,复叠的本体为"星星","金色""蓝色""紫色""黄色"和"成千成万"同属定语成分,这些定中短语以并列的方式存在,显示了它们同处一个空间,且以立体多维方式呈现,紧跟的一句"万花筒里变化"也说明了这一点,在语义上有"总"的概括。例(4)中本体"线"及数量短语的定语"一条""十条""一百条""一千条"和"一万条",也恰恰证明此类间隔复叠反映了意识活动的立体多维,这些"线"只有在立体多维空间中,才能更好地表现出"杂乱"的意识活动,并与此段语篇融为一体。

三、复叠的修辞功能

(一)主观性强化功能

主观性是意识流语篇的基本功能,复叠更加强化了这一功能,使其更为突显。一般认为,人们在话语表达时通常夹杂着主观性,在意识流语篇中,人物内心独白的对象是其本人,不会考虑外界各种因素的制约,这种内心独白式语言的主观性尤为明显,而复叠的多次重复实际上又强化了语言的主观性功能。关于主观性,"即在话语中多多少少总是含有说话人'自我'的表现成分。也就是说,说话人在说出一段话的同时表明自己对这段话的立场、态度和感情,从而在话语中留下自我的印记"[①]。可见,语言不仅仅客观地表达命题式的思想,还要表达言语的主体即说话人的观点、感情和态度。主观性在意识流语篇中通过复叠呈现得更为突出集中,因为复叠本身是一种有标记的话语形式。这种标记性表现在它违反"合作原则"中"量的准则",迫使受话人进行字面含义以外会话含义的推导,从而获取相应的其他强化信息。所以说,复叠是言者表达主观性的需要,是主观性的强化。比如:

(5)就在,在这一个,就在,——在这一个,——时刻,张法武,立刻中,刂尢(将)这一张,半个,乒乓球木桌,抱环抱环了而来,反过反转夕丫(拉)过来,转儿转儿起了圈圈圈圈旋而来了。——更,紧接到的,——张法武就把是一张木桌搬搬到搬到这一所大房间之远

---

① 沈家煊:《语言的"主观性"与"主观化"》,载《外语教学与研究》,2001年第4期。

远远远的那一头。(王文兴《背海的人》第 288 页)

(6)这个人,——你想也想不到,——他是,处里头,——一个小小,小小,小小,小职员,名许木旺,的亲戚。——这个,许木旺,之太太——这太太,她的弟|(弟)。(王文兴《背海的人》第 337 页)

从主观量来看,上述两例中复叠"远"和"小",一个是主观大量,一个是主观小量,这个"远"和"小"表现了人物心理空间距离的遥远和强调了人物社会层级的低下。"形容词的重叠形式带有较明显的主观感情色彩,这都是众所周知的语言事实"[①]。它们属于说话人的"情感"的主观性,连用四个"远"突显"大房间"之大,同时我们从中也可以看到说话人的"视角",说话人以大房间的一端为地点指示视角,所以才说把木桌搬到大房间的另一头,这已经不是纯粹的客观叙述视角,而是包含主观性的说话人视角。例(6)中,连用七个"小"来进行身份认同,"凸显身份的认知性,认为身份是个人对其所在群体及其他成员的情感和价值意义的认知"[②]。人物以自己的视角对"职员"社会地位的否定,表现了主观性极其强烈。

复叠的主观强化功能表现在度量上也是如此,特别是在情感的褒贬性上。如果原语句是否定的、贬斥的、不礼貌的,复现后则更否定、更贬斥、更不礼貌;如果原语句的色彩是肯定的、褒扬的、礼貌的,复现后则更肯定、更褒扬、更礼貌。如:

(7)贱货!你这个贱货!那眼睛红得象在烧。树枝在篝火里发出劈劈啪啪的声响。火苗子欢快地跳动着。(陈洁《大河》,载《中国意识流小说选(1980—1987)》第 119 页)

(8)我真想告诉你韩铁,我要把所有的灯都砸得粉粉碎,让黑夜包裹着我们吧它包裹着一个真实的你和一个真实的我。我想追上去告诉你。但是我丢失了我的那双白皮鞋,我就没有法子追上你。(陈洁《大河》,载《中国意识流小说选(1980—1987)》第 124 页)

[①] 沈家煊:《语言的"主观性"与"主观化"》,载《外语教学与研究》,2001 年第 4 期。
[②] 陈新仁:《语用学视角下的身份研究——关键问题与主要路径》,载《现代外语》,2014 年第 5 期。

第七章 意识流语篇的广义修辞应用

上述两例中加点词语强化了否定和肯定两种截然不同的情感态度。从语气可把句子分为陈述句、疑问句、祈使句和感叹句,四种句类按情感表达从小到大的顺序为陈述句<疑问句<祈使句<感叹句。感叹句情感的主观性最大,再加上复叠辞格的使用,所以,"贱货!你这个贱货!"主观性尤其强烈,恰恰表现了"妻子"对被误认作"小三"的愤怒。"一个真实的你和一个真实的我"以松句的形式实现了修辞意义,强调"你"和"我"的"真实";以复叠的陌生化的形式,强调扭曲人性的年代中保持一个真实的"自我"是一件多么困难的事情,其语言的主观性无意间流露出来。

(二)语篇衔接功能

复叠的衔接功能是意识流语篇的突出特点。一般认为,衔接是一个语义概念,是语义上的一种联系,如果篇章中的某一部分对另一部分的理解起着关键作用,这两部分之间就存在着衔接关系。意识流语篇具有跳跃性的基本特征,实现跳跃主要是通过一定的衔接途径,即依据一定的媒介形式,其内容才能更好地实现不同时空的转换,复叠的语句就是实现意识流跳跃衔接的媒介之一。复叠属于词汇衔接中的重复类型,属于最有效的词汇衔接,这种衔接可以把不同时空关联起来,常见的有当下时空与过去时空的关联,此时此地的现象在彼时彼地同样发生过,自然把人的意识流动从眼下拉回到过去,意识就是这样从一个现象流向另一个现象。复叠实现衔接功能,"在更深层上,词汇不仅具有语篇衔接意义,而且能表达情感意义。当人们极端高兴或悲痛时,一时语塞,往往不禁采用词语重复手段来抒发哀情"①。比如:

(9)你是说天黑下来了吗?是的,天黑下来了。它就这样朦朦胧胧地不知不觉地黑下来黑下来。沙发,摇篮和梳妆桌只剩下模糊不清的轮廓。对面楼里灯火通明,留声机里的男女声一齐唱着戴花要戴大红花骑马要骑千里马。天黑下来了,韩铁,我要去开开灯你看天真的已经黑下来了。放开我,我一定要去开。(陈洁《大河》,载《中国意识流小说选(1980—1987)》第122页)

(10)那么说你们烧篝火了?它一直烧了一个晚上吗?是的一

---

① 胡壮麟:《新编语篇的衔接与连贯》,上海:华东师范大学出版社,2018年,第127页。

直烧了一个晚上。那是什么样的火啊！一直烧了一个晚上是的。巨大的火舌疯狂地舔噬着黑夜。警笛声拼命地叫个不停人影飞奔着声嘶力竭。半天的红光滚烫滚烫地流动着灼得人浑身哆嗦。它整整烧了一个晚上啊韩铁！耀眼的火光中你飞起来了，那样年轻那样剽悍。你飞升而去随着那耀眼的火光。(陈洁《大河》，载《中国意识流小说选(1980—1987)》第123页)

这两例都是同一人物的意识流动，背景为人物从眼前的谈话，联想到自己在"文革"岁月中已为人妻却仍与"右派"前男友私会，并刺激到前男友，使其跳楼的痛苦回忆。复叠中的本体"天黑下来了"和"一直烧了一个晚上"是人物现实时空中的对话，它们后面分别多次出现的复体则为人物对过去时空的联想，前后十几年的时空跨越，通过复叠式语句把两个不同时空的语篇衔接起来。在复叠衔接的过程中，能够衔接的过去内容可能很多，人物需要进行记忆选择，留给她印象深刻或刺激性特别大的事情往往处于优选地位，而备受良心煎熬的痛苦记忆往往首当其冲，这一悲痛的回忆过程也是"抒发哀情"的主观性过程。

(三)心理宣泄功能

复叠的心理宣泄功能在意识流语篇中格外明显。一般认为，意识流语篇通常指文学作品中使用内心独白方法描写人物非逻辑性意识活动的具有完整语义的言语片段。它更多是反映人的潜意识，这些"本我"潜意识由于不符合"超我"的道德标准要求，受到"自我"前意识的检查拦截，难以进入意识层面，它们是羞于出口的原始欲望和冲动，像"一锅沸腾的粥"横冲直撞、永不停歇。由于受到社会的、道德的等诸多因素的限制，这些潜意识又不能或羞于向他人表达出来，只能被压抑在心里底层，被压抑的里比多如果不能通过癔症、梦境、生活过失等进行转移或通过艺术创作、科学发明等进行升华，长时间则容易导致精神错乱。可见"量"积累多了须有喷发口，心理宣泄的"白日梦"也是一种有效途径。在宣泄过程中，这些沾满里比多的潜意识无疑闪烁着人作为生命体的光芒，它们是人共同体中的一部分，构成了人最真实的内心世界，映现这些真实内心世界的语言是原生态的，保留着话语标记，辞格复叠便是这种形式之一。如：

(11)"你不能少留一会吗,白文?信就在此地写也好,我这样躺着很舒服的,不想休息。"

……啊,我恳求着,明明是恳求着。何必呢,放他去好了。人家也累了。对啦,我是孤独的。世界上我是一个人。我心里无聊哪!我不要孤独,我要有人爱着我呵,啊,少豪,你去了,你去了!啊,哪个男人快来把我紧抱着。我要男性,我要人生的侣伴呵,我不要无聊。不要无聊!!……

"你还是休息了吧,身体舒服点,信明天来得及,我还想到旁的地方干点事体。"

……啊,多么蠢!人家的心里半点都不晓得。何必身体,身体,老是身体。你如真的爱着我就这儿陪了我一夜有什么关系呢?真不懂!不懂!随他吧!(刘呐鸥《残留》,载《都市风景线》第91页)

上例中,第一段和第三段带双引号的话语为现实中的人物对话,第二段和第四段则为人物的不能说出口的内心独白,这两段内心独白是人物真实内心世界的投射,反映了作为女性在丈夫刚刚去世后的孤独和无聊。它们是人生命本能的一部分,是生命自我生存发展的动力,但这种潜意识活动显然偏离了社会道德标准,一个刚刚死去丈夫的寡妇心里呼唤着:"啊,哪个男人快来把我紧抱着。我要男性,我要人生的侣伴呵,我不要无聊。"显然令那个时代难以容忍,更别提说出口了。这些反映生命本能、沾满里比多的意识活动作为内心独白却可以自由行动,辞格复叠尤其适合表现这种抑制心理情感的宣泄。如果以句号、感叹号和问号的使用来确定句子数量,那么这两段共十六句,其中连续复叠的句子有五个,间隔复叠的句子有两个,共有七个复叠句子,占比为百分之四十四,其中"我要""我不要"等表现说话人"认识"的句子,体现了人物内心里比多的无节制喷涌,而"身体"和"真不懂"的复叠更体现了怨妇心理,可见复叠辞格适合表现受抑制的心理。

四、复叠的生成机制

(一)象似性心理

据张敏考察,"在现实生活中,我们会将两个或多个相同的物体归在一起,会在一段时间内重复相同的动作,会表达某种状态的程度的加深"。他指出,莱可夫和约翰逊(Lakoff & Johnson)也认为,"在英语里'He ran and ran and ran and ran'(他跑啊跑啊跑啊跑)跟'He ran'(他跑了)相比,前者表示的动作的量更大;'He is very very very tall'(他非常非常非常高)跟'He is very tall'(他非常高)相比,前者表示的性质更强"[①]。因此,在相当多的语言里,当复叠出现在名词上时,单数会变为复数或表集合概念;出现在动词上时,表示动作的持续或完成;出现在形容词上时,表示性质状态的增强。因此,复叠是数量象似性的一种体现形式。所谓"数量象似性"指符号单位的数量越多则表示的意义越复杂,或者数量增多、程度增强、性状加深等,也就是"形式越多,意义越多"。从语用实际效果来看,意识流语篇遵行数量象似的认知心理,通过形式的重复形成"主观大量"或"主观小量",甚至趋向二者的"临界点",从而使复叠语句在表意上主观性增强,突出个体的主观体验心理,具有强化效果。如:

(12)这些新楼老楼半新半老的快要老的差不多已经老了的简易的半简易的不简易的楼房与楼房与楼房与楼房与电视天线的小树林子下的楼房与楼房与一片又一片掉了叶子只剩下枝干的楼房与楼房与楼房与楼房啊楼房啊楼房与楼房啊楼房与楼房——(高行健《我给老爷买鱼竿》第249页)

(13)他奶奶的个现在的这一身上下破ㄌㄢˋㄌㄢˋ(烂烂)的唠啥子个玩意儿一股脑儿都给它扔去九霄云外之外而又再外外外外的个的去——(王文兴《背海的人》第39页)

例(12)中,辞格复叠中本体是"楼房与楼房",加上全句没有标点符号,仅从视觉语言的表达效果来看,象似于楼房紧邻着楼房,密密麻麻,如钢筋水泥铸就的森林一般,走在这样没有绿意的"森林"中,会带给人压抑和冷冰冰的感觉。复体数量之多,显然不是赞美一座座拔地而起的楼房,而是表达人物心理受挤压的不适应,甚至有点反感心理,这种不适应或者反感心理的"主观

---

① 张敏:《认知语言学与汉语名词短语》,北京:中国社会科学出版社,1998年,第178页。

第七章　意识流语篇的广义修辞应用

大量"越多则重复的次数越多。例(13)中,只重复了成语"九霄云外"中的一个音节"外","外"字增加在句中并不能使句子自然语义发生变化,但它会增加修辞意义,这种修辞意义实际上是人物心里感觉在语言上的表现,人物对自己"一身上下破烂"感觉不满意,心理上希望把"破烂"扔得越远越好,重复的次数越多则越能表现这种心理上的"主观小量",因为复叠中的复体数量越多则语言主观性越强,越象似于人物心理活动。

(二)联想心理

在意识流语篇中,部分复叠往往是联想心理作用的结果。联想心理与长时记忆密切相关,"长时记忆中所存储的刺激信息是个体过去所经历的经验和所获得的知识,它为个体的心理活动与行为提供必要的信息基础"。"存储在长时记忆中的刺激信息是一个有组织、有体系的知识与经验系统"。"在理解从长时记忆中检索信息的研究中,塔尔文指出:'一个要被记住的刺激信息项目,主要是根据在学习的时候,以刺激信息的上下文来进行编码的,并会产生一个将目标与上下文联系起来的记忆痕迹。当提取已经被记住的刺激信息项目时,长时记忆中的线索信息就要与环境中的刺激信息项目的记忆痕迹恰当地匹配起来。'换句话说,个体提取的刺激信息需要尽可能地与长时记忆痕迹中的刺激信息保持联系、联结或重叠。"[①]由于长时记忆的存在与作用,当我们在现实中遇到某一刺激线索时,我们就会在现实刺激物的激发下由此及彼地将当前事物与同当前事物相似或相关的另一事物联系起来,这种在记忆时由一事物想起另一事物的心理过程,就是心理学意义上的"联想"。联想可以分为接近联想、相似联想、对比联想和关系联想。往夸张处说,意识流语篇是"天马行空"联想的产物,而推动联想展开需要一个当前的媒介物,复叠词语就是这一媒介物。如:

(14)她又低下头去一声不响。她真的在森林里。金色落叶。是啊金色落叶。她真的在森林里吗?那么她为什么不自杀呢?莉莉从楼上跳下去。哦,金色落叶,这真可怕!(陈洁《大河》,载《中国意识流小说选(1980—1987)》第 127 页)

---

① 梁宁建:《当代认知心理学》,上海:上海教育出版社,2003 年,第 155、156、181 页。

(15)天太大。海太阔。人太老。游泳的姿势和动作太单一。胆子和力气太小。舌苔太厚。词汇太贫乏。胆固醇太高。梦太长。床太软。空气太潮湿。牢骚太盛。书太厚。(王蒙《海的梦》,载《中国意识流小说选(1980—1987)》第103页)

例(14)中,"金色落叶"的复叠使语篇从当前时空跳跃到过去时空,"金色落叶"所在两句已经属于不同语境下的话语。通过"金色落叶"的复叠,人物意识从当前事件流动到过去的相似事件上,这也就是相似联想,即由一种事物的经验联想到另一种在性质上和它相似的事物,它是由于当前感知到的事物与记忆中的事物在性质上有相似性,在大脑中形成了特定的联系,从而引起回忆联想。例(15)中,"太"的复叠体现了人物相关心理,这些句子从不同侧面共同映现了人物的心理感受,如"大、阔、老、单一、小、厚、贫乏、高、长、软、潮湿、盛"都是相关的五官感觉,程度副词"太"的复叠使人物意识从当前感觉流动到相关的其他感觉上,这也就是接近联想,即由一种事物的经验联想到另一种在空间或时间上与它相接近的事物,它是由于当前刺激物同记忆中的事物之间在空间或时间上相互接近,使人在经验上将它联系起来,是联想的结果。

(三)移情心理

关于心理意义上的移情,弗洛伊德认为,沾满里比多的潜意识受到压抑,通过转移或升华使潜意识成为意识,调解冲动与抑制二者的矛盾,从而实现消除压抑的目的。因为"病人在里比多的欲望与性的压抑,或肉欲的趋势与禁欲的趋势之间感到有一种矛盾。这种矛盾,不是用帮助一方面来压服他方面所能解决的"。"我们之所以收敛,或许是由于用某种意识的东西代替了某种潜意识的东西,把潜意识的思想改造成意识的思想。你们要是这样,那就击中要害了。潜意识既扩大而入意识,于是压抑遂被打消,症候遂被消灭,而致病的矛盾乃变成一种迟早总得解决的常态的矛盾。""移情作用对于癔病、焦虑性癔病及强迫性神经病等的治疗,既如此的绝对重要,因此这些神经病都可同属于'移情的神经病'。无论何人,若能由分析的经验对移情的事实获得一个真确的印象,便决不会再怀疑那些在症候中求发泄的被压抑的冲动的性质了;这些冲动带有里比多的意味,再找不出更强有力的证据了。"[①]在意

---

① [奥]弗洛伊德:《精神分析引论》,高觉敷译,北京:商务印书馆,1984年,第348、350、359页。

第七章 意识流语篇的广义修辞应用

识流语篇中，人物的内心独白是自说自话，通过自我对话的方式宣泄内心的压抑，复叠则是受压抑心理动能异常充足时的语言现象，也往往是心理受压抑较为严重的部分，成为心理能量急待释放的所在，通过辞格复叠的使用能够观察到人物心理关注的重点，从而能够真正细读、掌握人物的内心世界。如：

(16)很舒服哪，这么紧紧地被他拥抱着。啊，我被抱着哪，我是在生人的怀里！啊，少豪，你去了。你把我放在他人的手里。你生气吗？啊，可是我无聊哪，我怕寂寞。请你赦免我吧！我要强力的手！强力的手！啊，这样多么好呵！这不是你吗？是，是你是你！我们在河边儿散步呢，互相拥抱着。记得吧，你病前那时？白文要嫉妒呢。他哪里去了？他不敢来呵！我要给他知道的，我们互相拥抱着。啊，多舒服，多舒服！可是我们往哪里去呢？哪里去呢？这样的老是走着？不要紧，随便你，你到的地方我都去！啊，我没有力了，我想睡觉了。我，……想……睡……了。（刘呐鸥《残留》，载《都市风景线》第96页）

上例中人物为新寡少妇，孤身一人时异常寂寞，内心的里比多翻江倒海，深夜竟然独自游荡，在潜意识作用下径直走到外埠码头，因为这里是外国水手买春的地方，最终少妇如愿以偿，被一个醉酒的水手误认作妓女，被水手强行搂抱带走而没有任何反抗，此段展示了此情景下少妇的意识流动。从文中复叠内容来看，"强力的手"借代为"男人"，"多舒服"则为人物里比多的暂时满足，"哪里去呢"借喻为满足里比多而摒弃伦理约束，"我想睡觉了"则是人物彻底的沉沦。可以看出，人物内心里比多移情到复叠话语之中，潜意识在内心独白话语中转化为意识，人物内心实现短暂平衡。

复叠除着眼于同义同形外，在意识流语篇中，还有语义相同相近而异形的情况，这种类型的重复也可以被看作复叠的变异，被视为广义上的复叠也许较为合适。这种语义的反复重叠，其功能也是通过语言主观性的强化实现受压抑心理的宣泄，是语言与心理世界的同构，二者存在象似性关系。不过，这种复叠中的本体与复体在语义上还是存在一定的差异，语义完全相同的可

能性极小,因此这里所谓"同义"只是相近而已。如:

(17)譬如——先前不曾好久早先前几天的个出海去抓鱼,——不,去"找"鱼——的那一个人,那一个渔工,那壹个"幸运鬼",却是可然而之的个是并不曾有"即死"的个的这一件体事发生,——这就可见得个的明明朗朗彰彰昭昭的验应了,印证出来确确是是实实然然的个是"不—灵—验",……(王文兴《背海的人》第48页)

(18)尽管周围都是迷迷蒙蒙混混沌沌,尽管一切都是半明半暗若隐若现。(陈洁《大河》,载《中国意识流小说选(1980—1987)》第140页)

例(17)中有四组异形复叠,分别为:"先前不曾好久早先前几天""却是可然而""明明朗朗彰彰昭昭"和"确确是是实实然然",这些复叠中的本体与复体语义以相近为主,存在生造词语现象,为了复叠而复叠,但其修辞功能总体一致,强调突出心理活动的重点所在。例(18)中"迷迷蒙蒙"和"混混沌沌",以及"半明半暗"和"若隐若现"也都是近义异形复叠,它们都是以特定的结构形式表达语篇的修辞意义,重点呈现人物的潜意识。可见,近义异形的复叠具有"整体大于局部之和"的完形心理,但这种变异类型的复叠形式仅限于表现人物心理的意识流语篇也许较为妥当,当然也有人把这种变异的复叠单独看作另一种"异称"辞格。

第二节 修辞诗学:拒绝消费至上的文学语言建构
——以王文兴意识流小说《背海的人》为例

在科学技术主义哲学思潮盛行的当下,物质消费占据绝对的"单向度",物质消费主导下的文学消费领域也始终进行着话语权的争夺。经过改革开放四十多年,文学消费从最初的简单粗糙逐渐向多元精细发展,从"下里巴人""引车卖浆"渐渐向"阳春白雪"递升,文学消费的品位正不断提升,但这一可喜景象的背后是文学在市场配置中消费至上主义的盛行,导致文学自身的特质逐渐弱化,正变成了一种大众快餐,甚至有演变为纯商品的趋势。针对

第七章 意识流语篇的广义修辞应用

以市场消费为主导的文学现状,少数文学创作者高举文学大旗,坚守文学特质的小众化私有领地,这是当下一种文学精神的象征,彰显拒绝文学过度消费的倔犟。历史总是惊人地相似。20世纪60年代末至80年代的台湾经济高速发展,为拒绝文学过度消费,被誉为"世界最长的意识流的内心独白"[①]小说——台湾作家王文兴的《背海的人》开展了现代主义文学语言建构实验,它为文学发展辩证地指引了方向,当然这种语言试验走的是极端路线。据悉,王文兴在创作《背海的人》时,以每天不超过一百字的速度进行语言文字的打磨,前后花费了25年时间才完成作品。这30万字的小说读者寥寥,称得上为文学而文学,但这场艰苦卓绝的语言建构实验,也隐喻了在消费至上的资本主义社会中,语言在某种意义上是拒绝文学过度消费的最后家园。

一、强调能指的自指功能,创建慢读式情感体验

王文兴具有狂热的文本慢读情结,"慢读"成了他各种报告会的主题。慢读带来更多的体验与愉悦使他流连忘返。让文本阅读的脚步慢下来,可操作的策略是拖延目光在文字符号上的移动速度,为此必须陌生化文字符号及其组合。因为就语言的能指与所指来说,语音或文字形象指向概念意义,语言在接受过程中往往通过能指滑向所指,即概念意义成为最终落脚点,而能指被忽视,能指似乎为"桥"或"筌",过了河不必把桥背在身上,得了鱼也不必总惦念着"筌"好。索绪尔也曾用棋子隐喻能指,认为能指可以是不同材质的棋子,用象牙的或木头的棋子并不影响下棋,这一命题强调了语言系统与规则,间接地怠慢了能指地位。而具有解构精神的现代主义则认为,"形式"不仅是表现"内容"的工具,能够使"形式内容化",而且其自身就存在意义,语言更是"诗意栖居之地",语言能指这一形式应该受到重视。在当代哲学的语言学转向大背景下,经过俄国形式主义、英美新批评派、结构主义、解构主义和后结构主义的深度解读和理论建构,文学形式主义得以广泛传播,符号能指的自指功能得以广泛认同。

文学形式主义是现代主义文学理论的重要内容。在哲学的语言学转向

---

① [美]叶维廉:《中国诗学》,北京:人民文学出版社,2006年,第7页。

背景下,文学形式主义的核心问题是语言,并常常通过语言变异完成形式主义的文学使命,语言变异是文学形式主义的重要方法。人活在语言中,"人活在程式性语言行为中"①。人不得不活在语言中,对语言的运用必须遵从它的规则和制度,那么运用者一开始便屈服于语言的普遍化支配力量,遵守着契约精神,因为它具有封闭性、可复制性与公共的强制性,是言语交际行为的现实指向。而文学语言尽力追求语言变异,避免熟知化,具有开放性、不可复制性与个体的创造性。于是,"文学语言"成了一个相悖命题,一方面它生活在语言家园中,必须遵循语言活动规则与制度,在表达与接受之间架起交际的桥梁;另一方面"变异是文学语言的特质"②,是一种"语言骚动","以它对语言'大地'面貌的局部性破坏造成语言'震后'的新景观,以对原有自然景象破坏所构成的奇观异景吸引着浏览者的目光"③。这种"魔方重组"④的变异性修辞,从语言家族相似性来看,"变异语言"与语言有血缘关系,基因遗传使它们具有某种相似性,但又是两个完全不同的个体,"变异语言"刚开始以其鲜明的棱角挑战语言系统,于是被语言系统视为异类挡在门外。当时间老人抚平"变异语言"的棱角,成为公共的熟知对象后,"变异语言"便被语言"收编",成为语言系统的成员而丧失文学语言所得到的宠爱;相反,如果它"一意孤行",则永远漂移于语言系统之外或消失。实际上,未被语言系统"收编"的文学语言只能被称为"前语言",是未形成的语言,只是一种"话语"。文学语言剑走偏锋,反弹琵琶,游走于语言系统模糊的边缘地带,且无法脱离语言轨道。可见,文学形式主义通过语言变异来遵守与反抗语言系统,以陌生化的面孔示众,形成矛盾的语言张力,陌生化的语言延迟了认知进度,从而实现慢读并获得更多的情感体验。

为实现文本慢读,王文兴在能指变异上做足文章,力度之大令人叹服,仅就"字体字形的变异"而言,其技术操作手段就有十余种之多,由此可略窥其极端的能指变异。主要有用注音符号更换汉字,用拼音字母更换汉字,异体

---

① 钱冠莲:《语言:人类最后的家园》,北京:商务印书馆,2005年,第20页。
② 冯广艺:《变异修辞学》,湖北:湖北教育出版社,2004年,第250页。
③ 祝敏青:《当代小说修辞性语境差阐释》,北京:商务印书馆,2017年,第251页。
④ 王卫兵:《如何回应当前的语言狂欢?》,载《北华大学学报》,2017年第5期。

汉字相互更换,用自造汉字更换原字,用错别汉字更换原字,更换原词的汉字,更换数字的大小写,同一文本中使用不同字体,放大原有字形和拉开文字间距。这些令人眼花缭乱的能指变异实际上有着语言学的内在规律可循。如:

(1)——是的,他,—可以说—,——他"**铁**""**腕**""**治**""**军**",——ㄎㄜˇ(可)以说到了"**军　令　如　山**"的这样子的　　地阡。(王文兴《背海的人》)第 354 页)

为了慢读,上例中使用了注音字母替换汉字、词的创造、使用黑体、加着重号、用破折号,同时文字间距也适当拉开等方法。如"军令如山",黑体增强了视觉效果,字间距拉开则增强了语感的体验,因为词语强调一般可通过重音来实现,英语通过音强实现重音,汉语重音则主要是"扩大音域和持续音长"[①],视觉上字间距的拉开是对语音延长的模拟,具有同样的表达效果。如果没有文字的黑体及拉开字间距,按常规的排列书写,这些视觉和听觉的体验感知就会被屏蔽,可见《背海的人》极力发掘文字的潜力,激起接受者更多的感知体验,从而拓宽或加深语言的意义。

这种充分发掘语言能指的冲动行为实际上来自对语言功能缺陷的不满。维特根斯坦认为,"我的语言的界限就是我的世界的界限"。这句话强调了虽然语言在人类认识世界过程中具有不可替代的地位,但也预设了语言的遮蔽功能,即人类一些感知体验可能因为语言的限制而无法呈现。精神分析学认为,人的潜意识犹如海面下庞大的冰山,这些潜意识更多为破碎、模糊与混沌的状态,是一种"只可意会,不可言传"的精神存在。"只可意会"说明类似于潜意识这种感知体验确实存在,"不可言传"则说明其因语言限制而无法表现。为了寻求表现这种感知体验的语言,历代文学家们苦苦挣扎,所谓"一字说""推敲""两句三年得,一吟双泪流""吟安一个字,捻断数茎须""为人性僻耽佳句,语不惊人死不休"等,不是表达成功后的喜悦,更多是对语言匮乏的焦虑及为去除语言遮蔽的坚持,也只有这样,才可能最大限度地呈现文学的

---

① 吴洁敏、朱宏达:《汉语节律学》,北京:语文出版社,2001 年,第 283 页。

情感性、形象性等艺术特征。在《背海的人》中,王文兴为了能够使语言文字与其生产的意义相符,每天创作一般不会超过一百字,这其中的原因可推测为他的感知体验超出了语言界限,语言文字的局限造成他感知体验受挫,使其处于找不到去除语言遮蔽的深深苦痛中。《背海的人》的创作花了25年,这是他与语言文字遮蔽所进行的一场"困兽犹斗"的苦战,也是一个漫漫求索的过程。

二、弱化语言的线性组合,彰显"断裂""碎片化"语象

语象(verbal image)为现代主义新批评派的术语,是语言层面的形象,直译为"文字的物质材料制成的象"[①],有别于脱离语言后在意识和想象中留存的形象,主要指不脱离语词或词组的具词性形象。相对而言,语象只是呈示自身,不表明任何与己无关的意义或事物,"语象是既定的语言事实,它与作者和读者以及其他文本无关"[②]。名词、动词、形容词等表形象的词语一般都能够成为语象,通常文本语象由于受语言线性组合中语法构式等的影响,并以直接追寻意义为目标,因此除表物、动作、状态等形象词语的语象较明显外,一般词语的语象会在线性组合结构中被忽略。语言符号的线性组合是就其在时间或空间上的一维单向排列方式而言的,从表面上看,语言符号的组合是一个线条序列,但其背后还有一个非线条性的层次构造,这个层次构造决定着组合的结构性质和语义解释。因此,通过非线性组合层次构造来弱化词语的线性组合,可突显词语的语象,增加对词语感知体验的力度。在《背海的人》中弱化线性组合结构的做法有:大量使用结尾助词和感叹虚字,文言单字掺杂进白话句子,惯用词语倒置,采用拟声的非常规用词,各类词语的重复,使用冗长、不通顺的句子。

语言的线性特征使能指与所指之间存在不对称性,造成二者之间的失真,不利于文学语言的表情达意。因为语言能指的线性特征,属于听觉性质,而听觉的能指只有时间上的一条线,这使语言能指具有单向性,仅体现一个

---

① 童庆炳:《文学理论教程》,北京:高等教育出版社,2008年,第223页。
② 陈晓明:《西方的审美结构》,石家庄:花山文艺出版社,1993年,第92页。

第七章 意识流语篇的广义修辞应用

长度。能指对应的所指是心理上的概念,它以多维的立体空间存在,具有多向性,体现长度、宽度与高度。因此,多维的立体化的心理概念转变成了单向的平面的音响形象,具有不对称性与失真性。当语言能指的线性特征表现在文字上时,能指则是空间上的一根链条,文字符号在这根链条上依靠语法关系形成有序的环环相扣,而心理上的所指则是自由个体,并非环环相扣的,甚至是无序的。因此,文字符号有序的能指实际上只反映了小部分有序的心理所指,或对部分无序心理的所指进行了整理加工,这种整理加工遮蔽了心理的真实状态,具有不对称性与失真性。综合来看,从范畴角度观察,听觉上的能指存在于时间范畴,思维上的所指存在于心理范畴,时间范畴特征具有单向性与平面化,心理范畴特征具有多向性与立体化;从"人为自然立法"角度观察,文字符号属于视觉上的能指,文字符号的线性组合受到语法的限制,并不能全部反映心理所指的真实状态,尤其是前意识与潜意识,具有原始的生命冲动,犹如"一锅沸腾的粥",这些意识如果以文字符号的能指呈现,其原生态在线性上未必是有序的。可见,线性特征,使听觉或视觉上的能指并未真实反映心理意义上的所指,而文学语言的使命之一则是表现真实,尤其是心理上的真实所指。

要使语言中能指真实反映所指,具有相当的复杂性,但可以通过改变能指的线性组合,使线性组合符合人物话语本来存在的实际状态,从而反映人物真实的心理状态。在口语交际中,真实记录下来的能指往往并不符合语言线性上的语法结构,这种能指组合常会以模块的方式存在。研究表明,人以模块的方式进行记忆,单位时间内 7 加或减 2 个模块是最佳的记忆内容,当从记忆库中提取这种记忆时也是以模块的方式进行。当记忆的所指表现为能指时,能指从理论上应该以这种模块的方式存在,当这种模块化的能指表现为平面的线性组合时,或以语音停延时值长短,或以文字间线性排列空间距离大小来呈现,并根据模块前后停延时值长短或间距大小来区分模块受重视的程度。模块前后语音停延时值越长或文字间距越大,则模块越受重视,相反,则模块受重视程度不够。因为语音停延时值长或文字间距大,以模块化存在的能指在线性排列上就会出现"断裂"与"碎片化",形成一个个语象,这种语象犹如平面上的一串珍珠项链断了线,珍珠虽然在一个平面上,甚至保持一定的线性结构,但个体化的珍珠让人印象更深。能指线性的"断裂"及"碎片化"更符合潜意识的实际状态,而潜意识在心理上犹如水面下的冰山占绝对优势,不过从传统语言学封闭系统来看,这些真实反映潜意识的"断裂"与"碎片化"能指语象往往被划在了该系统之外,被看作尚未形成的语言,犹如醉汉或精神错乱者的语言一样不值一提。但《背海的人》通篇描述的就是一位醉汉的语言,其线性组合上也如精神错乱一般让读者抓狂。以开放的心态,从现代主义的角度观察,这种语言的"断裂"与"碎片化"语象却真真实实地反映了特定语境下人的心理,映照了真实生活状态下人的语言多样性。

在《背海的人》中,王文兴通过弱化语言能指的线性组合结构,以模块化的方式真实表现人物心理状态,即通过"断裂""碎片化"形成单个独立的语象,犹如散落后的珍珠因个体突显而受到关注。因为"断裂"弱化了线性组合,避免语言在语法的作用下自动生成意义,模块以"碎片化"语象出现,从而延迟了认知在"碎片化"语象上的停留时间,而不是由能指快速滑向所指,彰显了个体模块的地位,加深了对"碎片化"语象本身的感知体验。同时,在线性组合结构弱化的状态下,或文字之间存在距离,或线性排列无序,对这些"断裂""碎片化"语象,接受者希冀把不熟悉的语象组合并纳入其原有的认知图式,而事实上是很难顺利纳入固化后的认知图式的,于是有种圆榫对方卯的感觉,文学张力便在这种对峙中生成。例如:

(2)然后 ,张法武,张法武,他,又走进来, 又 ,坐下来的时候,对汤麟 说:"是的, 是的,——我,是的,我 现在,想问问你一个 问题:你,——是,我想 要问你,——等 一下,你什么时候 有空,我想 和你谈一 谈,——我发 觉 你的 思 想 方 式 不 大 正 确。"(王文兴《背海的人》第 292 页)

上例中能指线性组合上"断裂""碎片化"的语象,使许多语句难以符合语法规则,逗号与破折号完成了语音上停延,加之空间距离的超常规排列,共同强化了模块化语象的存在。传统一目十行的阅读习惯在王文兴式文本面前难以奏效,倘徉在这种"断裂""碎片化"语象中,也许别有一番乐趣,而陌生化的线性组合带来的文学张力,最大限度地实现了意义生产。

三、探索符号的象似性,同构语言与精神、世界的关系

现代主义小说《背海的人》具有存在主义的精神,包括对人与世界本身的质疑与反思,这也是"二战"后现代主义文学的普遍倾向,对移居中国台湾的大陆籍知识分子而言,中西方文化碰撞带来的文化认同、焦虑与远离大陆偏居一隅的自身生存危机,唤醒知识分子重新思考文化、人生与世界。现代主义小说分裂破碎的形式本身,正与"难以整合的现代人心灵世界与现代世界"[①]同构。在此意义上,《背海的人》语言形式实验具有一种哲学的意义,语言符号的"断裂""破碎"同构于人物精神的凌乱,同构于世界的分裂,隐喻人心与世界本身已经破碎不堪,显示小说人物"爷"以黑色喜剧对自我个体的质疑、嘲弄及解构,是人的自我意识的苦恼与分裂,也是作者对物质世界异化的思考。正像南帆所说的:"语言不是精神的外部装演,而是精神的内在结构,……先锋作家破坏性地瓦解陈旧的语言结构,在一片寓言的瓦砾中构思新的精神诗篇。这就是他们写作之中的'解构'与'建构'。"[②]

语言与精神、世界同构关系既是一种隐喻,也是一种语言象似性。语言符号的象似性与任意性问题,或者说"自然派—习惯派""本质论—约定论"与"唯实论—唯名论"之争,象似性指语言符号象似于外部世界,即语言具有理据性;任意性指语言符号仅是人们的一种约定俗成,与客观外界没有联系。这种争论最早可追溯到公元前5世纪的古希腊,自然派的代表人物是苏格拉底,习惯派的代表人物是柏拉图、亚里士多德。"在著名的《克拉底鲁篇》中曾记载赫摩根尼向苏格拉底讲述他与克拉底鲁有关'约定性'与'自然性'的对话。"[③]结构主义语言学把任意性作为语言符号一般原则的显著特征,认为能指与所指的联系是任意的,它们之间没有理据性可言,这种符号的任意性主要表现为两方面:一是语言符号中能指对其所指来说具有任意性;二是符号系统相对客观世界来说具有任意性。索绪尔认为,第一种是完全任意性,如

---

① 朱立立:《台湾现代派小说研究再出发:一种精神现象学的阐释》,载《华侨大学学报》,2005年第1期。
② 南帆:《自由与享用》,天津:百花文艺出版社,1999年,第218页。
③ 王寅:《语言哲学研究》,北京:北京大学出版社,2014年,第39页。

同一个事物概念,不同国家可用不同的音响形象;第二种主体上是任意性,但需由理据性弥补,即"一种语言就构成一个系统,我们将可以看到,在这一方面,语言不是完全任意的,而且里面有相对的道理"①。

认知语言学认为,不仅语言符号中能指与所指具有象似性,而且语言系统更具有象似性。仅就语言与思维、世界的象似性而言,"语言—思维—世界"存在象似性,它们之间是同构关系。关于"语言—思维"的象似性,在汉语中比较明显的有五种语法结构类型,即主谓、动宾、偏正、动补与并列,词、短语与句子都有这五种结构类型,也同时是最主要的。朱德熙认为:"汉语复合词的组成成分之间的结构关系基本上和句法结构关系一致。句法结构关系有主谓、述宾、述补、偏正、联合等,绝大部分复合词也是按照这几类结构关系组成的。"②这与吉冯(Givón)"今天的词法曾是昨天的句法"的观点不谋而合。关于"思维—世界"的象似性,在文学语言上表现最为明显。文学语言充分调动人的感知经验,而人的感知经验来自其对周围世界的观照,与世界具有同构关系,这就是许慎所说,"古者庖牺氏之王天下也,仰则观象于天,俯则观法于地,视鸟兽之文与地之宜。近取诸身,远取诸物"③。文学语言调动人的感知经验,是为了使人与世界产生共振,以便更好地加深对世界的理解与把握。利用语言符号的象似性是文学语言目标实现的最好手段之一。

在《背海的人》中,王文兴积极打破语言符号的任意性,充分利用它们的象似性,还原语言符号与思维、世界的同构关系,通过语言符号来建构人物的精神结构,并反映真实的世界结构。象似性则架起语言符号、思维与世界相互间的桥梁,通过语言符号象似性进一步认识精神结构和世界结构。文学语言的象似性主要发生在语言系统中,语言系统是一个复杂结构,其中语法是语言系统中的核心因子,而句法象似性是语言系统中的主要形式。语言学家海曼(Haiman)将句法象似性分为成分象似和关系象似,"成分象似指句法成分与经验结构的成分相对应;关系象似指句法成分之间的关系与经验结构成

---

① [瑞士]索绪尔:《普通语言学教程》,高名凯译,北京:商务印书馆,1980年,第110页。
② 朱德熙:《语法讲义》,北京:商务印书馆,1982年,第32页。
③ 许慎:《说文解字》,北京:中华书局,1963年,第314页。

分之间的关系相对应"①。成分象似其实就是"一个形式对应一个意义",主要用于语言成分表示的概念;关系象似则主要有距离象似、顺序象似、数量象似、标记象似等。《背海的人》在象似性利用上主要表现在句法关系的变化上,这些句法关系的变化,一方面是人物"爷"在醉酒状态下真实的语言面貌,另一方面也是"爷"对个体及客观世界的认识在语言结构中的反映。比如:大量的结尾助词和感叹虚词,各类词语的重复、冗长、颠倒、不通顺的句子,等等,这些句子或模拟了言语的真实语气,或仿效人物语塞等境况下的言语方式,或将说话人急于表达的、对于听话人而言预测度较低的信息首先说出。

重复是《背海的人》的一大特色。如:

(3)这一回爷看着,看着,看着,——等了很久很久很久——想是他十成显而合九成的度度定应当确确实实是睡熟着了的个的个,爷于是就蹑手复又蹑着脚地轻拂拂促惶惶地踏着他底座位处的旁边窃逾。(王文兴《背海的人》第60页)

重复属于数量象似性,主要指符号单位的数量越多则表示的意义越复杂,或数量增多、程度增强、性状加深等。语言符号的数量增多与人物情感复杂具有同构关系。这种个体语言的重复细致入微、鞭辟入里地指向诗人"爷"混乱不堪的心灵和荒谬滑稽、绝望挣扎的处境,口吃、结巴、词不达意等语言现象正是边缘人沟通交往心理障碍的表征,与物质世界压迫下诗人"爷"的生活困顿与凌乱同构。

黑格尔认为"艺术是对真理的直感的观看",对于文学而言这里包括两层意思,一是文学擦亮真理,二是文学是语言的形象艺术。现代主义作家王文兴深度拓展了文学形式主义理念,在语言打磨上煞费苦心,每天写作的内容不超过一百字,多是为了"更为直感的观看",营造了属于他本人的语言文字王国。这种现代派的激进做法不是张扬个性,而是逃避个性,语言文字的个性只是一个特殊的工具与催化剂,他要运用这一工具与催化剂,促使他私自的存在主义的质疑与思考转化为丰富的、共通性的群体行为。因为在经济高

---

① 沈家煊:《句法的象似性问题》,载《外语教学与研究》,1993年第1期。

速发展的台湾地区,在伦理与文化大转折的背景下,整个伦理与文化史的沉重压力远比作家自以为凌驾一切的"个性"更为重要,对于作家来说,这也许是追求的"真理"。为了使接受者更多关注文本的历史担当和文化情怀,语言成了文学拒绝快餐消费的最后家园。但作者也辩证地看待了这一问题,拒绝文学消费有可能脱离大众,甚至被抛弃,《背海的人》中似乎有这样的隐喻。读过纪德、尼采、陀思妥耶夫斯基、托尔斯泰且当过诗人的人物"爷",在经济大潮中被排挤到孤僻、贫穷、象征味颇浓的小海港"深坑澳",以算命打卦为业,最后被小市民杀害并抛尸大海。这是否隐喻了从事文学生产而不能变为物质财富的"诗人"的窘境,暗示了其负载的伦理与文化在资本游戏中的无力,以及知识分子在市场大潮中身不由己的异化?这是否隐喻了以"诗"为代表的纯文学在市场配置中遭遇了空前的白眼,诗人"爷"被小市民杀害并抛尸大海,则是这种意识流类纯文学的悲观主义指向?《背海的人》展示了在经济高速发展的时代背景下一代知识分子复杂精神世界与困顿物质生活的悖论,以语言实验严词拒绝了市场消费主义与快乐主义,并忍受着现实读者寥寥无几的门庭冷落,这不得不说是作者王文兴在对人物"爷"讽喻的同时,也自我揶揄了一番。

第三节　修辞哲学:中西方意识流小说非理性主义特征之比较

——以《春之声》和《墙上的斑点》为例

非理性主义是中西方意识流小说共同表现的本体,其主要特征为构建以人物为中心的认识主体,并以直觉方式表现无意识的生命冲动。这些特征在20世纪20年代西方兴起的意识流小说中普遍存在,其代表人物有乔伊斯、伍尔夫和福克纳。中国意识流小说萌芽于20世纪30年代,但这种现代主义创作试验很快被抗日战争的残酷所碾碎,被现实主义创作所取代,直到20世纪80年代意识流小说创作再度兴起,并在短期内完成了自身变异,形成了颇具中国特色的"东方意识流"[①]。《春之声》被誉为中国意识流小说的经典之

[①] 李春林:《东方意识流文学》,沈阳:辽宁大学出版社,1987年,第28页。

第七章 意识流语篇的广义修辞应用

作,作者王蒙也因此被冠以新时期意识流小说的代表人物。以《春之声》为代表的新时期意识流小说集中体现了非理性主义特征,但相对西方意识流小说而言,这些融合了华夏文化基因和时代精神烙印的非理性主义特征,具有一定地域语境下的特质,某种意义上成为中国意识流小说的共同价值典范,是一种"集体无意识"的话语表白。《墙上的斑点》为伍尔夫1921年创作的个人第一篇意识流小说,该小说已入选我国人民教育出版社高中语文教材,也是这套教材唯一收录的西方经典短篇意识流小说。它与短篇小说《春之声》类似,全文也仅表现了一个人物的意识流动,因此两篇小说非理性主义特征之比较还是存在最大公约数的基础。

一、处理认识主体出场的差异性

非理性主义哲学家叔本华认为"世界是我的表象"①,"一切的一切,凡已属于和能属于这世界一切,都无可避免地带有以主体为条件的性质,并且也仅仅只是为主体而存在","不认识什么太阳,什么地球,而永远只是眼睛,是眼睛看见太阳;永远只是手,是手感触地球"②。可以看出,在非理性主义哲学观中,一切认识对象都是经过认识主体的各种形式加工过了的,我们所认识的一切事物并非完全客观之物,它是人意识中的东西,都是相对于作为主体的人而存在的东西。因此,考察意识流小说的非理性主义特征,一般应判断是否从认识主体来观察世界,认识对象是否关联认识主体,是否为认识主体的认识之物。严格意义上的意识流小说应表现人物自由流动的意识,其所表现的认识对象是人物意识参与下的产物,具有完全意义上的主观印迹,此时不应听到叙述者的声音,此时的叙述者"消失了"。正如意识流大师乔伊斯所言:"艺术家,如同创造万物的上帝那样,驻足于他亲自打造的作品之内或之后或之外而隐身不见,纯化得踪迹全无,漠然置之地埋头于修剪自己的手指甲。"③

在小说《春之声》中,作为认识主体的人物岳之峰,其所思所想本应是其

---

① [德]叔本华:《作为意志和表象的世界》,石冲白译,北京:商务印书馆,1982年,第25页。
② [德]叔本华:《作为意志和表象的世界》,石冲白译,北京:商务印书馆,1982年,第26、28页。
③ [德]沃尔夫冈·伊瑟尔:《阅读活动——审美反应理论》,金元浦等译,北京:中国社会科学出版社,1991年,第248页。

个人的认识对象,我们发现文中人物的思想却大多是叙述者的认识对象,叙述者有些越俎代庖,人物好像一只传声筒而已。这样所呈现的认识对象就不完全是小说人物这一认识主体的流动意识,而是叙述者对认识对象的理性分析,所以读《春之声》的人物内心独白,感觉到既有人物的声音,也有叙述者的声音,后者有时更为突显。

(1)京剧锣鼓里有噪音,所有的噪音都是令人不快的吗?反正火车开动以后的铁轮声给人以鼓舞和希望。下一站,或者下一站的下一站,或者许多许多的下一站以后的下一站,你所寻找的生活就在那里,母亲或者孩子,友人或者妻子,温热的澡盆或者丰盛的饮食正在那里等待着你。(王蒙《春之声》,载《中国意识流小说选(1980—1987)》第2页)

人物从火车的噪音中听出了鼓舞和希望,从旅途劳顿中看到了"温热的澡盆或者丰盛的饮食",这种革命乐观主义话语,与其说是认识主体——小说人物科学家岳之峰的意识流动,倒不如说是叙述者打上了时代烙印的理性表述。此时叙述者似乎抛弃了人物自己走上了前台,指点迷津,谆谆教导,唯恐接受者不明白,而不是让接受者去体验感受人物的流动意识,去领会人物不断变化的真情实感。

在小说《墙上的斑点》中,全篇除几句带引号标记的话语外,其他均为没有叙述者引导语及引号的人物自由直接引语,体现了小说人物这一认识主体的意识流动,认识主体处在小说叙述的中心位置,任凭人物万千思绪随风飘扬,此时的叙述者隐身了,把舞台交给了人物。接受者通过人物的流动意识感受体验到认识对象。这些认识对象所在语言的主观性尤为明显,能够深深引起接受者的心理共振,产生一种基于感觉认知的真实。这些真实也是文学的魅力所在,属于文学的审美范畴。

(2)可是墙上的斑点不是一个小孔,它很可能是什么暗黑色的圆形物体,比如说,一片夏天残留下来的玫瑰花瓣造成的,因为我不是一个警惕心很高的管家——只要瞧瞧壁炉上的尘土就知道了,据说就是这样尘土把特洛伊城严严实实地埋了三层,只有一些罐子的

碎片是它们没法毁灭的,这一点完全能叫人相信。(伍尔夫《墙上的斑点》,载《意识流经典小说选》第281页)①

人物针对墙上斑点的疑问展开联想与想象,是认识主体的所思所想,甚至荒诞地从"壁炉上的尘土"联想到了掩埋特洛伊城的尘土。这其中没有实证主义的逻辑分析,更没有公共意识形态的植入,一切让位于人物私语化的流动意识,此时的认识对象根植于人物这一认识主体。

比较《春之声》和《墙上的斑点》两篇意识流小说,话语这一认识对象是否为人物这一认识主体的产物,决定了意识流小说非理性主义的典型性,话语完全是人物流动意识,是人物特定时空语境下的自然状态,则属于非理性主义的典型范畴;如人物话语掺杂着叙述者的思想情怀,非理性主义特征弱化,则属于非典型范畴。由此判断,意识流小说话语非理性主义典型与否,主要取决于叙述者声音和人物声音的选择,即叙述者出场还是人物出场的问题,实际上也代表着小说理性主义和非理性主义两种不同的认识倾向。在《春之声》中,人物意识流动偏向理性主义,因其认识对象偏向一般性的公共话语,体现了那个时代的集体无意识和价值取向。在《墙上的斑点》中,人物意识流动偏向非理性主义,因其所认识的对象偏向个体化的私语特征,表现了此时此地的个人无意识,是人物自身在特定语境下的所思所想。这两篇小说虽然都属于意识流文学,但是在处理认识主体出场上,《春之声》所体现的非理性主义明显弱于《墙上的斑点》,于此可见现实主义作家王蒙无处不在的理性精神和家国情怀,所以"王蒙只是王蒙自己,他的意识流小说也只是停留在浮泛的意识流框架里"②。

二、关照无意识生命冲动的差异性

非理性主义强调人的生命冲动,也就是叔本华所说的"意志",尼采主张的"权力意志"和柏格森强调的"绵延"。生命冲动是无意识的,是一种盲目不

---

① 柳鸣九主编:《意识流经典小说选》,太原:北岳文艺出版社,1995年。
② 金红:《融通与变异:意识流在中国新时期小说中的流变》,苏州:苏州大学出版社,2013年,第133页。

可遏止的力量,犹如弗洛伊德所说的"一锅沸腾的粥",它的基本特点是求生存。除表现"善"与"美"外,文学作为生命冲动的外在表象,其本体上应表现人的生命冲动,这也是作为文学"真"的魅力所在。因此,严格意义上的意识流小说,不是对外部世界的客观复制,而是表现人内在的生命冲动,这种生命冲动在心理上无岸无底、自由流淌、川流不息。这种生命冲动如果按弗洛伊德关于意识三种类型的划分,更多属于无意识,即前意识和潜意识,它们犹如悬浮于水面下的冰山,庞大而羞于露面,因此文学中的意识流,更多指"大量的非理性的无逻辑的下意识、潜意识构成的意识的河流"①。

在《春之声》中,岳之峰身处春运的闷罐车中,眼前拥挤嘈杂的旅途与其积极向上的内心所思所想形成鲜明的语境差,这种革命乐观主义情怀让人怀疑,这到底是岳之峰内心真实的生命冲动,还是叙述者宣扬某种理想主义及其价值观念的功利思想?正如李欧梵所说:"文章中充溢着的人情味和爱国心事实上已经盖过了主人公的个性,这些主人公或许正是他自己的写照。"②

(3)西门子公司规模巨大,具有一百三十年的历史。我们才刚刚起步。赶上,赶上!不管有多么艰难。哞,哞,哞,快点开,快点开,快开,快开,快,快,快,……闷罐子车也罢,正在快开。何况天上还有三叉戟?(王蒙《春之声》,载《中国意识流小说选(1980—1987)》第3页)

这种具有理性功利色彩的意识流显然不属于潜意识,更多属于理性的意识层面,它们与意识流小说表现非理性生命冲动有着明显的差别。理性的功利主义更多是表现人为了生存,迫于眼前的现实需要,它着重关注生命的外部世界,属于弗洛伊德所讲的心理上的意识层面,而非理性的生命冲动,"在本质上是没有一切目的,一切止境的,它是一个无尽的追求"③。它关注生命内部心理,更多属于无意识,是一种盲目的欲求,不是功利性明显的外部世界的判断与价值,而关注外部世界的功利性会抑制人的生命冲动,正如现代文

---

① 张德林:《现代小说美学》,长沙:湖南文艺出版社,1987年,第203页。
② [美]李欧梵:《从"独行旅客"形象看中国现代文学中的"自我"》,尹慧珉摘译,载《文学研究参考》,1987年第11期。
③ [德]叔本华:《作为意志和表象的世界》,石冲白译,北京:商务印书馆,1982年,第235页。

第七章 意识流语篇的广义修辞应用

明越发展,科学技术的分工越细化,对人提出的要求与限制越多,这一理性活动显然不能反映内部真实的生命冲动,对表现生命冲动还会造成有意无意的约束与伤害。

《墙上的斑点》以人物从墙上的一个斑点展开丰富联想与想象,在个人私语化语境下,没有宏大叙事下的价值导向及功利主义追求,从喧嚣的外部世界回归平静的内心世界,任凭思绪无拘无束,天马行空。这些流动意识表现了人物内心生命冲动的自然状态。

(4)我想知道古物收藏家会是什么样的人?多半准是些退役的上校,领着一伙上了年纪的工人爬到这儿的顶上,检查泥块和石头,和附近的牧师互相通信。牧师在早餐的时候拆开信件来看,觉得自己颇为重要。为了比较不同的箭镞,还需要作多次乡间旅行,到本州的首府去,这种旅行对于牧师和他们的老伴都是一种愉快的职责,他们的老伴正想做樱桃酱,或者正想收拾一下书房。(伍尔夫《墙上的斑点》,载《意识流经典小说选》第284页)

从墙上的斑点联想到古冢,从古冢联想到收藏家,甚至想象到牧师的早餐和旅行及其夫人做樱桃酱和收拾书房。从人物角度观察,这种联想和想象是私语化的,属于某种文学意义上的无功利意识流动,暂时没有受到基于外部世界的理性影响,使人仿佛看到了奔腾不息的生命之流,它符合人的本能性思维方式,是人无意识的自然流露。

依据弗洛伊德有关心理三个层次的划分,表现人物的心理有意识、前意识和潜意识。传统认为逻辑分明的意识活动应多为小说人物理性的心理活动,一般认为不是意识流,因为以人物为视角描写理性的心理活动古已有之,是小说常见的表现内容,但也有"少量的理性的自觉的意识"[1]属于意识流。按照弗洛伊德的说法,前意识可以转化为意识,前意识又属于潜意识边缘部分,某种意义上说,前意识可被看作非理性潜意识与理性意识交集的模糊地带,具有二者某些共同特征,相对于关注外部理性世界的意识而言,前意识关

---

[1] 张德林:《现代小说美学》,长沙:湖南文艺出版社,1987年,第203页。

注的生命冲动更多。潜意识是人生命冲动的集聚地,这种生命冲动追求生存与创造,无功利性和无目的性,是纯粹的主观意识,它往往不顾道德警告和现实压迫,以非理性主义的行动时时反抗理性主义的束缚,它是意识流小说着力表现的内容。从意识、前意识和潜意识三个层面判断,《春之声》中的人物意识流具有明显的功利色彩,体现公共话语及其价值,大部分属于理性的意识,小部分属于前意识;《墙上的斑点》中的人物意识流偏向无功利色彩,具有私语化特征及其价值体现,更多属于潜意识范围。

三、操控直觉综合方式的差异性

非理性主义哲学家柏格森认为,我们于对象的认识方法有两种,一种是外部的,理智的;一种是内部的,直觉的。"理智的方法适用于认识外在的物质世界,但却不适用于把握以绵延为本质的生命。理智的对象是空间中的事物,其方法是从整体到部分,从运动到静止的逻辑分析方法,其特征是抽象性和固定性。"[①]由此来看,理智的方法可以把握外部的客观世界,而不能把握以绵延为本质的生命;相反,只有直觉才能把握以绵延为本质的生命,即通过直觉可以直接领悟生命冲动的真谛。"我用直觉指那种本能,它是已经脱离了利害关系的,有自我意识的,能够反省它的对象并无限扩展对象的。"[②]可见,直觉只是一种本能,"脱离了利害关系",没有功利性;这种本能又"有自我意识的",具有生成性。这两种特性符合"存在先于本质"的哲学命题,因此能够"无限扩展对象的",实现对认识对象生命冲动的把握。总体来看,直觉方法能够把握人的生命冲动,是直觉把自己置身于认识对象之内,能够与认识对象中独特的生命冲动相符合,以自身的生成性适应无岸无底生命之流的变化。在文学中,用直觉的方法表现领悟生命冲动,是由于文学中认识主体与认识对象融为一体,认识对象中饱含人的生命冲动。无论是对表达者来说,还是对接受者而言,这一生命冲动的"集体无意识"能够依赖其本人的直觉体验感知到,从而产生认识上的共振,文学打动人的"真"实际上也大部分是这

---

① 韩秋红:《现代西方哲学概论》,北京:北京大学出版社,2015年,第27页。
② [法]柏格森:《形而上学导言》,刘放桐译,北京:商务印书馆,1963年,第29~39页。

第七章 意识流语篇的广义修辞应用

种被体验感知到的生命冲动。

直觉以综合方式体验感知认识对象,把握生命冲动,即柏格森所谓把握"绵延"只能以综合方法,因为"绵延是一个不可分割的有机整体,绵延就像一段音乐,我们总是在总体上感受它,如果我们试图把它区分为一个个组成它的音符时,这种绵延就被打破了,一个一个的音符就把这段优美旋律的音乐变成了一种在空间里排列着的一串东西,这时音乐实际上就不存在了"①。理性主义认为,分析方法能够准确把握人的外部世界,其存在基础是依托科学技术进步,科学技术越先进则对客观世界的分析越透彻,科学技术成为改造客观世界的工具,并以此创造了大量的物质财富。在这一改造过程中,形成了客体与主体的二元对立,客体处于中心,作为主体的人则处于边缘,人受到忽视、冷落。从19世纪后半期开始,非理性主义的兴起则是对建立在科学技术基础之上理性主义的反抗。非理性主义认为,直觉的综合方式以人为中心,它主要面向人的内部世界,由于直觉具有本能性,因此它能够调动人的全部本能,通过综合方式整体把握认识对象,这一过程讲究认识主体的体验感知,以"只可意会,不可言传"的方式进行。相对于理性主义分析方式,非理性主义综合方式则属于"经验自然主义"范畴,因为作为认识对象的存在依赖于它们被人感知体验,它们与认识主体的人必然是不可分割的,二者之间存在连续统,即认识对象已不是"自在的"事物,而是被认识的或者说对象化了的事物,其存在的确与主体的存在不可分割,是主体与客体的统一,是"整体大于局部之和"。

意识流小说表现了人物意识流动,应以直觉综合方式认识人的生命冲动,而在《春之声》中,由于表现的人物心理现象主要是意识和前意识,前者属于逻辑分析范畴,后者又可以转变为前者,所以在《春之声》中,除少部分以直觉的综合方式来表现人物生命冲动外,更多则是以接近理性的分析方法。

(5)这不是运货和运牲畜的车吗?倒霉!可又有什么倒霉的呢?咒骂是最容易不过的。咒骂闷罐子车比起制造新的美丽舒适的客运列车来,即省力又出风头。无所事事而又怨气冲天的人的口

---

① 韩秋红:《现代西方哲学概论》,北京:北京大学出版社,2015年,第27页。

水,正在淹没着忍辱负重、埋头苦干的人的劳动。(王蒙《春之声》,载《中国意识流小说选(1980—1987)》第 7 页)

人物在脏乱拥挤的闷罐车中,有"倒霉"和"咒骂"的本能冲动,小说没有继续表现这种本能性生命冲动,而是把涌上心头的情绪用理性分析加以抚平,由负能量变成了正能量,把直觉综合变成了理性分析,这主要缘于特定时代下的特定作家精神。正如李欧梵所评论的那样:"这些小说尽管技巧是绝妙的,那贯串各篇的在思想上的与社会的一致性却是令人惊奇的。……在这些动情的叙述中,不管那思想是放在现在还是放在过去,人们完全看不到这旅客的自我和环境有任何不相适应之处。相反,他是封闭在一种炽热的人情之中,被他所热爱的同胞们围绕着。"①

在意识流小说中,以直觉综合方式表现人物内在生命冲动,实际上主要表现的是人物潜意识。潜意识是一种本能,遵守快乐原则,它需要前意识严格把关、筛选后才能进入意识层面,因此它不适用于意识层面的理性分析方法。这种不受现实和道德约束的潜意识在小说中被修辞化为一种纯主观幻景,伍尔夫在《墙上的斑点》所表现的就是这种幻景。

(6)最后的一场暴风雨袭来,树倒了下去,树梢的树枝重新深深地陷进泥土。即使到了这种地步,生命也并没有结束。这棵树还有一百万条坚毅而清醒的生命分散在世界上。有的在卧室里,有的在船上,有的在人行道上,还有的变成了房间的护壁板,男人和女人们在喝过茶以后就坐在这间屋里抽烟。(伍尔夫《墙上的斑点》,载《中国意识流小说选(1980—1987)》第 287 页)

这段人物的意识流恰恰以直觉综合方式诠释了人生命冲动的轨迹,它无处不在,此消彼长,遵守能量守恒定律。这种直觉不从既定观点出发,也不依靠任何符号,而通过非概念性的想象置身于对象的内部,以综合方式感受认识对象的独一性。正如柏格森所说:"小说家可以堆砌种种性格特点,可以尽

---

① [美]李欧梵:《从"独行旅客"形象看中国现代文学中的"自我"》,尹慧珉摘译,载《文学研究参考》,1987 年第 11 期。

第七章　意识流语篇的广义修辞应用

量让他的主人公说话和行动。但是这一切根本不能与我在一刹那间与这个人物打成一片时所得到的那种直截了当、不可分割的感受相提并论。有了这种感受,我就会看到那些行为举止和言语非常自然地从本源中奔流而出。"①

　　构建以人物为中心的认识主体,以直觉的综合方法表现无意识生命冲动是意识流小说的非理性主义特征,源于西方意识流小说的这些异域标准流播到中国后,遭遇了东方文化审美和时代精神的双重阻击,经过对撞修正后产生了地域变异,糅合了中国元素,以符合传统文化的标准示人。以王蒙的《春之声》为代表的新时期意识流小说便是这种基因突变后的代表,其系列本土化操作大大弱化了认识主体的地位,疏离了对非功利性潜意识生命冲动的关照,于直觉综合中掺杂了理性分析,以至于按西方话语建构的《墙上的斑点》等意识流小说的标准来衡量,许多国内研究专家质疑:"在中国显然只借鉴一部分意识流形式技巧的小说,而没有真正的意识流小说。"②"在我国曾经成了大话题的'意识流小说'究竟有多少意识呢?""王蒙在相当长的一段时间被批评家硬安作中国意识流的代表人。但是,在他的几篇据说是意识流的代表作——没有很多真正意识流的段落。"③总体来看,以新时期《春之声》为代表的意识流小说遵循了"乐而不淫,哀而不伤"的东方审美,符合倡导尚中的文化传统,被冠以"东方意识流"体现了标准的差异性。这些适者生存的变异结果恰恰是意识流小说在不同地域语境下的优化,体现了传统文化语境下历史传承的强劲惯性。

---

① 洪谦主编:《西方现代资产阶级哲学论著选编》,北京:商务印书馆,1964 年第 135 期。
② 瞿世镜:《音乐·美术·文学——意识流小说比较研究》,上海:学林出版社,1991 年。
③ 赵毅衡:《当说者被说的时候——比较叙述学导论》,北京:中国人民大学出版社,1998 年。

第八章 结　语

　　《汉语意识流语篇的语言学研究》一书主要运用语言哲学、语篇语言学、认知语义学、认知语用学、广义修辞学、心理学、符号学、叙事学、文学等相关理论,重视描写与解释、归纳与演绎、比较与分析、点面结合、纵横结合等方法,集中研究了意识流语篇的界定、话语生成机制、内部衔接、语义特性、语用特征、书写形趣和广义修辞应用,其中部分成果具有探索性意义。

　　其一,意识流语篇的概念界定和基本属性。

　　多年来,意识流语篇的语言学研究虽然没有间断,但没有人界定"意识流语篇"的概念,也没有人归纳其基本属性。本书尝试界定"意识流语篇"概念,认为:"所谓'意识流语篇',指文学作品中使用内心独白方法描写人物非逻辑性意识活动且具有完整语义的言语片段。"在原型范畴视角下归纳意识流语篇的属性,认为意识流语篇具有描写人的非逻辑性意识流动、使用内心独白的叙述策略和适度变异的语言特色三种基本属性,以此属性推导出:意识流语篇存在着典型成员与非典型成员之别;意识流语篇和非意识流语篇之间存在着中介现象;辨别意识流语篇需要"非此即彼"的观念,也需要"亦此亦彼"的观念。

　　其二,意识流语篇话语模式的建构机制。

　　意识流语篇从其属性视角可分为非典型意识流语篇和典型意识流语篇,它们的话语模式建构机制具有共同的建构组合、建构过程和建构动因。

第八章 结　语

在非典型意识流语篇中,一是话语模式的建构组合,表现为以自由间接引语为基础,具有叙述者和人物两个指示中心,话语形式为第三人称代词与时空话语的组合,在双重指示中心下话语经过"截搭"而成。二是话语模式的建构过程,也是主客观视点下的融合过程,其中,主观视点是以人物为指示中心,再现经验感知的过程;客观视点是以叙述者为指示中心,以实现交流为目的,对经验感知进行过滤的过程。在话语建构过程中,话语生产者的主客观视点不同则话语场景不同。三是话语模式的建构动因是"双声"属性的审美修辞。

在典型意识流语篇中,话语模式的建构组合表现为以人物为单指示中心下的现实时空与心理时空的"糅合";话语模式的建构过程表现为语言"顺应"下的意识突显度选择,顺应性能够使语言适应表达与接受需要而作出相关调整,以人物为单指示中心下意识流话语的突显度较低;话语模式建构动因是"关联"主导下的审美修辞。关联理论认为,话语交际是一种明示—推理的"互明"过程,意识流语篇众声喧哗的修辞审美价值离不开话语的"互明"。

其三,意识流语篇的内部衔接。

意识流语篇内部衔接研究主要是如何通过一定的表达形式把跳跃性内容衔接起来,或者说跳跃性语篇具有怎样的衔接形式。研究发现,词汇衔接、指称衔接和结构衔接是实现意识流语篇衔接的三种重要方式。

第一种方式,词汇衔接能够衔接跳跃幅度大的语篇,词汇衔接除了实现语篇的近距离衔接外,还能够实现语篇的远距离衔接。词汇衔接主要有四种类型:重复关系词汇衔接、序列关系词汇衔接、上下位关系词汇衔接和整体部分关系词汇衔接。重复关系词汇衔接和序列关系词汇衔接能够实现远距离衔接和近距离衔接,上下位关系词汇衔接和整体部分关系词汇衔接主要实现近距离衔接。

第二种方式,相对于词汇衔接而言,指称衔接主要衔接跳跃幅度小的语篇,而且以近距离衔接为主。指称衔接研究了代词回指和零形回指两种类型,它们的先行词和回指词多处于话题位置。意识流语篇的指称衔接表现出某种特殊性:其一,相对于常规语篇只有第三人称代词回指的情况而言,意识流语篇还有第二人称代词回指,同时,代词回指因人物"享有特权"能够实现远距离衔接;其二,零形回指符合意识活动的省力原则,它衔接的语篇可以实现深层语义的"隐喻"式跳跃。

第三种方式,结构衔接主要指排比式和对偶式相同句型结构衔接,这两类结构衔接能够衔接跳跃幅度大的语篇,而且只能实现语篇的近距离衔接。由于跳跃性语篇存在着意义上的隐性连贯,相同句型结构衔接只是一种辅助性衔接手段。总之,跳跃幅度大小不同的意识流语篇具有不同的衔接方式,不同衔接方式具有近距离衔接或远距离衔接的不同功能,衔接方式在衔接系统内相互补充、交叉使用,从而连贯整个语篇。

其四,意识流语篇的语义特性。

意识流语篇的语义在生成过程中包含主观性、模糊性和偏离性。第一,主观性主要表现在"情感"和"认识"两个方面,即通过使用"不同句类""词语连用"或"辞格"体现"情感"主观性;通过使用"能愿动词""语气副词"等体现"认识"主观性。第二,模糊性主要表现为成分缺省或词语冗余,成分缺省包括负偏离成分缺省和正偏离成分缺省,词语冗余包括近义词语混用和同义词语重复。第三,偏离性主要表现为词义偏离和句义偏离,它们受句内语境或句外语境制约。总之,主观性、模糊性、偏离性等语义特性具有不同的实现手段,语义特性研究从语言学角度揭示了意识流语篇具有主观真实性的动因。

其五,意识流语篇的语用特征。

意识流语篇在运用过程中具有私语化和投射性特征。私语化特征表现为语篇在运用过程中偏离以交际为基础的合作原则,即偏离数量准则、关联准则、方式准则和质量准则;投射性特征表现为语篇在运用过程中遵循以认知规律为基础的象似性原则,包含语音象似性和句法象似性。总之,对私语化和投射性语用特征的概括分析,阐释了意识流语篇在运用过程中具有内在的规律性和原则性。

其六,意识流语篇的书写形趣。

书写形趣属于语言的能指,意识流语篇充分调动语言能指来表现不同的意义,通过能指表现丰富的心理情感、感性体验、形象认知等。汉语意识流语篇的书写能指开发主要表现在三个方面。第一方面,意识流语篇形趣中的字体字形,包括字体不同的形趣、字形变化的形趣和语码转换的形趣。第二方面,意识流语篇形趣中的标点符号,包括标点符号的混用、单一、重复、仿造等方式来突显能指功能。第三方面,意识流语篇形趣中的文字图形化,对文字能指组合变异进行了实验,以发掘文字直观形象、隐喻、象征等功能,以图形化的方式添加补充某种情与意,包括颠倒文字的图形化、重复文字的图形化、字间空白的图形化、无标点文字的图形化和蒙太奇式文字的图形化。

其七,意识流语篇的修辞应用。

从广义修辞学中的修辞技巧、修辞诗学、修辞哲学三个层面,本书对汉语意识流语篇进行了具体的文本分析,在验证语言学研究成果具体运用的同时,也为意识流语篇的解读提供了示范案例。第一,在修辞技巧层面,分析了复叠辞格,强调了复叠的主观强化功能、语篇衔接功能和心理宣泄功能,在心理生成机制上,总结出象似性心理、联想心理和移情心理的作用。第二,在修辞诗学层面,以王文兴的意识流小说《背海的人》为案例,分析了意识流文学语言建构的极端形式,主要内容有:强调能指的自指功能,创建"慢读"式情感体验;弱化语言的线性组合,彰显"断裂""碎片化"语象;探索符号的象似性,同构语言与精神、世界的关系。第三,在修辞哲学层面,通过王蒙的《春之声》和伍尔夫的《墙上的斑点》两篇意识流小说对比分析,找出在哲学根源上中西方认知的差异,这种差异主要表现为:处理认识主体出场的差异性、关照无意识生命冲动的差异性和操控直觉综合方式的差异性。

本书主要探索的话题可以归纳为以下几点:

第一,意识流语篇具有描写人的非逻辑性意识流动、使用内心独白的叙述策略、适度变异的语言特色三种基本属性。这三种属性可判断意识流语篇的典型性和非典型性。

第二,意识流语篇衔接具有内在规律性。意识流语篇通过不同衔接途径实现跳跃,衔接功能不同则语篇跳跃的幅度不同,远距离衔接和近距离衔接能够实现语篇跳跃是由于每种衔接类型具有内在的生成机制。

第三,意识流语篇语义具有强烈的主观真实性。语篇是主体认知体验的结果,意识流语篇由于受非理性主义影响,心理受外在因素制约较弱,因此它的主观真实性程度更强,表现为语义的主观性、模糊性和偏离性。意识流语篇能够给人以主观真实性,与此不无关系。

第四,意识流语篇象似性的语用分析。意识流语篇作为一种特殊的话语类型,它在运用过程上表现出极强的象似性,其表现形式与表现内容之间存在着象似性,其实质是表现形式投射了心理活动的实际状态,并通过心理活动投射了主体感知到的现实世界。

第五,在意识流语篇修辞应用中,摘取了辞格"复叠"来剖析心理意识的本能特征,验证了辞格在特定语境下能更好地吻合心理的自然流动。分析了中国台湾王文兴的《背海的人》,其为"世界最长的意识流的内心独白"[①],也是语言变异最为极端的一部意识流小说。同时,比较了王蒙的《春之声》和伍尔夫的《墙上的斑点》,前者为中国大陆新时期所谓意识流文学的经典,后者的作者伍尔夫与乔伊斯、福克纳齐名,通过二者比较研究发掘出中西方深层价值观念的差异。

总体来看,意识流语篇的语言学研究是一项探索性补阙工作,可以借鉴的成果有限,加之语料分散及语料特点差异较大等,这些都给研究工作带来不少困难。探索的工作是不完善的,也不能停止,还需要继续推进。

---

① [美]叶维廉:《中国诗学》,北京:人民文学出版社,2006年,第7页。

参考文献

1. 中文资料

班石. 视觉语言探议. 浙江万里学院学报,2008(4).

曹德和. 内容与形式关系的修辞学思考. 上海:复旦大学出版社,2001.

曹德和. 语言应用和语言规范研究. 北京:中国社会科学出版社,2006.

曹德和. 安徽大学汉语言文字研究丛书(曹德和卷). 合肥:安徽大学出版社,2013.

曹石珠. "无标点文字"不否定标点符号存在的价值——关于《标点符号的客观基础及其修辞作用》的质疑. 修辞学习,1991(3).

曹石珠. 论标点符号的相对零形式. 佳木斯教育学院学报,1991(3).

陈嘉映. 语言哲学. 北京:北京大学出版社,2003.

陈焜. 西方现代派文学研究. 北京:北京大学出版社,1981.

陈平. 汉语零形回指的话语分析. 中国语文,1987(5).

陈望道. 陈望道全集. 杭州:浙江大学出版社,2011.

陈望道. 修辞学发凡. 上海:上海教育出版社,2001.

陈晓明. 西方的审美结构. 石家庄:花山文艺出版社,1993.

陈新仁. 汉语语用学教程. 广州:暨南大学出版社,2017.

陈新仁. 语用学视角下的身份研究——关键问题与主要路径. 现代外语,2014(5).

戴厚英. 人啊,人!. 合肥:安徽文艺出版社,1999.

丁尔苏. 语言的符号性. 北京：外语教学与研究出版社，2000.

恩格斯. 马克思恩格斯选集. 北京：人民出版社，1995.

恩格斯. 自然辩证法. 见：马克思恩格斯选集（第4卷）. 北京：人民出版社，1995.

冯光武. 语言的主观性及其相关研究. 山东外语教学，2006(5).

冯广艺. 变异修辞学. 湖北：湖北教育出版社，2004.

冯广艺. 蒙太奇式句群的组接规律. 鞍山师专学报，1992(4).

高行健. 没有主义. 台湾：天地图书公司，2003.

高万云. 文学语言的多维视野. 济南：山东文艺出版社，2001.

葛本仪. 现代汉语词汇学. 济南：山东人民出版社，2001.

广泉. 关于"无标点文字". 语文建设. 1987(6).

韩秋红、王艳华、庞立生. 现代西方哲学概论. 北京：北京大学出版社，2010.

韩秋红. 现代西方哲学概论. 北京：北京大学出版社，2015.

何兆熊. 新编语用学概要. 上海：上海外语教育出版社，2000.

何自然、冉永平. 新编语用学概论. 北京：北京大学出版社，2009.

洪谦主编. 西方现代资产阶级哲学论著选辑. 北京：商务印书馆，1964.

侯敏. 汉语中的零形回指及其在汉英机器翻译中的处理对策. 中文信息学报，2005(1).

胡范铸. 幽默语言学. 上海：上海社会科学文献出版社，1987.

胡范铸、张先亮. 中国修辞2016. 上海：学林出版社，2018.

胡习之. 辞格分类的"原型范畴化"思考. 修辞学习，2004(5).

胡习之. 核心修辞学. 北京：中国社会科学出版社，2014.

胡亚敏. 叙事学. 武汉：华中师范大学出版社，2004.

胡壮麟. 新编语篇的衔接与连贯. 上海：华东师范大学出版社，1994.

胡壮麟. 新编语篇的衔接与连贯. 上海：华东师范大学出版社，2018.

胡壮麟. 语篇的衔接与连贯. 上海：上海外语教育出版社，1994.

黄伯荣、廖序东. 现代汉语. 北京：高等教育出版社，2017.

黄成夫. 语言顺应过程的意识突显程度特性及语用研究. 西南民族大学学报，2008(8).

黄德宽.古汉字发展论.北京：中华书局,2014.

黄国文.语篇分析概要.长沙：湖南教育出版社,1988.

黄华新、陈宗明.符号学导论.郑州：河南人民出版社,2004.

贾彦德.汉语语义学.北京：北京大学出版社,1999.

金红.融通与变异：意识流在中国新时期小说中的流变.苏州：苏州大学出版社,2013.

金立鑫.语言研究方法导论.上海：上海外语教育出版社,2007.

兰宾汉.标点符号运用艺术.北京：中华书局,2006.

雷淑娟.文学语言美学修辞.上海：学林出版社,2004.

李春华、李勇忠.语言蒙太奇模式的认知理据.西安外国语大学学报,2013(4).

李春林.东方意识流文学.沈阳：辽宁大学出版社,1987.

李福印.意象图式理论.四川外语学院学报,2007(1).

李福印.语义学概论.北京：北京大学出版社,2006.

李晋霞.现代汉语动词直接做定语研究.北京：商务印书馆,2008.

李荣启.文学语言学.北京：人民出版社,2005.

李维屏.英美意识流小说.上海：上海外语教育出版社,1996.

李艳.移就的认知研究.合肥：安徽大学出版社,2008.

李宇明.汉语量范畴研究.武汉：华中师范大学出版社,2000.

梁宁建.当代认知心理学.上海：上海教育出版社,2003.

廖秋忠.廖秋忠文集.北京：北京语言学院出版社,1992.

刘大为.比喻、近喻与自喻——辞格的认知性研究.上海：学林出版社,2016.

刘焕辉.言语交际学.南昌：江西教育出版社,1986.

刘金明.语篇语言学流派与语篇交际的构成原则.天津外国语学院学报,2005(3).

柳鸣九主编.意识流.北京：中国社会科学出版社,1989.

鲁枢元.超越语言——文学言语学刍议.北京：中国社会科学出版社,1990.

罗耀华、刘云.揣测类语气副词主观性与主观化.语言研究,2008(3).

吕叔湘、朱德熙.语法修辞讲话.北京:商务印书馆,2013.

吕叔湘.现代汉语八百词.北京:商务印书馆,1980.

马庆株.忧乐斋文存——马庆株自选集.天津:南开大学出版社,2004.

莫言.两座灼热的高炉——加西亚·马尔克斯和福克纳.世界文学,1986(3).

莫言.小说的气味——在巴黎法国国家图书馆演讲.见:小说的气味.沈阳:春风文艺出版社,2003.

南帆.自由与享用.天津:百花文艺出版社,1999.

南帆.当代文学与文化批评书系·南帆卷.北京:北京师范大学出版社,2010.

倪宝元主编.大学修辞.上海:上海教育出版社,1994.

庞弘.草根传媒文化的视觉语言分析.学术界,2017(10).

裴文.索绪尔:本真状态及其张力.北京:商务印书馆,2003.

彭冉龄主编.普通心理学.北京:北京师范大学出版社,2001.

钱冠连.语言:人类最后的家园.北京:商务印书馆,2005.

钱锺书.七缀集.北京:生活·读书·新知三联书店,2002.

裘锡圭.文字学概要.北京:商务印书馆,1988.

屈承熹著,潘文国等译.汉语篇章语法.北京:北京语言大学出版社,2006.

瞿世镜.音乐·美术·文学——意识流小说比较研究.上海:学林出版社,1991.

申丹.对自由间接引语功能的重新评价.外语教学与研究,1991(3).

申丹.有关小说中人物话语表达形式的几点思考.外语与外语教学,1999(1).

申丹.叙述学与小说文体学研究.北京:北京语言大学出版社,2004.

沈家煊."糅合"与"截搭".世界汉语教学,2006(3).

沈家煊.不对称和标记论.南昌:江西教育出版社,1999.

沈家煊.词义与认知——《从词源学到语用学》评介.外语教学与研究,1997(3).

沈家煊.句法的象似性问题.外语教学与研究,1993(1).

沈家煊.语言的"主观性"和"主观化".外语教学与研究,2001(4).

沈开木.句段分析.北京:语文出版社,1987.

沈梅英. 维特根斯坦哲学观视角下的语言研究. 杭州：浙江大学出版社，2012.

沈园. 句法——语义界面研究. 上海：上海教育出版社，2007.

束定芳. 认知语义学. 上海：上海外语教育出版社，2008.

索振羽. 语用学教程. 北京：北京大学出版社，2014.

谭学纯、濮侃、沈孟璎主编. 汉语修辞格大辞典. 上海：上海辞书出版社，2010.

谭学纯、朱玲. 广义修辞学. 合肥：安徽教育出版社，2001.

谭学纯. 问题驱动的广义修辞论. 北京：人民出版社，2016.

谭永祥. 汉语修辞美学. 北京：北京语言学院出版社，1992.

谭永祥. 修辞新格. 广州：暨南大学出版社，1996.

唐青叶. 语篇语言学. 上海：上海大学出版社，2009.

唐翼明. 论意识流及其对中国现当代小说的影响. 长江学术，2007(1).

田懋勤. 关于"无标点文字"和它的修辞作用. 语言教学与研究，1989(1).

仝亚辉.《尤利西斯》的意识流语言变异与翻译. 解放军外国语学院学报，2004(5).

童庆炳. 文学理论教程. 北京：高等教育出版社，2008.

涂纪亮主编. 维特根斯坦全集. 石家庄：河北教育出版社，2003.

万冬梅. 试谈俄语中的主观评价形式. 解放军外国语学院学报，1999(1).

王洪君. 现代汉语语篇的结构和范畴研究. 北京：商务印书馆，2016.

王珏. 汉语生命范畴初论. 上海：华东师范大学出版社，2004.

王铭玉. 语言符号学. 北京：高等教育出版社，2004.

王卫兵. 如何回应当前的语言狂欢?. 北华大学学报，2017(5).

王希杰. 修辞学通论. 南京：南京大学出版社，1996.

王寅. 认知语言学探索. 重庆：重庆出版社，2005.

王寅. 象似性原则的语用分析. 现代外语，2003(1).

王寅. 语言哲学研究. 北京：北京大学出版社，2014.

王云桥. 语篇概念的定义及其相对性. 西安外国语学院学报，2001.

魏纪东. 信息修辞学. 北京：外语教学与研究出版社，2017.

吴洁敏、朱宏达.汉语节律学.北京:语文出版社,2001.

吴礼权.修辞心理学.昆明:云南人民出版社,2002.

吴世雄、陈维振、苏毅林.颜色词语义模糊性的原型描述.福建师范大学学报,2002(3).

吴晓都.叙事话语流变:叙思、叙意.国外文学,1996(2).

伍铁平.模糊语言学.上海:上海外语教育出版社,1999.

辛斌.间接引语指示中心的统一和分离:认知符号学的视点.外语研究,2011(3).

辛献云.篇章象似性与英诗汉译.解放军外国语学院学报,2006(4).

徐赳赳.现代汉语篇章回指研究.北京:中国社会科学出版社,2003.

徐盛桓.语言的冗余性.现代外语,1984(2).

徐志民.欧美语义学导论.上海:复旦大学出版社,2008.

徐志民.语言理论探微.上海:上海人民出版社,2018.

许慎.说文解字.北京:中华书局,1963.

许余龙.篇章回指的功能语用探索.上海:上海教育出版社,2005.

严明.话语共同体理论建构.上海:复旦大学出版社,2013.

杨自俭,刘学云.翻译新论.武汉:湖北教育出版社,1994.

姚双云."主观视点"理论与汉语语法研究.汉语学报,2012(2).

姚晓波.无标点文字的形式与作用.锦州师院学报,1992(4).

叶文曦.语义学教程.北京:北京大学出版社,2016.

俞洪亮.语篇连贯的外部条件:语篇回指的心理表征分析.解放军外国语学院学报,2003(4).

袁玉立.尚中、中道、中庸:自古就有的普遍观念.学术界,2014(12).

张斌主编.新编现代汉语.上海:复旦大学出版社,2002.

张春泉.论接受心理与修辞表达.北京:中国社会科学出版社,2017.

张德林.现代小说美学.长沙:湖南文艺出版社,1987.

张德禄、刘汝山.语篇连贯与衔接理论的发展及应用.上海:上海外语教育出版社,2003.

张德禄.语篇分析理论的发展及应用.北京:外语教学与研究出版社,2012.

张国宪. 现代汉语形容词功能与认知研究. 北京:商务印书馆,2006.

张炼强. 修辞论稿. 北京:人民教育出版社,2000.

张炼强. 修辞艺术探新. 北京:北京燕山出版社,1992.

张炼强. 作家笔下奇异的感知和想象. 修辞学习,1992(3).

张敏. 认知语言学与汉语名词短语. 北京:中国社会科学出版社,1998.

张乔. 模糊语义学. 北京:中国社会科学出版社,1998.

张晓慧. 句法象似性及其在文学中的文体效果. 菏泽学院学报,2008(3).

张新华. 汉语语篇句的指示结构研究. 上海:学林出版社,2007.

张志毅、张庆云. 词汇语义学. 北京:商务印书馆,2005.

赵乐甡、车成安、王林. 现代派文学与艺术. 长春:时代文艺出版社,1986.

赵秀凤. 自由间接话语的认知操作. 四川外语学院学报,2004(4).

赵艳芳. 认知语言学概论. 上海:上海外语教育出版社,2001.

赵毅衡. 当说者被说的时候——比较叙述学导论. 北京:中国人民大学出版社,1998.

赵毅衡. 广义叙述学. 成都:四川大学出版社,2013.

赵毅衡. 符号学. 南京:南京大学出版社,2012.

郑贵友. 汉语篇章语言学. 北京:外文出版社,2002.

中国社会科学院语言研究所词典编辑室编. 现代汉语词典(第7版). 北京:商务印书馆,2017.

朱德熙. 语法讲义. 北京:商务印书馆,1982.

朱光潜. 文艺心理学. 上海:复旦大学出版社,2005.

朱立立. 台湾现代派小说研究再出发:一种精神现象学的阐释. 华侨大学学报,2005(1).

朱永生、郑立信、苗兴伟. 英汉语篇衔接手段对比研究. 上海:上海外语教育出版社,2001.

祝敏青. 文学言语的修辞审美建构. 北京:人民出版社,2014.

祝敏青. 当代小说修辞性语境差阐释. 北京:商务印书馆,2017.

宗廷虎. 宗廷虎修辞论集. 长春:吉林教育出版社,2003.

宗廷虎主编. 20世纪中国修辞学. 北京:中国人民大学出版社,2007.

曾毅平.浅论"无标情绪语"的艺术修辞美.当代修辞学,1990(4).

[爱尔兰]詹姆斯·乔伊斯著,金隄译.尤利西斯(上、下).北京:人民文学出版社,1997.

[奥]弗洛伊德著,张唤民、陈伟奇译.弗洛伊德论美文选.上海:知识出版社,1987.

[奥]弗洛伊德著,高觉敷译.精神分析引论.北京:商务印书馆,1984.

[奥]弗洛伊德著,高觉敷译.精神分析引论新编.北京:商务印书馆,1987.

[奥]维特根斯坦著,李步楼译.哲学研究.北京:商务印书馆,1996.

[德]叔本华著,石冲白译.作为意志和表象的世界.北京:商务印书馆,1982.

[德]沃尔夫冈·伊瑟尔著,金元浦等译.阅读活动——审美反应理论.北京:中国社会科学出版社,1991.

[法]柏格森著,刘放桐译.形而上学导言.北京:商务印书馆,1963.

[法]马塞尔·普鲁斯特著,冷杉译.那地方恍如梦境——关于瞬间与永恒的艺术.北京:金城出版社,2013.

[法]米歇尔·梅耶著,史忠义、向征译.修辞学原理——论据化的一种一般理论.北京:中国社会科学出版社,2016.

[法]托多罗夫.叙事作为话语.见:伍蠡甫、胡经之主编.西方文艺理论名著选编(下卷).北京:北京大学出版社,1987.

[法]游顺钊著.视觉语言学概要.北京:商务印书馆,2014.

[美]爱德华·萨丕尔著,陆卓元译,陆志伟校订.语言论——言语研究导论.北京:商务印书馆,1985.

[美]李欧梵著,尹慧珉摘译.从"独行旅客"形象看中国现代文学中的"自我".文学研究参考,1987(11).

[美]梅·弗里德曼著,申丽平等译.意识流文学手法研究.上海:华东师范大学出版社,1992.

[美]罗伯特·汉弗莱著,程爱民、王正文译.现代小说中的意识流.长沙:湖南人民出版社,1987.

[美]威廉·詹姆斯,唐钺译.心理学原理.北京:北京大学出版社,2013.

［美］威廉·詹姆斯,象愚译. 文艺理论译丛(1). 北京:中国文艺联合出版公司,1983.

［美］韦恩·布斯著,华明、胡晓苏、周宪译. 小说修辞学. 北京:北京联合出版公司,2017.

［美］叶维廉. 中国诗学. 北京:人民文学出版社,2006.

［瑞士］费尔迪南·德·索绪尔著,高名凯译. 普通语言学教程. 北京:商务印书馆. 1980.

［英］伯特兰·罗素著,杨清、吴涌涛译,伍铁平校. 论模糊性. 模糊系统与教学,1990(1).

［英］戴维·克里斯特尔著,沈家煊译. 现代语言学词典. 北京:商务印书馆,2000.

［英］杰弗里·N. 利奇著,李瑞华等译. 语义学. 上海:上海外语教育出版社,1987.

［英］维特根斯坦著,陈嘉映译. 哲学研究. 上海:上海人民出版社,2001.

2. 外文资料

Beaugrande, R. de & W. U. Dresser. *Introduction to Text Linguistics*. London：Longman,1981.

Halliday, M. A. K. and Hasan. *Cohesion in English*. London：Longman. Ruqaiya，1976.

Hoey Michael. *Patterns of Lexis in Text*. Oxford：Oxford University Press,1991.

Jack C Richards. John Platt and Heidi Platt,管燕红译. 朗文语言教学及应用语言学辞典. 北京:外语教学与研究出版社,2000.

Leech, G. N. & M. H. Short. *Style in Fiction*. London：Longman,1981.

Li,Cherry Ing（李樱）. *Participant Anaphora in Mandarin Chinese*. Gainesville. FL：Unpublished University of Florida Ph. D. dissertation,1985.

Simone,Raffaele. *Iconicity in Language*. Amsterdam：John Benjamins,1994.

Smith, C. S. Modes of Discourse. *The Local Structure of Texts*. Cambridge：Cambridge University Press，2003.

Xu, Yulong(许余龙). *Resolving Third-person Anaphora in Chinese Text*:*Toward a Functional-pragmatic Model*. Hong Kong:Unpublished Hong Kong Polytechnic University Ph. D. dissertation,1995.

3. 语料来源

戴厚英. 戴厚英文集. 合肥:安徽文艺出版社,1999.

高行健. 给我老爷买鱼竿. 台北:联合文学出版社,1978.

刘呐鸥. 刘呐鸥小说全编. 上海:学林出版社,1997.

刘呐鸥. 都市风景线. 杭州:浙江文艺出版社,2004.

柳鸣九主编. 意识流经典小说选. 太原:北岳文艺出版社,1995.

刘以鬯. 酒徒. 北京:中国文联出版公司,1985.

刘以鬯. 刘以鬯小说自选集. 天津:百花文艺出版社,2001.

鲁迅. 鲁迅文集全编. 北京:国际文化出版公司,1995.

穆时英. 穆时英小说全编. 上海:学林出版社,1997.

施蛰存. 魔情. 长春:吉林人民出版社,1995.

舒济、舒乙编. 老舍小说全集. 武汉:长江文艺出版社,1993.

宋耀良选编. 中国意识流小说选(1980—1987). 上海:上海社会科学院出版社,1988.

王文兴. 背海的人(上). 台北:洪范书店,1981.

王文兴. 背海的人(下). 台北:洪范书店,1999.

吴亮、章平、宗仁发编. 意识流小说. 长春:时代文艺出版社,1988.

严家炎主编. 新感觉派小说选. 北京:人民文学出版社,1985.

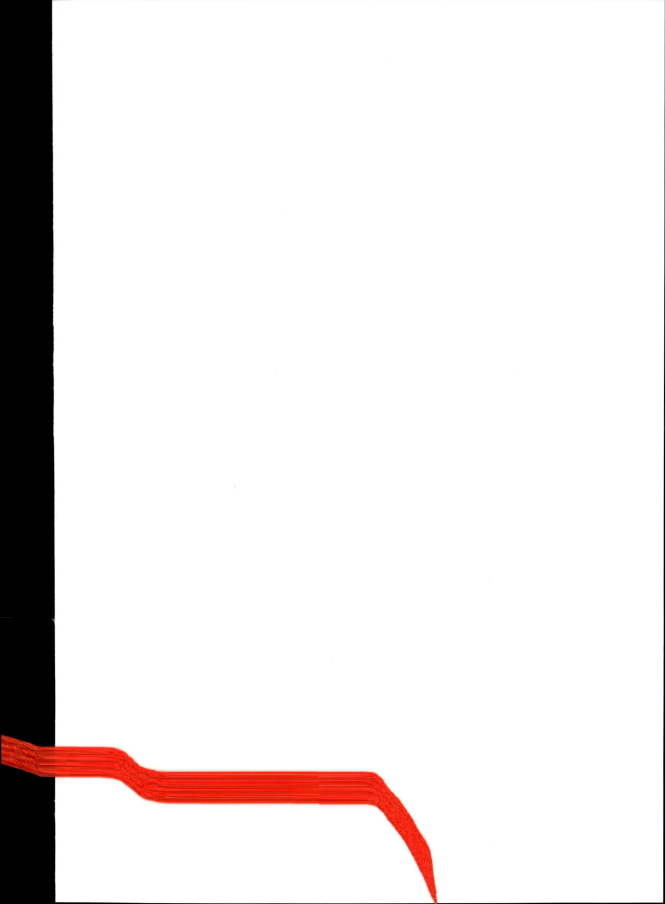